投資學

Investments

內容淺顯易懂，適合要進入投資實務的初學者閱讀，
此書也適合大專院校投資學或證券投資課程。

薦序
者群

國立高雄科技大學 金融系教授 **洪志興**

AIT 轄南台灣美國商會 委員 **蘇品家**

國立台北商業大學企業管理系 兼任講師 **陳耕太**

香港恩納國際基金會 聯合創辦人 **張琯臻**

國立高雄科技大學海洋所管理碩士 **施秉佑**

青陽偉翔納米材料有限公司 副總經理兼銷售總監 **梁嘉桐**

國立陽明交通大學 科技管理暨區塊鏈研究中心 副主任 **陳芃棣**

Investments

作者簡介

蘇品家

AIT轄南台灣美國商會 委員

台灣教會醫療院所協會 顧問

中華民國與印尼國會議員友好協會 首席副秘書長

陳耕太

國立台北商業大學企業管理系 兼任講師

澳洲墨爾本大學藝術系

淡江大學國際企業系EMBA碩士

張琯臻

香港恩納國際基金會 聯合創辦人

國立高雄科技大學金融所碩士

美國瑞察森大學心理學博士

施秉佑

Seagate Technology Sr. Engineer
國立高雄科技大學海洋所管理碩士
美國AECA教育文化聯盟 資訊科技督導師

梁嘉桐

青陽偉翔納米材料有限公司 副總經理兼銷售總監
偉確超新材料有限公司 執行董事
國立高雄科技大學金融所碩士

陳芃棣

國立陽明交通大學 科技管理暨區塊鏈研究中心 副主任
社團法人國際青年經貿文智發展協會 理事長
IIC科技大學管理博士

Investments

　　本書的內容非常的實務與實用，在證券投資的時候，投資人必須考量投資風險與基本分析，此書內容包含五個章節，分別是財務分析、財務風險管理、投資管理、金融工具與財務實證，此內容包含一個投資決策的流程，必須了解公司基本財務分析，投資組合管理與風險分析，最後還有包含財務實證，此書內容淺顯易懂，適合要進入投資實務的初學者閱讀，此書內容也適合大專院校投資學或證券投資課程。

　　本書最大特色是包含程式內容，現在進入了金融科技的時代，許多交易策略都可以變成一個程式交易的策略，讀者可以根據此書財務實證內容，再配合投資之策略撰寫成投資策略的程式，可以進一步去做實證分析，測試自己投資策略的結果，所以本書內容不但有理論說明，也包含實務投資分析與程式撰寫，是一本適合進入證券投資市場的入門書。

　　根據以上的特色說明，本人很推薦本書成為各位讀者進入投資市場的實務用書，本書不但可以幫助讀者建立投資的策略與理論概念，也進一步可以協助讀者做實務投資的驗證，讓讀者可以容易進入到投資的無情市場。

國立高雄科技大學 金融系　洪志興　教授

目　錄

Investments

Investments

Investments

第一章 財務分析

Investments

　　財務基本面分析使用從報表中的數據（例如公司的每股收益（EPS）收集的比率來確定業務價值，除了對公司周圍的經濟和財務狀況進行徹底審查外，使用比率分析，分析師還能夠得出證券的內在價值，最終目標是得出一個投資者可以與證券的當前價格進行比較的數據，以查看證券是否被低估或高估，財務分析是評估業務、專案、預算和其他與財務相關的交易過程，以確定其性能和適用性，通常，財務分析用於分析實體是否穩定，有償付能力，流動性或盈利能力足以保證貨幣投資。

關鍵要點

- 如果在內部進行，財務分析可以幫助基金經理做出未來的業務決策或回顧過去成功的歷史趨勢。
- 如果從外部進行，財務分析可以幫助投資者選擇最佳的投資機會。
- 基本面分析和技術分析是金融分析的兩種主要類型。
- 基本面分析使用比率和財務報表數據來確定證券的內在價值。
- 技術分析假設證券的價值已經由其價格決定，而是關注價值隨時間推移的趨勢。

瞭解財務分析

　　財務分析用於評估經濟趨勢，制定財務政策，為商務工作制定長期計劃，以及確定投資專案的選擇，這是通過綜合財務數據來完成的，財務分析師將徹底檢查公司的財務報表，財務分析可以在企業融資和投資融資環境中進行，分析財務數據最常見的方法之一是根據財務報表中的數據計算比率，以與其他公司的數據或公司自己的歷史業績進行比較。

　　例如，資產報酬率（ROA）是一種常用比率，用於確定公司使用其資產的效率以及作為盈利能力的衡量標準，這個比率可以計算出同一行業的幾家公司，並作為更大分析的一部分相互比較。

企業財務分析

在企業財務中，分析由會計部門在內部進行，並與管理層共用，以改善業務決策，這種類型的內部分析可能包括淨現值（NPV）和內部收益率（IRR）等比率，以找到值得執行的專案。

許多公司向客戶提供信貸，因此，銷售的現金收入可能會延遲一段時間，對於擁有大量應收帳款餘額的公司，追蹤應收帳款銷售天數（DSO）非常有用，這有助於公司確定將信用銷售轉化為現金所需的時間長度，平均收款期是公司整體現金轉換週期的一個重要方面。

企業財務分析的一個關鍵領域涉及將公司的過去業績（如淨收益或獲利率）推斷為對公司未來業績的估計，這種類型的歷史趨勢分析有利於識別季節性趨勢，例如，零售商可能會在耶誕節前的幾個月內看到銷售額急劇上升，這允許企業根據過去的趨勢預測預算並做出決策，例如必要的最低庫存水準。

投資財務分析

在投資金融中，公司外部的分析師出於投資目的進行分析，分析師可以進行自上而下或自下而上的投資方法，自上而下的方法首先尋找宏觀經濟機會，例如高績效行業，然後向下鑽取以找到該行業內最好的公司，從這一點開始，他們進一步分析了特定公司的股票，通過最後查看特定公司的基本面來選擇可能成功的股票作為投資。

另一方面，自下而上的方法著眼於特定公司，並進行與公司財務分析中使用的比率分析類似的比率分析，將過去的業績和預期的未來業績作為投資指標，自下而上的投資迫使投資者首先考慮微觀經濟因素，這些因素

Investments

包括公司的整體財務狀況、財務報表分析、提供的產品和服務供需情況以及公司績效隨時間推移的其他個人指標。

財務分析示例

Abc公司報告稱其2021年第四季度攤銷後每股收益（EPS）為3.64美元，與去年第四季度相比，這是一個顯著的收益，當時abc報告每股收益攤銷後為2.59美元，使用基本面分析的金融分析師會將此視為證券內在價值正在增加的積極信號，有了這些資訊，分析師可能會提高他們對公司未來業績的預測，這些共識變化，或「估計動量」，可以用來預測未來的價格。

例如，在2022年1月，分析師對abc預測的2022年估計每股收益的共識從13.49提高到13.89，比一個月前的平均估計值增加了2.45%，在做出預測的15位分析師中，有13位提高了目標，只有2位降低了目標。

為什麼財務分析有用？

財務分析的目標是分析一個實體是否穩定，有償付能力，流動性或盈利能力足以保證貨幣投資，它用於評估經濟趨勢，制定財務政策，為商務工作制定長期計劃，並確定投資專案或公司。

◆ 第一節 基本面分析原理

基本面分析（FA）通過檢查相關的經濟和金融因素來衡量證券的內在價值，內在價值是基於發行公司的財務狀況以及當前市場和經濟狀況的投資價值，基本面分析師研究任何可能影響證券價值的東西，從經濟狀況和行業狀況等宏觀經濟因素到公司管理效率等微觀經濟因素，最終目標是確定一個數字，投資者可以與證券的當前價格進行比較，以查看該證券是否被其他投資者低估或高估。

關鍵要點

- 基本面分析是確定股票實際或公平市場價值的一種方法。
- 基本面分析師搜索當前以高於或低於其實際價值的價格交易的股票。
- 如果公允市場價值高於市場價格，則該股票被視為被低估，並給出買入建議。
- 如果公允市場價值低於市場價格，則該股票被視為高估，如果持有股票，則建議不買入或賣出。
- 相比之下，技術分析師傾向於研究股票的歷史價格趨勢，以預測短期未來趨勢。

瞭解基本面分析

基本面分析通常從宏觀到微觀的角度進行，以識別市場定價不正確的證券，分析師通常按以下順序進行研究：

- 經濟總體狀況
- 特定行業實力
- 發行股票的公司的財務業績

這確保了它們得出股票的公平市場價值，基本面分析使用公開的財務數據來評估投資的價值，大多數上市公司和許多私營公司都會在其網站的投資者關係部分列出年度報告，重點介紹全年做出的財務決策和取得的成果。

例如，投資人可以通過查看利率和整體經濟狀況等經濟因素來對債券價值進行基本面分析，然後，投資人將評估債券市場並使用類似債券發行人的財務數據，最後，投資人將分析發行公司的財務數據，包括外部因素，例如其信用評級的潛在變化，投資人還可以通讀和發行人的年度報告，以瞭解他們在做什麼，他們的目標或其他問題，基本面分析使用公司的收入，收益，未來增長，股本報酬率，獲利率和其他數據來確定公司的潛在價值和未來增長潛力。

內在價值

基本面分析背後的主要假設之一是，與公開的財務數據相比，股票的當前價格通常不能完全反映公司的價值，第二個假設是，從公司基本面數據中反映的價值更有可能更接近股票的真實價值，內在價值意味著股票估值與期權交易不同的東西，期權定價使用標準計算內在價值，而對於股票，可以通過許多不同的方式計算。

例如，假設一家公司的股票交易價格為20美元，在對該公司進行廣泛研究後，分析師確定它應該價值24美元，另一位分析師做了同樣的研究，但決定它應該價值26美元，許多投資者會考慮這些估計的平均值，並假設該股票的內在價值可能接近25美元，通常，投資者認為這些估計高度相關，因為他們希望以明顯低於這些內在價值的價格購買股票。

這導致了基本面分析的第三個主要假設：從長遠來看，股市將反映基本面，問題是，沒有人知道長期運行到底有多長，可能是幾天或幾年，這就是基本面分析的全部意義所在，通過專注於特定業務，投資者可以估計公司的內在價值，並找到以折扣價購買或以溢價出售的機會，當市場趕上基本面時，投資將得到報酬，基本面分析最常用於股票，但它對於評估從債券到衍生品的任何證券都很有用，如果投資人考慮基本面，從更廣泛的經濟到公司的細節，投資人正在做一個基本面分析。

基本面分析與技術分析

這種分析方法與技術分析形成鮮明對比，技術分析試圖通過分析價格和交易量等歷史市場數據來預測價格方向，技術分析使用價格趨勢和價格行為來創建指標，一些指標創建的模式具有與其形狀相似的名稱，例如頭部和肩部模式，其他人使用趨勢，支撐和阻力線來展示交易者如何看待投資並指示將要發生的事情，一些例子是對稱三角形或楔形，基本面分析依賴於正在分析其股票的公司報告的財務資訊，比率和指標是使用指示公司與類似公司相比表現如何的數據創建的。

定量和定性基本面分析

定義「基本面」這個詞的問題在於，它可以涵蓋與公司經濟福祉有關的任何事情，它們包括收入和利潤等數據，但它們也可以包括從公司的市場份額到管理品質的任何內容，各種基本因素可以分為兩類：定量和定性，這些術語的財務含義與眾所周知的定義沒有太大區別：

- 定量：可以使用數據、比率或公式顯示的資訊
- 定性：不是某物的數量，而是它的質量，標準或性質

在這種情況下，定量基本面是硬數據，它們是企業的可衡量特徵，這就是為什麼定量數據的最大來源是財務報表，收入，利潤，資產等可以準

確衡量,定性的基本面不那麼明顯,它們可能包括公司關鍵高管的素質,品牌知名度,專利和專有技術,定性和定量分析本質上都不是更好的,許多分析師將它們放在一起考慮。

要考慮的定性基礎知識

分析師在考慮公司時始終會考慮四個關鍵基本面,所有這些都是定性的,而不是定量的,它們包括:

商業模式

公司到底是做什麼的?這並不像看起來那麼簡單,如果一家公司的商業模式是基於銷售速食雞肉,那麼它是否以這種方式賺錢?還是只是在版稅和特許經營費上滑行?

競爭優勢

公司的長期成功主要取決於其保持競爭優勢的能力,並保持競爭優勢,強大的競爭優勢,如可口可樂的品牌名稱和微軟對個人計算機操作系統的統治地位,在企業周圍創造了一條護城河,使其能夠阻止競爭對手並享受增長和利潤,當一家公司能夠獲得競爭優勢時,其股東可以在幾十年內獲得豐厚的報酬。

管理

一些人認為,管理是投資公司最重要的標準,這是有道理的:如果公司領導人未能正確執行計劃,即使是最好的商業模式也註定要失敗,雖然散戶投資者很難見到並真正評估經理人,但投資人可以查看公司網站並查看高層和董事會成員的簡歷,他們在以前的工作中表現如何?他們最近是否一直在拋售大量股票?

公司治理

　　公司治理描述了組織內現有的政策，表示管理層，董事和利益相關者之間的關係和責任，這些政策在公司章程，其章程以及公司法律法規中定義和確定，投資人希望與一家以合乎道德，公平，透明和高效的方式運營的公司開展業務，特別注意管理層是否尊重股東權益和股東利益，確保他們與股東的溝通是透明、清晰和可理解的，如果投資人不明白，可能是因為他們不希望投資人這樣做。

產業

　　考慮公司的行業也很重要：其客戶群，公司之間的市場份額，全行業增長，競爭，監管和商業週期，瞭解該行業的運作方式將使投資者對公司的財務狀況有更深入的瞭解。

要考慮的定量基本面：財務報表

　　財務報表是公司披露有關其財務業績資訊的媒介，基本面分析的追隨者使用財務報表中的定量資訊來做出投資決策，三個最重要的財務報表是損益表、資產負債表和現金流量表。

資產負債表

　　資產負債表表示公司在特定時間點的資產，負債和權益的記錄，它被稱為資產負債表，因為三個部分-資產，負債和股東權益-必須使用公式進行平衡：

資產=負債+股東權益

　　資產表示企業在給定時間擁有或控制的資源，這包括現金、庫存、機器設備和建築物等專案，等式的另一面代表公司用於收購這些資產的總融資價值，融資來自負債或股權，負債是指必須償還的債務或義務，相比之下，股權代表擁有者為企業貢獻的資金總價值，包括留存收益，這是支付

所有當前債務，股息和稅款後剩餘的利潤。

損益表

損益表衡量公司在特定時間範圍內的績效，從技術上講，投資人可以有一個月甚至一天的資產負債表，但投資人只會看到上市公司每季度和每年報告一次，損益表顯示該期間企業運營產生的收入、支出和利潤。

現金流量表

現金流量表是企業在一段時間內現金流量入和流出的記錄，通常，現金流量表側重於以下與現金相關的活動：

- 投資現金（CFI）：用於投資資產的現金，以及出售其他業務，設備或長期資產的收益
- 融資現金（CFF）：通過發行和借款支付或收到的現金
- 營運現金流量（OCF）：日常業務運營產生的現金

現金流量表很重要，因為企業操縱其現金狀況具有挑戰性，激進的會計師可以做很多事情來操縱收益，但很難在銀行裡偽造現金，出於這個原因，一些投資者使用現金流量表作為公司業績的更保守的衡量標準，基本面分析依賴於使用從公司財務報表數據中提取的財務比率來推斷公司的價值和前景。

什麼是基本面分析及其目標？

基本面分析使用公開的財務資訊和報告來確定股票和發行公司是否被市場正確估值，有兩種類型的基本面分析，定性和定量，在進行分析時，投資人從經濟分析開始，然後分析行業，然後分析公司，基本面分析可以讓投資人看到一家公司的市場價值應該是多少，許多投資者只關注股票目前交易的價格，而不是分析股票背後的原因，股票是由公司發行的，因此

其整體業績與公司的財務業績有關，分析師使用許多工具，如財務報告的比率、資訊圖表、政府機構關於行業和經濟的報告或是市場報告。

＊如何評估公司價值

企業估值是確定整個企業或公司單位經濟價值的一般過程，企業估值可用於確定企業的公允價值，原因包括銷售價值，建立合夥人擁有權、稅收、甚至訴訟，業主通常會求助於專業的業務評估員，以客觀估計業務價值。

關鍵要點

- 企業估值決定了企業或營業單位的經濟價值。
- 企業估值可用於確定企業的公允價值，原因包括銷售價值、建立合夥人擁有權、稅收、甚至訴訟。
- 存在幾種評估企業價值的方法，例如查看其市值、收益乘數或帳面價值等。

企業估值的基礎知識

企業估值的話題在企業融資中經常被討論，企業估值通常在公司希望出售其全部或部分業務或希望與另一家公司合併或收購時進行，企業的估值是確定企業當前價值，使用客觀衡量標準並評估業務各個方面的過程。

企業估值可能包括對公司管理層、資本結構、未來盈利前景或其資產市場價值的分析，用於評估的工具可能因評估人員、企業和行業而異，企業估值的常見方法包括審查財務報表，貼現現金流量模型和類似的公司比較。

估值對於稅務報告也很重要，一些與稅收相關的事件，如出售、購買或贈與公司股票,將根據估值徵稅,估計企業的公允價值是一門藝術,也是一門科學;可以使用幾種正式模型,但是選擇正確的模型,然後選擇適當的輸入可能有些主觀,公司的價值有很多種,投資人將在下面瞭解其中幾種方法。

1. 市值

市值是最簡單的企業估值方法,它的計算方法是將公司的股價乘以其在外流通股總數。

2. 倍數收益法

在時代收入企業估值方法下,將一定時期內產生的收入流應用於取決於行業和經濟環境的乘數,例如,一家科技公司可能被估值為3倍的收入,而一家服務公司可能被估值為0.5倍的收入。

3. 收益乘數

收益乘數可以用來更準確地瞭解公司的實際價值,而不是倍數收入法,因為公司的利潤是比銷售收入更可靠的財務成功指標,收益乘數根據同一時期內可以按當前利率投資的現金流量調整未來利潤,換句話說,它調整當前的市盈率以考慮當前的利率。

4. 貼現現金流量(DCF)方法

企業估值的DCF方法類似於收益乘數,該方法基於對未來現金流量的預測,這些現金流量經過調整以獲得公司的當前市場價值,貼現現金流量法和利潤乘數法之間的主要區別在於,它在計算現值時考慮了通貨膨脹。

5. 帳面價值

這是資產負債表上顯示的企業股東權益的價值,帳面價值是通過從公司總資產中減去公司的總負債得出的。

6. 清算價值

　　清算價值是企業在今天清算資產並清償負債時將獲得的淨現金，這絕不是目前使用的企業估值方法的詳盡清單，其他方法包括重置價值，分解價值，基於資產的估值等等。

＊評估定義

　　估值是確定資產或公司當前（或預測）價值的分析過程，有許多技術用於進行估值，分析師對公司進行估值，查看企業的管理，資本結構的構成，未來收益的前景以及資產的市場價值以及其他指標，基本面分析通常用於估值，儘管可以採用其他幾種方法，例如資本資產定價模型（CAPM）或股息貼現模型（DDM）。

關鍵要點

- 估值是確定資產或公司公允價值的量化過程。
- 一般而言，一家公司可以按絕對價值自行估價，也可以按相對價值與其他類似公司或資產相比。
- 有幾種方法和技術可以得出估值-每種方法和技術都可能產生不同的價值。
- 估值可能很快受到企業盈利或經濟事件的影響，迫使分析師重新調整其估值模型。

估值模型分析

　　估值告訴投資人什麼？在試圖確定證券的公允價值時，估值可能很有用，該公允價值取決於買方願意向賣方支付的費用，假設雙方都自願進入交易，當證券在交易所交易時，買賣雙方決定股票或債券的市場價值。

然而，內在價值的概念是指基於未來收益或與證券市場價格無關的其他公司屬性的證券的感知價值，這就是估值發揮作用的地方，分析師進行估值以確定公司或資產是否被市場高估或低估。

估值方法的兩大類

絕對估值模型試圖僅根據基本面找到投資的內在或「真實」價值，看基本面只是意味著投資人只會關注股息、現金流量和單一公司的增長率，而不用擔心任何其他公司，屬於此類別的估值模型包括股息貼現模型、貼現現金流量模型、剩餘收入模型和基於資產的模型。

相比之下，相對估值模型通過將相關公司與其他類似公司進行比較來運作，這些方法涉及計算倍數和比率，例如市盈倍數，並將其與類似公司的倍數進行比較，例如，如果一家公司的市盈率低於可比較公司的市盈率倍數，則原始公司可能被視為被低估，通常，相對估值模型比絕對估值模型更容易、更快速地計算，這就是為什麼許多投資者和分析師從這個模型開始分析的原因。

收益如何影響估值

每股收益（EPS）公式表示為普通股股東可獲得的收益除以已發行普通股的數量，每股收益是公司利潤的指標，因為公司每股產生的收益越多，每股對投資者的價值就越高，分析師還使用市盈率（P/E）進行股票估值，其計算方法是每股市場價格除以每股收益，市盈率計算股票價格相對於每股收益的昂貴程度。

例如，如果一支支股票的市盈率為收益的20倍，則分析師將該市盈率與同行業中的其他公司以及大盤的比率進行比較，在股票分析中，使用像市盈率這樣的比率來評估公司被稱為基於倍數或倍數的估值方法，其他倍數，如EV/EBITDA，與類似公司和歷史倍數進行比較，以計算內在價值。

估值方法

有多種方法可以進行估值，上面提到的貼現現金流量分析是一種方法，它根據其盈利潛力計算業務或資產的價值，其他方法包括查看公司或資產購買的過去和類似交易，或將公司與類似業務及其估值進行比較。

可比較公司分析是一種查看類似公司的方法，包括規模和行業，以及它們如何交易以確定公司或資產的公允價值，過去的交易方法著眼於類似公司的過去交易，以確定適當的價值，還有基於資產的估值方法，它將公司的所有資產價值相加，假設它們以公允市場價值出售，以獲得內在價值。

有時，做所有這些，然後權衡每一個，是適當的計算內在價值，同時，有些方法更適合某些行業，而不適合其他行業，例如，投資人不會使用基於資產的估值方法來評估資產很少的諮詢公司;相反，像DCF這樣基於收益的方法會更合適。

貼現現金流量估值

分析師還使用資產產生的現金流量入和流出（稱為貼現現金流量（DCF）分析）對資產或投資進行估值，這些現金流量使用貼現率貼現為當前值，貼現率是對利率的假設或投資者假設的最低報酬率。

如果一家公司正在購買一台機器，該公司會分析購買的現金流量出和新資產產生的額外現金流量入，所有現金流量都貼現現值，業務確定淨現值（NPV），如果NPV是正數，公司應進行投資並購買資產。

估值的局限性

在決定首次使用哪種估值方法對股票進行估值時，很容易被投資者

Investments

可用的估值技術數量所淹沒，有些估值方法相當簡單，而其他評估方法則更複雜，不幸的是，沒有一種方法最適合每種情況，每支支股票都是不同的，每個行業或部門都有獨特的特徵，可能需要多種估值方法，同時，不同的估值方法將為同一標的資產或公司產生不同的價值，這可能導致分析師採用提供最有利產出的技術。

＊估值分析

估值分析是估計資產的近似價值或價值的過程，無論是企業，股票，固定收益證券，商品，房地產還是其他資產，分析師可能會對不同類型的資產使用不同的估值分析方法，但共同點是關注資產的基本面。

關鍵要點

- 估值分析旨在估算資產（如企業或證券）的公允價值或內在價值。
- 估值分析依賴於幾種不同的方法和模型，以便根據不同的輸入或變數得出單一價格。
- 根據所考慮的資產類型，該資產是否產生現金流量以及評估的目的，將採用不同的估值流程。

瞭解估值分析

估值分析主要是科學的（數字運算），但也涉及一些藝術，因為分析師被迫對模型輸入做出假設，資產的價值基本上是資產預測產生的所有未來現金流量的現值（PV），例如，公司的估計模型中固有的關於銷售增長、獲利率、融資選擇、資本支出、稅率、PV公式的貼現率等的無數假設。

設置模型後，分析師可以對變數進行操作，以查看估值如何隨這些不同的假設而變化，對於各種資產類別，沒有一刀切的模型，雖然製造公司的估值可能適合多年DCF模型，房地產公司最好用當前的淨營業收入（NOI）和資本化率（Caprate）進行建模，但鐵礦石，銅或白銀等大宗商品將受制於以全球供需預測為中心的模型。

如何使用評估分析？

估值分析的輸出可以採取多種形式，它可以是一個單一的數據，例如估值約為50億美元的公司，或者如果資產的價值在很大程度上取決於經常波動的變數，例如估值範圍在面值到面值的90%之間的公司債券，則可能是一系列數據，具體取決於30年期國債的收益率.估值可以表示為價格倍數，例如，由於科技股以40倍的市盈率（P/E）倍進行交易，因此電信股的價值為利息，稅項，折舊和攤銷前企業收益比（EV/EBITDA）的6倍，或者銀行的交易價格是市淨率（P/B）的1.3倍，估值分析也可以採取每股資產價值或每股資產淨值（NAV）的最終形式。

估值和內在價值

估值分析對於投資者估計公司股票的內在價值非常重要，以便做出更明智的投資決策，債券的公允價值與內在價值的偏差並不大（如果有的話），但在負債累累的公司面臨財務壓力的情況下，機會確實偶爾會出現，估值分析是比較同一行業內的公司或估計給定時間段內投資報酬的有用工具。

Investments

◆ 第二節 財務報表分析

財務報表分析是分析公司財務報表以用於決策目旳的過程，外部利益相關者使用它來瞭解組織的整體健康情況以及評估財務績效和業務價值，內部選民將其用作管理財務的監控工具。

關鍵要點

- 財務報表分析由內部和外部利益相關者用於評估業務績效和價值。
- 財務會計要求所有公司創建資產負債表，損益表和現金流量表，這些表構成了財務報表分析的基礎。
- 水平、垂直和比率分析是分析師在分析財務報表時使用的三種技術。

如何分析財務報表？

公司的財務報表記錄了企業活動各個方面的重要財務數據，因此，可以根據過去，當前和預期的性能來評估它們，一般來說，財務報表以公認會計原則（GAAP）為中心，這些原則要求公司創建和維護三個主要財務報表：資產負債表，損益表和現金流量表，上市公司對財務報表報告有更嚴格的標準，上市公司必須遵循GAAP，這需要權責發生制會計，私營公司在編製財務報表方面具有更大的靈活性，也可以選擇使用權責發生制或現金會計。

幾種技術通常用作財務報表分析的一部分，三種最重要的技術包括水平分析、垂直分析和比率分析，水平分析通過分析兩年或更長時間的訂單項值，對數據進行水平比較，縱向分析查看訂單項對業務其他部分的縱向影響以及業務的比例，比率分析使用重要的比率指標來計算統計關係。

財務報表的種類

公司使用資產負債表，損益表和現金流量表來管理其業務運營，併為利益相關者提供透明度，這三種說法都是相互關聯的，對公司的活動和業績有不同的看法。

資產負債表

資產負債表是公司財務價值帳面價值的報告，它分為三個部分，包括公司的資產，負債和股東權益，現金和應收帳款等短期資產可以說明公司的運營效率;負債包括公司的費用安排和償還的債務資本;股東權益包括股權資本投資和定期淨收入留存收益的詳細資訊，資產負債表必須平衡資產和負債，以等於股東權益，這個數字被認為是公司的帳面價值，是一個重要的績效指標，隨著公司的財務活動而增加或減少。

損益表

損益表將公司的收入與其業務所涉及的費用進行細分，即淨利潤或損失，損益表分為三個部分，有助於分析三個不同點的業務效率，它從收入和與收入相關的直接成本開始，以確定毛利潤，然後，它轉移到營業利潤，減去間接費用，如行銷成本，一般成本和折舊，最後，扣除利息和稅款後，達到淨收入，損益表的基本分析通常涉及毛利率、營業獲利率和淨獲利率的計算，每個毛利率除以收入，獲利率有助於顯示公司成本在運營的不同點上處於低或高的位置。

現金流量表

現金流量表概述了公司來自經營活動、投資活動和融資活動的現金流量，淨收入結轉到現金流量表，作為經營活動的最高專案，與其標題一樣，投資活動包括與全公司投資有關的現金流量，融資活動部分包括債務和股權融資的現金流量，顯示公司有多少現金可用。

自由現金流量和其他估值報表

公司和分析師還使用自由現金流量表和其他估值報表來分析公司的價值,自由現金流量報表通過對公司估計隨時間推移產生的自由現金流量進行貼現來得出淨現值,私營公司可能會在向潛在上市的方向發展時保留估值表。

財務業績

財務報表由公司每天維護,並在內部用於業務管理,一般而言,內部和外部利益相關者都使用相同的公司財務方法來維護商務活動和評估整體財務績效,在進行全面的財務報表分析時,分析師通常使用多年的數據來促進橫向分析,每個財務報表還通過垂直分析進行分析,以瞭解不同類別的報表如何影響結果,最後,比率分析可用於隔離每個語句中的一些性能指標,並將語句中的數據點組合在一起,以下是一些最常見的比率指標的細分:

- 資產負債表:這包括資產周轉率、速動比率、應收帳款周轉率、銷售天數、負債對資產和負債股本比。
- 損益表:包括毛利率、營業獲利率、淨獲利率、稅比效率和利息覆蓋率。
- 現金流量:這包括利息、稅項、折舊和攤銷前的現金和收益(EBITDA),這些指標可能按每股顯示。
- 全面:這包括資產報酬率(ROA)和股本報酬率(ROE),以及杜邦分析。

財務報表分析有哪些優勢?

財務報表分析通過公司的資產負債表,損益表或現金流量表評估公司的業績或價值，通過使用許多技術，如水平，垂直或比率分析，投資者可以對公司的財務狀況進行更細緻入微的瞭解。

財務報表分析有哪些不同類型？

大多數情況下，分析師將使用三種主要技術來分析公司的財務報表，首先，水平分析涉及比較歷史數據，通常，水平分析的目的是檢測不同時間段的增長趨勢，其次，垂直分析將財務報表上的專案相互比較，例如，支出專案可以表示為公司銷售額的百分比，最後，比率分析是基本面權益分析的核心部分，用於比較行項目數據。

財務報表的常見大小分析

通用大小財務報表將顯示為一個選定數據或通用數據的百分比，通過創建通用大小的財務報表，可以更輕鬆地分析公司隨時間的變化並將其與同行進行比較，使用通用尺寸的財務報表可說明投資人發現原始財務報表可能無法發現的趨勢，所有三個主要財務報表都可以放入通用的大小格式，使用電子表格，可以輕鬆地將美元金額的財務報表轉換為通用尺寸報表，以下是每個財務報表的概述，以及此類分析可以為投資人提供的利弊的更詳細的摘要。

- 通用大小財務報表將每個報表上的項目顯示為公共基數的百分比。
- 通用尺寸的財務報表用於更輕鬆地將公司與其競爭對手進行比較，並確定公司財務狀況的重大變化。
- 在常見的規模分析中，投資人可以比較兩年或更長時間之間的百分比，以評估財務實力、收入的使用方式以及現金的來源。

資產負債表分析

常見規模資產負債表分析的通用數據是總資產，根據會計等式，這也等於總負債和股東權益，使得這兩個術語在分析中都可以互換，也可以使用總負債來表明公司的義務所在，以及它在管理債務時是保守的還是有風險的。

從資產負債表的角度來看，通用規模戰略可以深入瞭解公司的資本結構及其與競爭對手的比較，投資人還可以查看確定給定行業的最佳資本結構，並將其與所分析的公司進行比較，然後，投資人可以得出結論，債務水準是否過高，資產負債表上保留了多餘的現金，或者庫存增長過高，資產負債表上的商譽水準也有助於表明公司在多大程度上依賴收購來實現增長。

重要的是將短期債務和長期債務加在一起，並將這一數額與流動資產部分的手頭現金總額進行比較，這可以讓投資人知道有多少現金緩衝可用，或者公司是否依賴市場在到期時為債務再融資。

分析損益表

損益表的常見數據是銷售額總額，這實際上與計算公司獲利率的分析相同，例如，淨獲利率只是淨收入除以銷售額，這也恰好是常見的規模分析，計算毛利率和營業獲利率也是如此，例如，常見的規模方法對研究密集型公司很有吸引力，因為他們傾向於專注於研發（R&D）以及它佔總銷售額的百分比。

常見規模和現金流量

與損益表分析類似，現金流量表中的許多專案可以表示為總銷售額的百分比，這可以深入瞭解幾個現金流量專案，包括資本支出（CapEx）占收入的百分比，債務發行是另一個重要數據，與它所幫助產生的年銷售額成比例，由於這些專案是按銷售額的百分比計算的，因此它們有助於指示公司使用它們來產生總體收入的金額。

這與常規財務報表有何不同？

常見大小分析的主要優點是，它允許在單個期間（例如季度或每年）按專案進行垂直分析;它還允許投資人查看某個時間段的水準透視圖，僅僅看一份原始的財務報表就會使這變得更加困難，但是，使用垂直分析上下查看財務報表可以讓投資者捕捉到公司的重大變化，常見的大小分析有助於將分析置於上下文中（按百分比計算），它與損益表的比率分析相同。

通用揭示了什麼？

常見規模分析的最大好處是，它可以讓投資人識別公司財務狀況中的劇烈變化，快速增加或減少將很容易觀察到，例如在一個季度或一年內報告的利潤迅速下降，常見的規模分析還可以深入瞭解公司的不同戰略，例如，一家公司可能願意犧牲獲利率來換取市場份額，這往往會以犧牲毛利率、營業獲利率或淨獲利率為代價，使整體銷售額更大，理想情況下，追求較低獲利率的公司將增長得更快。

通用財務報表的主要用途是什麼？

普通規模的財務分析可以讓投資人瞭解公司每年的表現，並將其與競爭對手進行比較，投資人如何找到常見尺寸的財務報表？資產負債表、損益表或現金流量表上的每個專案除以收入或銷售額，這可以使用電子表格或計算機來完成-投資人可以在專門從事財務分析的公司的網站上找到它們。

＊三大財務報表

在組織的財務報表上找到的資訊是公司會計的基礎，這些數據由管理

Investments

層，投資者和貸方進行審查，以評估公司的財務狀況，在資產負債表、損益表和現金流量表中找到的數據用於計算重要的財務比率，從而深入瞭解公司的財務業績和可能需要解決的潛在問題，資產負債表、損益表和現金流量表各自提供獨特的詳細資訊，其中包含所有相互關聯的資訊。

- 在組織的財務報表上找到的資訊是公司會計的基礎。
- 也稱為財務狀況表，公司的資產負債表從帳面價值的角度提供有關公司價值的資訊。
- 公司的損益表提供了公司收入和經營活動所涉及的費用的詳細資訊。
- 現金流量表通過顯示現金交易活動來提供公司整體流動性的視圖。

資產負債表

也稱為財務狀況表，公司的資產負債表從帳面價值的角度提供有關公司價值的資訊，資產負債表分為三類，提供公司資產，負債和股東權益在特定日期的總和，通常，對資產負債表的全面分析可以提供幾種快速視圖，為了使資產負債表平衡，資產必須等於負債加權益，分析師將資產減去負債視為公司的帳面價值或權益，在某些情況下，分析師還可以查看公司的總資本，同時分析負債和權益，在資產負債表的資產部分，分析師通常會關注長期資產以及公司在短期內管理應收帳款的效率，分析師使用各種比率來衡量公司資產負債表的效率，一些最常見的包括資產周轉率、速動比率、應收帳款周轉率、銷售天數，債務對資產以及債務對股權。

損益表

公司的損益表提供了公司收入和經營活動所涉及的費用的詳細資訊，總體而言，它提供了有關公司整體運營活動的更細微性的詳細資訊，從廣義上講，損益表顯示了公司產生的直接、間接和資本支出，從直接開始，報告公司在特定時間範圍內獲得的收入水準，然後，它顯示與賺取該收入直接相關的費用，直接費用通常分為銷售商品成本或銷售成本，代表直接批發成本，從收入中減去銷售成本以得出毛利，然後，通常將毛利潤與總銷售額進行比較，以確定公司的毛利率。

間接費用也是損益表的重要組成部分，間接費用構成第二類，顯示與公司的創收活動間接相關的所有成本，這些成本可能包括工資、營業費用、研發以及折舊和攤銷，這些間接費用一起從毛利中減去，以確定營業收入，損益表上的最後一類是資本支出的因素，這裡要考慮的最後費用包括利息，稅收和非常專案。

損益表為公司的經營活動提供了極大的透明度，也是公司其他兩份財務報表的關鍵驅動因素，期末的淨收入作為留存收益成為公司股東權益的一部分，淨利潤也結轉到現金流量表，作為經營活動的最高專案，在此期間記帳的銷售額也作為應收帳款添加到公司的短期資產中，在損益表上，分析師通常會關注公司的盈利能力，因此，用於分析損益表的關鍵比率包括毛利率、營業獲利率和淨獲利率以及稅收比率效率和利息覆蓋率。

現金流量表

現金流量表通過顯示現金交易活動來提供公司整體流動性的視圖，它報告會計期間的所有現金流量入和流出，並附上可用現金總額的總和，標準現金流量表將分為三個部分：運營、投資和融資，本財務報表突出了這三個領域現金總額的淨增減情況，運營部分顯示在此期間作為公司運營的一部分進行銷售所獲得的現金，它還顯示了用於進行這些銷售的運營現金流量，例如，為租金、工資和管理支付的現金。

現金流量表的另外兩部分，投資和融資，與公司的資本規劃密切相

Investments

關，這與資產負債表上的負債和權益相互關聯，投資現金活動主要關注資產，並顯示資產購買和投資資產收益，融資現金活動側重於資本結構融資，顯示債務和股票發行的收益以及利息和股息等債務的現金支付。

綜合檢視

所有這三份會計報表對於從多個角度理解和分析公司的業績都很重要，損益表提供了對為公司產生收益的核心運營活動的深刻見解，然而，資產負債表和現金流量表更側重於公司在資產和結構方面的資本管理，總體而言，表現最佳的公司將在運營效率、資產管理和資本結構方面取得高分，管理層負責以符合股東最佳利益的方式監督這三個槓桿，而這些槓桿的相互關聯的報告是使財務報表報告如此重要的原因。

財務報表類型清單及其閱讀方法

財務報表是傳達公司商務活動和財務業績的書面記錄，財務報表通常由政府機構、會計師、公司等進行審計，以確保準確性並用於稅務、融資或投資目的，營利性主要財務報表包括資產負債表、損益表、現金流量表和權益變動表，非營利實體使用一組類似但不同的財務報表。

• 財務報表是傳達實體的商務活動和財務業績的書面記錄。
• 資產負債表提供了資產、負債和股東權益的概述，作為時間查詢。
• 損益表主要關注公司在特定時期的收入和支出，一旦從收入中減去費用，該報表就會生成公司的利潤總額，稱為淨收入。
• 現金流量表（CFS）衡量公司產生現金以償還債務，為其運營費用提供資金以及為投資提供資金的程度。
• 權益變動表記錄了利潤如何在公司內部保留以用於未來增長或分配給外部各方。

瞭解財務報表

投資者和金融分析師依靠財務數據來分析公司的業績，並對公司股價的未來方向做出預測，可靠和經審計的財務數據的最重要資源之一是年度報告，其中包含公司的財務報表，投資者、市場分析師和債權人使用財務報表來評估公司的財務狀況和盈利潛力，三大財務報表報表是資產負債表、損益表和現金流量表。

資產負債表

資產負債表提供了公司資產，負債和股東權益的概述，作為及時的查詢，資產負債表頂部的日期告訴投資人查詢的時間，這通常是報告期的結束，以下是資產負債表中項目的細分。

資產

- 現金和現金等價物是流動資產，其中可能包括國庫券和存款證。
- 應收帳款是其客戶為銷售其產品和服務而欠公司的金額。
- 庫存是公司打算作為業務過程出售的現有商品，庫存品可能包括成品、尚未完成的在製品或手頭尚未加工的原材料。
- 預付費用是在到期前支付的費用，這些費用被記為資產，因為它們的價值尚未得到確認；如果利益沒有得到承認，公司理論上應該退款。
- 工廠和設備是公司為其長期利益而擁有的資本資產，這包括用於製造用於加工原材料的重型機械和建築物。
- 投資是為投機性未來增長而持有的資產，這些不用於操作，它們只是為了資本增值而持有。
- 商標、專利、商譽和其他無形資產不能被實際觸及，但對公司具有未來的經濟利益（通常是長期利益）。

Investments

負債

- 應付帳款是作為企業正常經營過程的一部分而到期的帳單，這包括水電費，租金發票和購買原材料的義務。
- 應付工資是應付給工作人員工作時間的付款。
- 應付票據是記錄官方債務協定（包括付款時程表和金額）的記錄債務工具。
- 應付股息是已宣佈授予股東但尚未支付的股息。
- 長期債務可以包括各種義務，包括償債債券基金，抵押貸款或其他超過一年全部到期的貸款，請注意，此債務的短期部分記錄為當前負債。

股東權益

- 股東權益是公司的總資產減去總負債，股東權益（也稱為股東權益）表示如果所有資產被清算並且公司的所有債務都得到償還，將退還給股東的金額。
- 留存收益是股東權益的一部分，是未作為股息支付給股東的淨收益金額。

損益表

與資產負債表不同，損益表涵蓋一系列時間，即年度財務報表為一年，季度為季度財務報表，損益表提供了收入、支出、淨收入和每股收益的概覽。

收入

營業收入是通過銷售公司的產品或服務而獲得的收入，整車廠的營業收入將通過汽車的生產和銷售來實現，營業收入來自公司的核心商務活動，營業外收入是非核心商務活動的收入，這些收入不屬於企業的主要職能。

費用

主要費用是在從業務的主要活動中獲得收入的過程中發生的，費用包括銷售商品成本（COGS）、營業費用（SG&A）、折舊或攤銷以及研發（R&D），典型的費用包括員工工資，銷售佣金以及電力和運輸等公用事業，與次要活動相關的費用包括貸款或債務支付的利息，出售資產造成的損失也記作費用，損益表的主要目的是傳達盈利能力的詳細資訊和商務活動的財務結果;但是，在多個時期內進行比較時，它可以非常有效地顯示銷售額或收入是否在增加，投資者還可以看到公司的管理層在控制費用方面做得有多好，以確定公司降低銷售成本的努力是否會隨著時間的推移提高利潤。

現金流量表

現金流量表（CFS）衡量公司產生現金以償還債務，為其運營費用提供資金以及為投資提供資金的程度，現金流量表是對資產負債表和損益表的補充，CFS使投資者能夠瞭解公司的運營情況、資金來自何處以及資金如何花費，亦提供一份有關公司是否擁有穩固財務基礎的見解。

經營活動

營運活動包括經營業務及銷售產品或服務所得的任何現金來源及用途，來自運營的現金包括在現金科目應收帳款、折舊、庫存和應付帳款方面所做的任何更改，這些交易還包括工資、所得稅支付、利息支付、租金以及銷售產品或服務的現金收入。

投資活動

Investments

　　投資活動包括公司對公司長期未來投資的任何現金來源和使用，資產的購買或出售，向供應商提供的貸款或從客戶處收到的貸款，或與合併或收購有關的任何付款都包含在此類別中，此外，本部分還包括購買固定資產（如不動產、廠房和設備（PPE）），簡而言之，設備，資產或投資的變化與投資的現金有關。

融資活動

　　融資活動產生的現金包括投資者或銀行的現金來源，以及支付給股東的現金的用途，融資活動包括債務發行、股票發行、股票回購、貸款、支付股息和償還債務。

股東權益變動表

　　權益變化表追蹤一段時間內的總權益，這些資訊與同期的資產負債表有關;權益表變更的期末餘額等於資產負債表上報告的總權益，股東權益變動的公式因公司而異;通常，有幾個元件：

- 開始淨值：這是最後一個週期結束時的淨值，只是滾動到下一個週期的開始。
- (+)淨收入：這是公司在給定時期內賺取的收入金額，運營收益自動確認為公司股權，該收入在年底轉入留存收益。
- (-)股息：這是從利潤中支付給股東的金額，公司可能會選擇將一些利潤交給投資者，而不是保留公司的所有利潤。
- (+/-)其他綜合收益：這是其他綜合收益的環比變化，根據交易的不同，這個數據可能是權益的加法或減法。

綜合收益表

　　綜合收益表是一份通常較少使用的財務報表，它總結了標準淨收入，同時也納入了其他綜合收益（OCI）的變化，其他綜合收益包括損益表上未報告的所有未實現損益，該財務報表顯示公司的總變更收入，甚至包括尚未按照會計規則記錄的損益，在綜合收益表上報告的交易範例包括：

- 淨收入（來自損益表）。
- 債務證券的未實現損益
- 衍生工具的未實現收益或損失
- 因外幣導致的未實現換算調整
- 退休計劃未實現的收益或損失

非營利組織財務報表

非營利組織記錄一組類似財務報表的財務交易，但是，由於營利性實體和純慈善實體之間的差異，所使用的財務報表也存在差異，用於非營利實體的標準財務報表即包括：

- 財務狀況表：這相當於營利性實體的資產負債表，最大的區別是非營利實體沒有股權;所有資產清算和負債清償後的任何剩餘餘額稱為「淨資產」。
- 活動報表：這相當於營利性實體的收入報表，此報告追蹤運營隨時間的變化，包括捐贈、贈款、活動收入和費用的報告，以使一切發生。
- 功能費用表：這是特定於非營利實體的，功能費用報表按實體職能報告費用（通常分為管理、計劃或籌款費用），向公眾分發這些資訊，以解釋全公司範圍內與任務直接相關的費用比例。
- 現金流量表：這相當於營利性實體的現金流量表，雖然由於非營利組織的性質不同，列出的帳戶可能會有所不同，但該聲明仍分為運營、投資和融資活動。

財務報表的限制

　　雖然財務報表提供了有關公司的大量資訊，但它們確實有局限性，這些陳述是可以解釋的，因此，投資者經常對公司的財務業績得出截然不同的結論，例如，一些投資者可能希望回購股票，而其他投資者可能更願意看到這筆錢投資於長期資產，一家公司的債務水準可能對一個投資者來說很好，而另一個投資者可能對公司的債務水準感到擔憂，在分析財務報表時，重要的是要比較多個時期，以確定是否存在任何趨勢，並將公司的業績與同行進行比較。

　　最後，財務報表的可靠性取決於輸入報告的資訊，人們經常記錄到，欺詐性金融活動或控制監督不力導致財務報表誤報，旨在誤導使用者，即使在分析經審計的財務報表時，用戶也必須對報告的有效性和所顯示的數字進行一定程度的信任。

財務報表的主要類型有哪些？

　　三種主要類型的財務報表是資產負債表，損益表和現金流量表，這三個報表共同顯示了企業的資產和負債，其收入和成本，以及其來自運營、投資和融資活動的現金流量。

財務報表中的主要專案有哪些？

　　根據公司的不同，財務報表中的行專案會有所不同;但是，最常見的細列專案是收入、銷售商品成本、稅收、現金、有價證券、庫存、短期債務、長期債務、應收帳款、應付帳款以及投資、運營和融資活動的現金流量。

財務報表有什麼好處？

　　財務報表顯示企業的運作方式，它提供了對企業產生收入的金額和方式，開展業務的成本，管理現金的效率以及資產和負債的洞察力，財務報表提供了有關公司管理自身的好壞的所有細節。

投資人如何閱讀財務報表？

財務報表以幾種不同的方式閱讀，首先，可以將財務報表與之前的期間進行比較，以更好地瞭解隨時間的變化，例如，比較損益表報告公司去年的收入和公司今年的收入，注意同比變化可以告知使用者公司健康情況的財務報表。

財務報表也是通過將結果與競爭對手或其他行業參與者進行比較來閱讀的，通過將財務報表與其他公司進行比較，分析師可以更好地瞭解哪些公司表現最佳，哪些公司落後於其他行業。

＊資產負債表

資產負債表是指報告公司在特定時間點的資產，負債和股東權益的財務報表，資產負債表為計算投資者的報酬率和評估公司的資本結構提供了基礎。

簡而言之，資產負債表是一份財務報表，它提供了公司擁有和欠款的查詢，以及股東的投資金額，資產負債表可以與其他重要的財務報表一起使用，以進行基本面分析或計算財務比率。

關鍵要點

- 資產負債表是報告公司資產、負債和股東權益的財務報表。
- 資產負債表是用於評估業務的三個核心財務報表之一。
- 它提供了截至發佈之日的公司財務狀況（其擁有和欠款）的查詢。
- 資產負債表遵循一個等式，將資產等同於負債和股東權益的總和。

• 基本面分析師使用資產負債表來計算財務比率。

資產負債表的工作原理

資產負債表提供了公司財務狀況的概覽，它無法單獨給出在較長時期內發生的趨勢，因此，應將資產負債表與以往期間的資產負債表進行比較，投資者可以通過使用可以從資產負債表得出的許多比率來瞭解公司的財務狀況，包括債務與權益比率和速動比率，以及許多其他比率，損益表和現金流量表也為評估公司財務狀況提供了有價值的背景資訊，收益報告中可能參考資產負債表的任何註釋或附錄也是如此，資產負債表遵循以下會計等式，一邊是資產，另一邊是負債加上股東權益，平衡：

資產=負債+股東權益

這個公式很直觀，這是因為一家公司必須通過借錢（承擔債務）或從投資者那裡拿走（發行股東權益）來支付它擁有的所有東西（資產），如果一家公司從銀行獲得為期五年的4000美元貸款，其資產（特別是現金帳戶）將增加4000美元，它的負債（特別是長期債務帳戶）也將增加4000美元，平衡等式的兩面，如果該公司從投資者那裡獲得8000美元，其資產將增加這一數額，其股東權益也將增加，公司產生的超出其費用的所有收入將進入股東權益帳戶，這些收入將在資產方面保持平衡，顯示為現金、投資、庫存或其他資產，資產負債表也應與同一行業其他企業的資產負債表進行比較，因為不同的行業有獨特的融資方式。

如上所述，投資人可以在公司的資產負債表上找到有關資產，負債和股東權益的資訊，資產應始終等於負債和股東權益，這意味著資產負債表應始終保持平衡，因此得名，如果它們不平衡，則可能存在一些問題，包括數據不正確或放錯位置、庫存或匯率錯誤或計算錯誤。

　　每個類別都由幾個較小的帳戶組成，這些帳戶分解了公司財務的具體情況，這些帳戶因行業而異，相同的術語可能會根據業務性質產生不同的含義，但投資者可能會遇到一些常見的組成部分，以下是流動資產中帳戶的一般順序：

- 現金和現金等價物是流動性最強的資產，可能包括國庫券和短期存款證，以及保值貨幣。
- 有價證券是有流動性市場的股本和債務證券。
- 應收帳款（AR）是指客戶欠公司的錢，這可能包括對可疑帳戶的津貼，因為有些客戶可能不會支付他們所欠的款項。
- 庫存是指任何可供出售的商品，以成本或市場價格的較低者為準。
- 預付費用表示已支付的價值，例如保險、廣告合約或租金。

長期資產包括：

- 長期投資是指不會或不能在明年清算的證券。
- 固定資產包括土地、機械、設備、建築物和其他耐用的、通常是資本密集型資產。
- 無形資產包括非實物（但仍然有價值）的資產，如智慧財產權和商譽，這些資產通常只有在被收購時才在資產負債表上列出，而不是在內部開發，因此，它們的價值可能被嚴重低估（例如，不包括全球公認的徽標），或者同樣被誇大了。

負債

　　負債是公司欠外部各方的任何款項，從它必須支付給供應商的帳單到向債權人發行的債券的利息，以出租、水電費和工資，流動負債在一年內到期，並按到期日順序列出，另一方面，長期負債在一年後的任何時候到

期。

流動負債帳戶可能包括：

- 長期債務的流動部分是未來12個月內到期的長期債務部分，例如，如果一家公司的貸款還剩下10年來支付其倉庫，則1年是當前負債，9年是長期負債。
- 應付利息是所欠的累積利息，通常作為逾期債務的一部分到期，例如財產稅的延遲匯款。
- 應付工資是給員工的工資和福利，通常是最近的工資期。
- 客戶預付款是指客戶在提供服務或產品交付之前收到的款項，公司有義務（a）提供該商品或服務，或（b）退還客戶的錢。
- 應付股息是指已獲授權支付但尚未發放的股息。
- 賺取和未賺取的權利金類似於預付款，因為公司已預先收到款項，尚未執行其協定部分，並且如果未能執行，則必須退還未賺取的現金。
- 應付帳款通常是最常見的流動負債，應付帳款是作為企業運營的一部分處理的發票上的債務義務，通常在收到後30天內到期。

長期負債包括：

- 長期債務包括已發行債券的任何利息和本金
- 養老基金負債是指公司需要支付給員工退休帳戶的款項
- 遞延納稅義務是應計但又一年內不會支付的稅款金額，除了時間安排之外，這個數據還協調了財務報告要求與稅收評估方式（如折舊計算）之間的差異。

有些負債被視為資產負債表之外，這意味著它們不會出現在資產負債表上。

股東權益

股東權益是可歸屬於企業擁有者或其股東的款項，它也被稱為淨資產，因為它相當於公司的總資產減去其負債或欠非股東的債務，留存收益是公司再投資於業務或用於償還債務的淨收益，剩餘金額以股息的形式分配給股東，庫存股是公司回購的股票，它可以在以後出售以籌集現金，也可以保留以擊退惡意收購。

一些公司發行特別股，這些特別股與普通股分開上市，特別股被分配一個任意的面值（在某些情況下，普通股也是如此），與股票的市場價值無關，普通股和特別股帳戶的計算方法是將面值乘以已發行的股票數量。

額外的實收資本或資本盈餘是指股東投資超過普通股或特別股帳戶的金額，這些帳戶基於面值而不是市場價格，股東權益與公司的市值沒有直接關係，後者基於股票的當前價格，而實收資本是以任何價格購買的股權的總和。

資產負債表的重要性

無論其經營的公司或行業的規模如何，資產負債表都有許多好處，資產負債表決定風險，該財務報表列出了公司擁有的所有資產及其所有債務，一家公司將能夠快速評估它是否借了太多錢，它擁有的資產是否沒有足夠的流動性，或者它是否有足夠的現金來滿足當前的需求。

資產負債表也用於確保資本，公司通常必須向貸方提供資產負債表才能獲得商業貸款，在試圖獲得私募股權融資時，公司通常還必須向私人投資者提供資產負債表，在這兩種情況下，外部方都希望評估公司的財務狀況，業務的信譽以及公司是否能夠償還其短期債務。

經理可以選擇使用財務比率來衡量公司的流動性，盈利能力，償付能力和周轉率（營業額），並且某些財務比率需要從資產負債表中獲取數據，當隨著時間的推移或與競爭公司進行比較分析時，管理人員可以更好地瞭解改善公司財務狀況的方法。

最後，資產負債表可以吸引和留住人才，員工通常更願意知道他們的工作是安全的，並且他們工作的公司身體健康，對於必須披露其資產負債表的上市公司，這一要求使員工有機會審查公司手頭有多少現金，公司在管理債務時是否做出了明智的決定，以及他們是否認為公司的財務狀況符合他們對僱主的期望。

資產負債表的局限性

雖然資產負債表對投資者和分析師來說是一個非常寶貴的資訊，但也有一些缺點，因為它是靜態的，所以許多財務比率利用資產負債表和更動態的損益表和現金流量報表中包含的數據，以更全面地描繪公司業務的發展情況，因此，僅靠餘額可能無法描繪出公司財務狀況的全貌。

資產負債表由於其時間範圍狹窄而受到限制，財務報表僅反映公司在特定日期的財務狀況，僅看一份資產負債表本身，可能會很難提取出一家公司是否表現良好，例如，假設一家公司在月底報告了1000000美元的手頭現金，沒有背景、比較點、瞭解其以前的現金餘額，瞭解行業運營需求，知道公司手頭有多少現金會產生有限的價值。

不同的會計制度以及處理折舊和存貨的方式也將改變過帳到資產負債表的數據，正因為如此，管理者有一些能力來玩弄數據，讓它們看起來更有利，注意資產負債表的註腳，以確定在其會計中使用了哪些系統，並注意危險信號。

最後，資產負債表受制於可能對報告產生重大影響的幾個專業判斷領域，例如，必須不斷評估應收帳款的減值情況，並進行調整以反映潛在的無法收回的帳戶，在不知道公司可能實際收到哪些應收帳款的情況下，公司必須進行估算，並將其最佳猜測反映為資產負債表的一部分。

為什麼資產負債表很重要？

資產負債表是高管、投資者、分析師和監管機構用來瞭解企業當前財務狀況的重要工具，它通常與其他兩種類型的財務報表一起使用：損益表和現金流量表。

資產負債表允許使用者一目了然地查看公司的資產和負債，資產負債表可以幫助使用者回答諸如公司是否擁有正淨資產，是否有足夠的現金和短期資產來支付其義務以及公司相對於同行是否負債累累等問題。

資產負債表中包括哪些內容？

資產負債表包括有關公司資產和負債的資訊，根據公司的不同，這可能包括短期資產，如現金和應收帳款，或長期資產，如固定資產，同樣，其負債可能包括短期債務，如應付帳款和應付工資，或長期負債，如銀行貸款和其他債務義務。

誰來準備資產負債表？

對於小型私營企業，資產負債表可能由擁有者或公司簿記員編製，對於中型私營公司，它們可能是內部準備的，然後由外部會計師進行審查，另一方面，上市公司必須獲得公共會計師的外部審計，並且還必須確保其帳簿保持在更高的標準。

資產負債表的用途是什麼？

資產負債表解釋了公司在特定時間點的財務狀況，與報告一段時間內財務資訊的損益表相反，資產負債表用於確定公司在特定日期的健康情況，銀行對帳單經常被公司以外的各方用來衡量公司的健康情況，銀行，貸方和其他機構可能會根據資產負債表資產負債計算財務比率，以衡量公司承擔的風險，資產的流動性以及公司保持償付能力的可能性。

公司可以使用其資產負債表來制定內部決策，儘管提供的資訊通常不如損益表有用，公司可能會查看其資產負債表來衡量風險，確保其手頭有足夠的現金，並評估其希望如何籌集更多資本（通過債務或股權），資產負債表是通過平衡公司的資產與其負債和權益來計算的。

總資產按所有短期、長期和其他資產的總和計算，負債總額按所有短期、長期和其他負債的總和計算，總權益計算為淨收入、留存收益、擁有者出資和已發行股票份額的總和。

*損益表

損益表是用於報告公司在特定會計期間財務業績的三個重要財務報表之一，另外兩個關鍵報表是資產負債表和現金流量表，損益表也稱為收入和支出表，主要關注公司在特定時期的收入和支出，分析一家公司並決定是否應該投資的最好方法是知道如何剖析其損益表。

關鍵要點

- 損益表是報告公司在特定會計期間財務業績的三個主要財務報表（以及資產負債表和現金流量表）之一。
- 淨收入=（總收入+收益）-（總費用+虧損）
- 總收入是營業和非營業收入的總和，而總費用包括主要和次要活動產生的費用。
- 損益表提供了有關公司運營、管理效率、表現不佳的部門以及相對於同行的績效的寶貴見解。

瞭解損益表

損益表是公司業績報告的重要組成部分，雖然資產負債表提供了公司截至特定日期的財務狀況的查詢，但損益表報告了特定時間段的收入，損益表側重於四個關鍵專案：收入、支出、收益和損失，它沒有區分現金和非現金收入（現金銷售與賒銷）或現金與非現金支付/付款（現金購買與賒銷購買），它從銷售細節開始，然後向下計算淨收入，最終計算每股收益（EPS），從本質上講，它給出了公司實現的淨收入如何轉化為淨收益（利潤或虧損）的帳戶。

收入和收益

損益表中包括以下內容，但其格式可能會有所不同，具體取決於當地的監管要求，業務的多元化範圍以及相關的經營活動：

營業收入

通過主要活動實現的收入通常被稱為營業收入，對於製造產品的公司，或對於參與銷售該產品業務的批發商，分銷商或零售商，主要活動的收入是指銷售該產品所獲得的收入，同樣，對於提供服務業務的公司（或其特許經營商）來說，主要活動的收入是指為換取提供這些服務而獲得的收入或費用。

營業外收入

通過次要的非核心商務活動實現的收入通常被稱為非運營經常性收入，該收入來自購買和銷售商品和服務以外的收入，可能包括停放在銀行的商業資本利息收入，商業財產的租金收入，特許權使用費付款收據等戰略合作夥伴關係的收入或商業財產上廣告展示的收入。

費用和損失

企業繼續運營並獲利的成本稱為費用，其中一些費用可能會在納稅申報表上註銷。

主要活動費用

為賺取與業務主要活動相關的正常營業收入而產生的所有費用，它們包括銷售成本、以及營業費用、折舊或攤銷和研發費用，構成該清單的典型專案是員工工資、銷售佣金以及電力和運輸等公用事業費用。

次要活動費用

與非核心商務活動相關的所有費用，例如貸款支付的利息。

作為費用的損失

用於長期資產虧損出售，一次性或任何其他異常成本或訴訟費用的所有費用。

雖然主要收入和支出可以深入瞭解公司核心業務的績效，但次要收入和支出則考慮了公司參與及其在管理臨時非核心活動方面的專業知識，與銷售製成品的收入相比，銀行資金的利息收入居高不下表明，企業可能無法通過擴大產能充分發揮可用現金的潛力，或者在競爭中面臨增加市場份額的挑戰，例如，在位於高速公路沿線的公司工廠託管看板所獲得的經常性租金收入表明，管理層正在利用可用的資源和資產來提高盈利能力。

損益表結構

從數學上講，淨收入的計算基於以下內容：

淨收入 =（收入 + 收益）–（費用 + 虧損）

然而，現實世界的公司通常在全球範圍內運營，擁有多樣化的營業單位，提供產品和服務的組合，並經常參與合併，收購和戰略合作夥伴關係，如此廣泛的操作，多樣化的費用，各種商務活動以及根據法規遵從性以標準格式報告的需求導致損益表中出現多個複雜的會計條目，上市公司遵循多站式損益表，該損益表將營業收入、營業費用和收益與營業外收入，營業費用和虧損分開，並通過以這種方式生成的損益表提供更多詳細資訊。

從本質上講，多站式損益表中對盈利能力的不同衡量標準在企業運營的四個不同級別進行報告：毛額、運營、稅前和稅後，這種隔離有助於確定收入和盈利能力如何從一個級別移動到另一個級別，例如，毛利潤高但營業收入較低表明支出較高，而稅前利潤較高和稅後利潤較低則表明稅收和其他一次性異常費用的收益損失。

損益表的使用

雖然損益表的主要目的是向利益相關者傳達公司的盈利能力和商務活動的詳細資訊，但它也提供了對公司內部活動的詳細見解，以便跨不同業務和部門進行比較，通過瞭解報表的收入和支出部分，投資者可以瞭解使公司盈利的原因，根據損益表，管理層可以做出決策，例如擴展到新的地區、推動銷售、擴大生產能力、增加資產的使用或直接出售，或關閉部門或產品線，競爭對手也可能使用它們來深入瞭解公司的成功參數以及諸如提高研發支出等重點領域。

債權人可能會發現損益表用途有限，因為他們更關心公司未來的現金流量，而不是過去的盈利能力，研究分析師使用損益表來比較同比和季度環比表現，例如，人們可以推斷，一家公司在降低銷售成本方面的努力是否有助於它隨著時間的推移提高利潤，或者管理層是否在不影響盈利能力的情況下密切關注運營費用。

＊現金流量表

　　現金流量表是一種財務報表，提供有關公司從其持續運營和外部投資來源獲得的所有現金流量入的匯總數據，它還包括在特定時期內支付商務活動和投資的所有現金流量。

　　公司的財務報表為投資者和分析師提供了通過業務進行的所有交易的肖像，其中每筆交易都有助於其成功，現金流量表被認為是所有財務報表中最直觀的，因為它通過三種主要方式跟蹤企業產生的現金-通過運營、投資和融資，這三個部分的總和稱為淨現金流量，現金流量表的這三個不同部分可以幫助投資者確定公司股票或整個公司的價值。

關鍵要點

- 現金流量表提供有關公司從其持續運營和外部投資來源獲得的所有現金流量的數據。
- 現金流量表包括企業通過運營、投資和融資獲得的現金，其總和稱為淨現金流量。
- 現金流量表的第一部分是來自運營的現金流量，其中包括來自所有運營商務活動的交易記錄。
- 投資產生的現金流量是現金流量表的第二部分，是投資損益的結果。
- 融資產生的現金流量是最後一部分，它概述了從債務和股權中使用的現金。

現金流量表的工作原理

　　三個主要財務報表是資產負債表，損益表和現金流量表，現金流量表是一份重要的報表，可幫助相關方深入瞭解通過公司進行的所有交易，會計有兩種不同的分支-權責發生制和現金，大多數上市公司使用權責發生制會計，這意味著損益表與公司的現金狀況不同，但是，現金流量表側重於現金會計。

盈利的公司可能無法充分管理現金流量，這就是為什麼現金流量表是公司，分析師和投資者的關鍵工具，現金流量表分為三種不同的商務活動：運營、投資和融資，讓我們考慮一家銷售產品並將銷售信用額度擴展到其客戶的公司，即使銷售是收入，公司也可能要到以後的日期才能收到現金，公司在損益表上賺取利潤並支付所得稅，但企業可能帶來比銷售或收入總額更多或更少的現金，投資者和分析師在評估營運資本變化時應使用良好的判斷力，因為一些公司可能會試圖刻意增加現金流量。

運營產生的現金流量

現金流量表的第一部分涵蓋來自經營活動的現金流量（CFO），並包括來自所有經營商務活動的交易，業務款次的現金流量從淨收入開始，然後將所有非現金專案與涉及商務活動的現金項目進行核對，因此，換句話說，這是公司的淨收入，但是以現金版本。

本節報告直接來自公司主要商務活動的現金流量，這些活動可能包括買賣庫存品和用品，以及向員工支付工資，任何其他形式的流入和流出，如投資，債務和股息都不包括在內，公司能夠為運營增長產生足夠的正現金流量，如果沒有足夠的產量，它們可能需要為外部增長獲得融資才能擴大。

例如，應收帳款是非現金帳戶，如果應收帳款在一段時間內上升，則意味著銷售額上升，但在銷售時沒有收到現金，現金流量表從淨收入中扣除應收帳款，因為它不是現金，運營部門的現金流量還可以包括應付帳款、折舊、攤銷以及記作收入或支出但沒有關聯現金流量的大量預付專案。

投資現金流量

　　這是現金流量表的第二部分，著眼於投資現金流量（CFI），是投資損益的結果，此部分還包括用於財產、工廠和設備的現金，分析師希望找到資本支出（CapEx）的變化。

　　當資本支出增加時，通常意味著現金流量減少，但這並不總是一件壞事，因為它可能表明一家公司正在對其未來的運營進行投資，資本支出高的公司往往是那些正在成長的公司。

　　雖然本節中的正現金流量可以被認為是好的，但投資者更喜歡從業務運營中產生現金流量的公司，而不是通過投資和融資活動，公司可以通過出售設備或財產來產生這一部分的現金流量。

融資產生的現金流量

　　融資現金流量（CFF）是現金流量表的最後一部分，本節概述了企業融資中使用的現金，它衡量公司與其擁有者及其債權人之間的現金流量，其來源通常來自債務或股權，分析師使用融資部分的現金流量來確定公司通過股息或股票回購支付了多少錢，幫助確定公司如何為運營增長籌集現金也很有用，從資本融資工作中獲得或償還的現金（例如股權或債務）以及貸款或償還都列在此處，當融資產生的現金流量為正數時，這意味著進入公司的資金多於流出的資金，當總額為負數時，這可能意味著公司正在償還債務，或者正在支付股息或股票回購。

營運現金流量

　　• 運營現金流量（OCF）是衡量公司正常業務運營產生的現金量的指標，

經營現金流量表明一家公司是否能夠產生足夠的正現金流量來維持和
發展其業務，否則，它可能需要外部融資進行資本擴張。

- 經營現金流量是決定公司核心商務活動財務成功與否的重要基準。
- 經營現金流量是現金流量表上描述的第一部分，其中還包括來自投資
  和融資活動的現金。
- 在現金流量表上描述經營現金流量的方法有兩種：間接法和直接法。
- 間接方法從損益表中的淨收入開始，然後加回非現金專案以得出現金
  基數。
- 直接方法以現金為基礎跟蹤一個期間內的所有交易，並在現金流量表
  上使用實際的現金流量入和流出。

瞭解運營現金流量（OCF）

經營現金流量代表公司主要商務活動淨收入（NI）的現金影響，經營
現金流量（也稱為經營活動產生的現金流量）是現金流量表上呈現的第一
部分，根據公認會計原則（GAAP），可以接受兩種呈現經營現金流量部
分的方法-間接方法或直接方法，但是，如果使用直接方法，公司仍必須與
間接方法單獨執行對帳。

經營現金流量集中於與公司主要商務活動相關的現金流量入和流出，
例如出售和購買庫存，提供服務和支付工資，任何投資和融資交易均被排
除在運營現金流量部分之外，並單獨報告，例如借款，購買資本設備和支
付股息，經營現金流量可以在公司的現金流量表上找到，該表細分為運
營，投資和融資的現金流量。

如何呈現運營現金流量
間接方法

使用間接方法，使用非現金帳戶的變化（如折舊、應收帳款（AR）和應付帳款（AP））將淨收入調整為現金基礎，由於大多數公司以權責發生制報告淨收入，因此它包括各種非現金專案，例如折舊和攤銷，淨收入也必須根據公司資產負債表上營運資本帳戶的變化進行調整，例如，應收帳款的增加表明，儘管尚未收到現金，但收入是按權責發生制得出和報告的淨收入，AR的這種增長必須從淨收入中減去，以找到交易的真實現金影響。

相反，應付帳款的增加表明，費用是按權責發生制發生和記帳的，但尚未支付，AP的這一增長需要加回到淨收入中，以找到真正的現金影響，以一家製造業公司為例，該公司的淨收入為1億美元，而其運營現金流量為1.5億美元，出現差額的原因是折舊費用為1.5億美元，應收帳款增加5000萬美元，應付帳款減少5000萬美元，它將以這種方式出現在現金流量表的運營現金流量部分：

直接方法

第二種選擇是直接方法，其中公司以現金為基礎記錄所有交易，並使用會計期間的實際現金流量入和流出來顯示資訊。

經營現金流量的重要性

金融分析師有時更喜歡查看現金流量指標，因為它們可以了解某些會計異常，具體而言，運營現金流量可以更清楚地瞭解當前業務運營的現實情況，例如，預訂大額銷售可以大大提高收入，但如果公司很難收集現金，那麼這對公司來說並不是真正的經濟利益，另一方面，一家公司可能會產生大量的經營現金流量，但如果它擁有大量固定資產並使用加速折舊計算，則報告的淨收入非常低。

如果一家公司沒有從其核心業務運營中引入足夠的資金，它將需要通過融資或投資來尋找臨時的外部資金來源，然而，從長遠來看，這是不可持續的，因此，經營現金流量是評估公司經營財務穩定性的重要指標。

現金流量的3種類型是什麼？

三種類型的現金流量是運營，投資和融資，經營現金流量包括公司主要商務活動產生的所有現金，投資現金流量包括所有資本資產的購買和對其他商業企業的投資，融資現金流量包括發行債務和股權所獲得的所有收益以及公司支付的款項，經營現金流量是確定公司核心商務活動財務成功與否的重要基準，因為它衡量的是公司正常業務運營產生的現金量。

如何計算經營現金流量？

使用間接方法，使用非現金科目（如折舊、應收帳款和應付帳款（AP））的變化，將淨收入調整為現金基礎，由於大多數公司以權責發生制報告淨收入，因此它包括各種非現金專案，例如折舊和攤銷，營運現金流量=營業收入+折舊－稅收+營運資本變動。

自由現金流量

自由現金流量（FCF）表示公司在計算現金流量以支援運營和維護其資本資產後產生的現金，與收益或淨收入不同，自由現金流量是衡量盈利能力的指標，不包括損益表的非現金支出，包括設備和資產的支出以及資產負債表中營運資本的變化。

利息支付被排除在普遍接受的自由現金流量定義之外，需要評估不同資本結構下公司預期業績的投資銀行家和分析師將使用自由現金流量的變化，例如公司的自由現金流量和股權自由現金流量，這些現金流量根據利息支付和借款進行調整，與銷售和收益類似，自由現金流量通常以每股為基礎進行評估，以評估稀釋的影響。

　　自由現金流量（FCF）是公司在考慮支持其運營和維護其資本資產的現金流量出後產生的現金，換句話說，自由現金流量是公司支付其運營費用和資本支出（CapEx）後剩餘的現金，FCF是支付工資，租金和稅款等專案後剩餘的錢，公司可以隨意使用它，瞭解如何計算自由現金流量並對其進行分析將有助於公司的現金管理，FCF計算還將為投資者提供對公司財務狀況的洞察，幫助他們做出更好的投資決策。

　　自由現金流量是一個重要的衡量標準，因為它顯示了公司在產生現金方面的效率，投資者使用自由現金流量來衡量公司是否有足夠的現金用於股息或股票回購，此外，一家公司的自由現金流量越多，它就越有能力償還債務並尋求可以增強其業務的機會，使其成為投資者的一個有吸引力的選擇。

- 自由現金流量（FCF）代表公司可用於償還債權人並向投資者支付股息和利息的現金。
- FCF通過調整非現金支出，營運資本變化和資本支出（CapEx）來調節淨收益。
- 然而，作為分析的補充工具，FCF可以在損益表上出現基本面問題之前揭示它們。
- 自由現金流量（FCF）是公司在支付運營費用和資本支出後剩餘的資金。
- 公司的自由現金流量越多，它就越能用於股息、償還債務和增長機會。
- 計算自由現金流量的方法有三種：使用運營現金流量、使用銷售收入和使用淨營業利潤。

- 如果一家公司的自由現金流量在減少，那麼如果公司正在投資其增長，那並不一定是壞事。

- 自由現金流量只是用於衡量公司財務狀況的一個指標；其他包括投資報酬率（ROI），債務權益比率和每股收益（EPS）。

使用營運現金流量

使用經營現金流量來計算自由現金流量是最常用的方法，因為它是最簡單的，並且使用財務報表中容易找到的兩個數據：經營現金流量和資本支出，要計算FCF，請從現金流量表中查找來自運營的物料現金流量（也稱為運營現金或來自運營活動的淨現金），並減去資產負債表上的資本支出，公式為：

自由現金流量=營運現金流量-資本支出

使用銷售收入

使用銷售收入側重於公司通過其業務產生的收入，然後減去與產生該收入相關的成本，這種方法利用損益表和資產負債表作為資訊來源，要計算FCF，請在損益表上找到銷售或收入，減去稅款和所有運營成本的總和（或列為運營費用），其中包括銷售商品成本（COGS）和營業費用（SG&A）等專案，最後，減去運營資本所需的投資，也稱為運營資本的淨投資，這是從資產負債表派生的，公式為：

自由現金流量=銷售收入-（運營成本+稅費）-運營資本所需投資

運營資本所需投資=第一年淨營運資本總額-第二年淨營運資本總額

其中：淨營運資本總額=淨營運營運資本+淨廠房、財產和設備

（經營性長期資產）

其中：淨營運資本＝運營流動資產－經營流動負債

其中：營運流動資產＝現金＋應收帳款＋存貨經營流動負債＝應付帳款＋應計專案

使用淨營業利潤

使用稅後淨營業利潤（NOPAT）計算自由現金流量類似於使用銷售收入的計算，但使用營業收入，公式為：

自由現金流量＝稅後淨營業利潤－營運資本淨投資

稅後營業利潤淨額＝營業利潤×（1－稅率）

其中：營業收入＝毛利－營業費用

計算FCF有兩種主要方法，第一種方法以經營活動產生的現金流量為起點，然後對利息支出、利息支出的稅收保護以及當年承擔的任何資本支出（CapEx）進行調整，第二種方法使用利息和稅前收益（EBIT）作為起點，然後調整所得稅，非現金支出，如折舊和攤銷，營運資本變化和資本支出，在這兩種情況下，所得數據應相同，但根據可用的財務資訊，一種方法可能優先於另一種方法。

不斷增長的自由現金流量往往是增加收益的前奏，由於收入增長、效率提高、成本降低、股票回購、股息分配或債務消除，FCF飆升的公司可以在明天獎勵投資者，這就是為什麼投資界的許多人將FCF視為價值的衡量標準，當一家公司的股價很低，自由現金流量上升時，收益和股票價值很快就會上漲的可能性很大。

相比之下，FCF萎縮可能表明公司無法維持盈利增長，盈利增長的FCF不足可能會迫使公司提高債務水準，或者沒有流動性來維持業務，話雖如此，FCF的萎縮並不一定是一件壞事，特別是如果增加的資本支出被用來投資公司的增長，這可能會增加未來的收入和利潤。

攤銷和折舊

要以另一種方式計算自由現金流量，請找到損益表、資產負債表和現金流量表，從淨收入開始，再加上折舊和攤銷費用，對營運資本的變化進行額外調整，這是通過從流動資產中減去流動負債來完成的，然後減去資本支出（或工廠和設備的支出）：

淨收入+折舊/攤銷-營運資金的變化-投資額=自由現金流量

增加折舊/攤銷似乎很奇怪，因為它考慮了資本支出，調整背後的原因是，自由現金流量旨在衡量現在花費的資金，而不是過去發生的交易，這使得FCF成為識別具有高前期成本的成長型公司的有用工具，這些公司可能會蠶食現在的收益，但有可能在以後獲得報酬。

自由現金流量優勢

自由現金流量可以為公司的財務狀況提供大量見解，由於自由現金流量在財務報表中由多種組成部分組成，瞭解其構成可以為投資者提供大量有用的資訊，當然，自由現金流量越高越好，如果原因是對公司的進一步投資，使其有望獲得更大的報酬，那麼自由現金流量的下降也並是壞事。

此外，運營產生的現金流量考慮了資產和負債的增加和減少，從而可以更深入地瞭解自由現金流量，例如，如果應付帳款繼續減少，則意味著公司正在更快速地向供應商付款，如果應收帳款減少，則意味著公司更快速地收到客戶的付款，現在，如果應付帳款因為供應商希望更快地獲得付款而減少，但由於客戶支付不夠快速而應收帳款增加，這可能會導致自由現金流量減少，因為資金流入的速度不夠快，無法滿足資金流出，這可能

Investments

會給公司帶來問題，然而，高自由現金流量的總體好處意味著公司可以償還債務，為公司成長做出貢獻，通過股息與股東分享其成功，並有成功未來的前景。

自由現金流量限制

使用自由現金流量方法的一個缺點是，資本支出每年和不同行業之間可能會有很大差異，這就是為什麼在公司行業的背景下，在多個時期內測量FCF至關重要的原因，重要的是要注意，極高的FCF可能表明公司沒有正確投資其業務，例如更新其工廠和設備，相反，負FCF可能並不一定意味著公司陷入財務困境，而是投入鉅資擴大其市場份額，這可能會導致未來的加速成長，價值投資者經常尋找現金流量高或改善但股價被低估的公司，不斷上升的現金流量通常被視為未來成長可能的跡象。

如何計算自由現金流量常見問題

如何計算自由現金流量？計算自由現金流量的方法有三種：使用運營現金流量、使用銷售收入和使用淨營業利潤，使用經營現金流量是最常見也是最簡單的，它是通過從經營現金流量中減去資本支出來計算的。

自由現金流量告訴投資人什麼？

自由現金流量告訴投資人公司在支付運營費用並維持其資本支出後還剩下多少現金;簡而言之，在支付了經營業務的成本後，它還剩下多少錢，自由現金流量可以由公司以它認為合適的方式使用，例如向股東支付股息或通過收購投資於公司的成長。

財務報表中的自由現金流量在哪裡？

計算自由現金流量的最簡單方法是在現金流量表上查找資本支出，並從現金流量表中的運營現金流量中減去它，淨現金流量查看公司產生的現金量，其中包括來自經營活動，投資活動和融資活動的現金，根據公司現金流入量與現金流出量相比，淨現金流量可以是正數，也可以是負數，自由現金流量更具體，在考慮運營費用和資本支出後，查看公司通過其運營活動產生的現金量。

瞭解自由現金流量（FCF）

自由現金流量（FCF）是公司可用於償還債權人或向投資者支付股息和利息的現金流量，一些投資者更喜歡使用FCF或FCF每股收益而不是收益或每股收益作為盈利能力的衡量標準，因為這些指標從損益表中刪除了非現金專案，但是，由於FCF考慮了對財產，工廠和設備的投資，因此隨著時間的推移，它可能會變得塊狀和不均勻。

FCF的優勢

由於FCF考慮了營運資本的變化，因此它可以為公司的價值及其基本趨勢的健康情況提供重要的見解，應付帳款（流出）的減少可能意味著供應商需要更快速的付款，應收帳款（流入）的減少可能意味著該公司正在更速快速地從客戶那裡收集現金，庫存增加（流出）可能表明未售出產品庫存增加，將營運資金納入盈利能力指標可提供損益表中缺少的參考指標。

如何定義「良好」的自由現金流量？

幸運的是，大多數金融網站都會為大多數上市公司提供FCF的摘要或FCF趨勢圖，然而，真正的挑戰仍然存在：什麼構成良好的自由現金流量？許多自由現金流量非常積極的公司也有慘澹的股票趨勢，反之亦然。

使用FCF的趨勢可以幫助投資人簡化分析。

技術分析師的一個重要概念是關注基本面表現隨時間推移的趨勢，而不是FCF，收益或收入的絕對值，從本質上講，如果股票價格是基礎基本面的函數，那麼積極的FCF趨勢平均應該與積極的股票價格趨勢相關。

一種常見的方法是使用FCF趨勢的穩定性作為風險的衡量標準，如果FCF的趨勢在過去四到五年內保持穩定，那麼股票的看漲趨勢在未來不太可能被破壞，然而，FCF趨勢的下降，特別是與收益和銷售趨勢相比非常不同的FCF趨勢，表明未來出現負面價格表現的可能性更高。

低現金流量也可能是庫存控制不佳的跡象，然而，一家銷售和收入強勁的公司，如果太多的資源被束縛在存儲未售出的產品上，那麼現金流量可能會減少，謹慎的投資者可能會檢查這些數據，並得出結論，該公司可能會受到需求疲軟或現金管理不善的影響。

信用問題

營運資本的變化可能是由庫存波動或應付帳款和應收帳款的變化引起的，如果一家公司的銷售陷入困境，他們可能會選擇向客戶提供更慷慨的付款條件，最終導致對FCF的負面調整，或者，也許一家公司的供應商不願意慷慨地提供信貸，現在需要更快的付款，這將減少應付帳款，這也是對FCF的負面調整。

在2000年代末和2010年代初，許多太陽能公司都在處理這種信用問題，通過向客戶提供更慷慨的條件，可以提高銷售額和收入，然而，由於這個問題在業內廣為人知，供應商不太願意延長期限，並希望更快地獲得太陽能公司的付款，在這種情況下，基本趨勢之間的差異在FCF分析中很明顯，但僅通過檢查損益表並不能立即顯現出來。

FCF表示什麼？

自由現金流量表示每年產生的現金金額，這些現金沒有並且沒有所有內部或外部義務，換句話說，它反映了公司可以安全投資或分配給股東的現金，雖然良好的FCF指標通常被投資者視為一個積極的信號，但重要的是要瞭解該數字背後的背景，例如，一家公司可能會表現出高FCF，因為它正在推遲重要的資本支出投資，在這種情況下，高FCF實際上可能預示著未來出現問題。

FCF有多重要？

自由現金流量是一個重要的財務指標，因為它代表了公司可支配的實際現金量，FCF一直處於低或負值的公司可能會被迫進行昂貴的融資，以保持償付能力，同樣，如果一家公司有足夠的FCF來維持其當前的運營，但沒有足夠的FCF來投資發展其業務，那麼該公司最終可能會落後於競爭對手，對於以收益為導向的投資者來說，FCF對於瞭解公司股息支付的可持續性以及公司未來提高股息的可能性也很重要。

＊財務比率

這個詞讓人聯想到複雜而令人沮喪的高中數學問題，然而，在投資方面，情況並非如此，事實上，有些比率如果得到適當的理解和應用，可以幫助投資人成為一個更明智的投資者。

關鍵要點

- 基本面分析依靠公司財務報表中的數據來計算各種比率。
- 基本面分析用於確定證券的內在價值或真實價值，以便將其與證券的市場價值進行比較。
- 基本比率通常用於為投資組合選擇股票，這些包括營運資本比率、速動比率、每股收益（EPS）、市盈率（P/E）、負債權益比率和股本報酬率（ROE）。

- 大多數比率最好與其他比率結合使用，而不是單獨使用，以全面瞭解公司的財務狀況。

1. 營運資本比率

評估投資人要投資的公司涉及衡量其流動性，流動性是指公司將資產轉化為現金以支付短期債務的難易程度，營運資本比率可用於說明投資人衡量流動性，營運資本是公司的流動資產與流動負債之間的差額，它代表公司用其流動資產支付其流動負債的能力，與營運資本一樣，營運資本比率將流動資產與流動負債進行比較，是用於衡量流動性的指標，營運資本比率的計算方法是將流動資產除以流動負債。

假設XYZ公司的流動資產為800萬美元，流動負債為400萬美元，營運資本比率為2（800萬美元/400萬美元），這表明健康的短期流動性，然而，如果兩家類似的公司各自的比率為2，但其中一家公司的流動資產中現金更多，那麼該公司將能夠比另一家公司更快地償還債務，營運資本比率為1可能意味著公司可能存在流動性問題，無法支付其短期負債，但是，麻煩可能是暫時的，以後會有所改善。

營運資本比率為2或更高可以表明健康的流動性和支付短期負債的能力，另一方面，它也可能指向一家公司擁有過多的短期資產（例如現金），其中一些資產可以更好地用於投資公司或支付股東股息，為公司資產負債表上的大量資產和負債確定適當的類別，以便破譯公司履行其短期承諾的總體能力，這可能是一項挑戰。

2. 速動比率

也稱為酸性測試，速動比率是流動性的另一種衡量標準，它代表了公司用可以快速轉換為現金的資產支付流動負債的能力，速動比率的計算方法是流動資產減去存貨減去預付費用除以流動負債，該公式會移除庫存，因為出售庫存並將其轉換為流動資產可能需要一些時間。

　　XYZ公司有800萬美元的流動資產，200萬美元的庫存和預付費用，以及400萬美元的流動負債，這意味著速動比率為1.5（800萬美元-200萬美元/400萬美元），這表明該公司有足夠的錢來支付帳單並繼續運營，快速比率小於1可能表明流動資產不足以支付短期負債，公司可能必須籌集資金或採取其他行動，另一方面，這可能是一種暫時的情況。

3. 每股收益

　　購買股票時，投資人參與公司未來的收益（或損失風險），每股收益（EPS）是衡量公司盈利能力的指標，投資者利用它來瞭解公司價值，該公司的分析師通過將淨收入除以當年流通普通股的加權平均數來計算每股收益，如果一家公司的收益為零或負（即虧損），則每股收益也將為零或負，每股收益越高表示值越大。

4. 市盈率

　　又稱本益比，投資者用這個比率來確定股票的增長潛力，它反映了他們將獲得1美元收入所付出的代價，它通常用於比較所選股票的潛在價值，要計算市盈率，請將公司當前股價除以每股收益。

　　例如，如果一家公司以每股46.51美元的價格完成交易，過去12個月的每股收益平均為4.90美元，那麼市盈率將為9.49（46.51美元/4.90美元），投資者將花費9.49美元來支付每產生的年度收益，投資者願意為某些股票支付超過每股收益的20倍，因為他們認為未來的收益增長將給他們帶來足夠的投資報酬，如果一家公司的收益為零或負，市盈率將不再有意義，它將顯示為不適用,因為不適用,當比率得到正確理解和應用時,它們可以說明改善投資人的投資結果。

5. 負債權益比率

如果投資人的預期投資目標借得太多怎麼辦?這可能會增加固定費用,減少可用於股息的收益,並對股東構成風險,債務與股本(D/E)比率衡量公司使用借來的資金為其運營提供資金的金額,如果需要,它可以指示股東權益是否可以涵蓋所有債務,投資者經常用它來比較同一行業中不同公司使用的槓桿,這可以幫助他們確定哪些可能是風險較低的投資。

要計算負債權益比率,請將總負債除以股東權益總額,假設XYZ公司擁有價值310萬美元的貸款,股東權益為1330萬美元,這相當於0.23的適度比率,在大多數情況下這是可以接受的,但是,與所有其他比率一樣,必須根據行業規範和公司特定要求來分析該指標。

6. 股本報酬率

股本報酬率(ROE)衡量盈利能力以及公司如何有效地利用股東資金獲利,對於普通股股東,ROE(以百分比表示)的計算方法是,在支付普通股股息之前和支付特別股股息之後計算淨收入(收入減去費用和稅收),並將結果除以股東權益總額,假設XYZ公司的淨收入為130萬美元,其股東權益為800萬美元,ROE為16.25%,ROE越高,公司利用股東權益產生利潤的能力就越好。

什麼是好的ROE?

股本報酬率(ROE)是用於分析投資報酬的指標,這是衡量公司如何有效地利用股東權益來創造收入的指標,投資人可能會考慮一個隨著時間的推移而穩步增長的良好ROE,這可能表明一家公司在利用股東資金增加利潤方面做得很好，反過來，這可以增加股東價值。

市盈率越高越好還是越低越好？

這取決於投資人在投資中尋找什麼，市盈率衡量股票價格與每股收益的關係，較低的市盈率可能表明股票被低估，也許值得購買，但是，它可能很低，因為該公司在財務上並不健康，較高的市盈率可能表明股票價格昂貴，但這可能是因為該公司表現良好，並可能繼續這樣做，通常，使用市盈率的最佳方法是作為投資人感興趣的股票的相對價值比較工具，或者，投資人可能希望將一支或多支支股票的市盈率與行業平均值進行比較。

比率分析

比率分析是一種定量方法，通過研究公司的財務報表（如資產負債表和損益表）來深入瞭解公司的流動性，運營效率和盈利能力，比率分析是基本面權益分析的基石。

- 比率分析比較公司財務報表中的項目數據，以揭示有關盈利能力、流動性、運營效率和償付能力的見解。
- 比率分析可以標記一家公司在一段時間內的表現，同時將一家公司與同一行業的另一家公司進行比較。
- 外部各方也可能要求進行比率分析，這些方面設定了通常與風險相關的基準。
- 雖然比率提供了對公司的有用的參考指標，但它們應該與其他指標配對，以獲得公司財務狀況的更廣泛情況。
- 比率分析的例子包括流動比率，毛利率比率，庫存周轉率。

比率分析能告訴投資人什麼？

Investments

投資者和分析師採用比率分析，通過仔細審查過去和當前的財務報表來評估公司的財務狀況，比較數據可以證明公司在一段時間內的表現，並可用於估計未來可能的表現，這些數據還可以將公司的財務狀況與行業平均水準進行比較，同時衡量公司與同一行業內其他公司相比的排名，投資者可以輕鬆使用比率分析，計算比率所需的每個數據都可以在公司的財務報表中找到。

比率是公司的比較值，他們可用於評估一個產業內的股票，同樣，他們根據歷史數據來衡量今天的公司，在大多數情況下，瞭解變數驅動比率也很重要，因為管理層有時可以靈活地改變其策略，使其股票和公司財務比率更具吸引力，通常，比率通常不是單獨使用的，而是與其他比率結合使用，對前面提到的類別中每個類別的比率都有使投資人從不同角度全面瞭解公司，並說明投資人發現潛在的危險信號，比率是兩個金額之間的關係。

比率分析的類型

可用的各種財務比率可以根據它們提供的數據大致分為以下六種：

1. 流動性比率

流動性比率衡量公司使用公司的流動或快速資產償還到期短期債務的能力，流動性比率包括流動比率、速動比率和營運資本比率。

2. 償付能力比率

償付能力比率也稱為財務槓桿比率，將公司的債務水準與其資產、股權和收益進行比較，以評估公司通過償還其長期債務以及債務利息來長期維持運營的可能性。

3. 盈利能力比率

這些比率表示公司從其運營中產生利潤的程度，獲利率、資產報酬率、股本報酬率、已動用資本報酬率和毛利率都是盈利能力比率的例子。

4. 效率比率

效率比率也稱為活動比率，它評估公司利用其資產和負債產生銷售和最大化利潤的效率，關鍵效率比率包括：周轉率、庫存周轉率和庫存天數銷售額。

5. 市場前景比率

這些是基本面分析中最常用的比率，它們包括股息收益率、市盈率、每股收益（EPS）和股息支付率，投資者使用這些指標來預測收益和未來表現。

例如，如果標準普爾500指數中所有公司的平均市盈率為20，並且大多數公司的市盈率在15到25之間，則市盈率為7的股票將被視為被低估，相比之下，市盈率為50的人會被認為被高估了，前者在未來可能會呈上升趨勢，而後者可能會下降，直到每個都與其內在價值保持一致，大多數比率分析僅用於內部決策。

比率分析的應用

比率分析的基本基礎是比較多個數據並得出計算值，就其本身而言，該價值可能幾乎沒有價值，相反，比率分析通常必須應用於可比性，以確定公司的財務狀況是否強勁、薄弱、改善或惡化。

隨時間變化的比率分析

公司可以隨著時間的推移執行比率分析，以更好地瞭解其公司的軌跡，該公司沒有專注於今天的情況，而是更感興趣的是進行這種類型的分析，而是更感興趣的是公司隨著時間的推移如何表現，哪些變化有效，以及展望未來仍然存在哪些風險，績效比率分析是形成長期決策和戰略規劃的核心部分。

　　為了執行一段時間內的比率分析，公司選擇單個財務比率，然後以固定的節奏計算該比率（即每月計算其快速比率），請注意季節性因素以及帳戶餘額的暫時波動如何影響月度比計算，然後，公司分析該比率如何隨時間變化（是否正在改善，變化的速度以及公司是否希望該比率隨時間變化）。

跨公司比率分析

　　想像一下，一家毛利率為10%的公司，一家公司可能會對這種財務比率感到興奮，直到它得知每個競爭對手都實現了25%的毛利率，比率分析對於公司來說非常有用，可以更好地衡量其績效與類似公司的比較情況，要正確實施比率分析以比較不同的公司，請考慮僅分析同一行業內的類似公司，此外，請注意不同的資本結構和公司規模如何影響公司的高效能力，此外，考慮具有不同產品線的公司（即一些技術公司可能提供產品和服務，兩種不同的產品線具有不同的影響比率分析）。

　　不同的行業有不同的比率期望，對於一家能夠獲得低成本債務的公用事業公司來說，債務權益比率可能是正常的，對於一家嚴重依賴私人投資者資金的科技公司來說，債務權益比率就不見得如此。

根據基準進行比率分析

　　公司可以為他們希望其比率分析計算相等的內容設定內部目標，這些計算可能會保持當前水準穩定或努力實現運營增長，例如，公司現有的流動比率可能是1.1;如果公司希望更具流動性，它可能會設定內部目標，即在財政年度結束時將流動比率定為1.2。

　　基準也經常由外部各方（如貸款人）實施，貸款機構經常對財務健康設定要求，如果未達到這些基準，則整個貸款可能是可贖回的，或者公司可能面臨調整後的更高利率，以補償這種風險，貸款人設定的基準的一個例子通常是償債覆蓋率，它衡量公司的現金流量與其債務餘額。

比率分析有哪些類型？

　　財務比率分析通常分為五種不同的類型：盈利能力、償付能力、流動性、營業額和收益率，其他非財務指標可能分散在各個部門和行業，例如，行銷部門可以使用轉化點擊率來分析客戶潛在收益。

比率分析的用途是什麼？

　　比率分析有三個主要用途，首先，可以執行比率分析來跟蹤公司隨時間的變化，以更好地瞭解運營軌跡，其次，可以進行比率分析以將結果與其他類似公司進行比較，以瞭解該公司與競爭對手相比的表現如何，第三，可以進行比率分析，以爭取特定的內部設定或外部設定的基準。

爲什麼比率分析很重要？

　　比率分析很重要，因為它可以更準確地表示公司的運營狀態，考慮一下一家上個季度收入達到10億美元的公司，雖然這似乎很理想，但與前期相比，該公司的毛利率可能為負，流動性比率指標下降，收益低於股票，靜態數據本身可能無法完全解釋公司的表現。

每股收益

　　每股收益（EPS）的計算方法是公司的利潤除以其普通股的已發行股份，由此產生的數據可作為公司盈利能力的指標，公司通常會報告每股收益，該每股收益會根據特殊專案和潛在股份稀釋進行調整，公司的每股收益越高，它被認為的利潤就越高。

Investments

- 每股收益（EPS）是公司的淨利潤除以其在外流通的普通股數量。
- 每股收益表示公司每股股票賺多少錢，是估算公司價值的廣泛使用的指標。
- 較高的每股收益表明價值更大，因為如果投資者認為該公司相對於其股價具有更高的利潤，他們將為公司的股票支付更多費用。
- 每股收益可以有多種形式得出，例如排除非常專案或已終止的業務，或以攤銷後的方式進行。
- 與其他財務指標一樣，與競爭對手的指標，同行業的公司或一段時間內相比，每股收益最有價值。

每股收益（EPS）的公式和計算

每股收益價值計算為淨收入（也稱為利潤或收益）除以可用股票，更精細的計算調整了可以通過期權，可轉換債務或認股權證創建的股票的分子和分母，如果根據持續操作調整等式的分子，則其分子也更相關。

每股收益=(淨收益−特別股息)/期末流通普通股在外流通

為了計算公司的每股收益，資產負債表和損益表用於查找普通股的期末數量，特別股支付的股息（如果有）以及淨收入或收益，在報告期限內使用普通股的加權平均數更為準確，因為股數可能會隨時間而變化，發生的任何股票股息或拆分必須反映在已發行股票的加權平均數的計算中，一些數據源通過使用期末的在外流通股數量來簡化計算。

如何利用每股收益？

每股收益是在絕對基礎上確定公司盈利能力時採用的最重要指標之一，它也是計算市盈率（P/E）的主要組成部分，其中市盈率中的E是指每股收益，通過將公司的股價除以每股收益，投資者可以看到股票的價值，即市場願意為每一美元的收益支付多少，每股收益是可用於挑選股票的眾多指標之一，如果投資人對股票交易或投資感興趣，投資人的下一步是選擇適合投資人投資風格的經理人。

以絕對值比較每股收益可能對投資者沒有多大意義，因為普通股東無法直接獲得收益，相反，投資者將每股收益與股票的股價進行比較，以確定收益的價值以及投資者對未來增長的看法。

基本每股收益與攤銷後每股收益

基本每股收益不考慮公司可能發行的股票的稀釋效應，當公司的資本結構包括股票期權、認股權證或限制性股票單位（RSU）等專案時，這些投資（如果行使）可能會增加市場上流通股的總數。

為了更好地說明額外證券對每股收益的影響，公司還報告了攤銷後的每股收益，該股假設所有可能已發行的股票都已發行，例如，在截至2017年的財政年度，NVIDIA可轉換工具可以創建和發行的股票總數為2300萬股，如果將這一數據添加到其在外流通股總數中，則其攤銷後的加權平均在外流通股將為5.41億+2300萬股=5.64億股，因此，該公司攤銷後的每股收益為16.7億美元/5.64億美元=2.96美元。

有時，在計算完全稀釋的每股收益時，需要對分子進行調整，例如，有時貸方會提供貸款，允許他們在特定條件下將債務轉換為股票，可轉換債券將創造的股份應包含在攤銷後每股收益計算的分母中，但如果發生這種情況，那麼公司將不會支付債務利息，在這種情況下，公司或分析師會將可轉換債務支付的利息加回每股收益計算的分子中，這樣結果就不會失真。

每股收益

每股收益可能會被幾個因素有意或無意地扭曲，分析師使用基本EPS公式的變量來避免EPS可能膨脹的最常見方式，想像一下，一家公司擁有兩家生產手機螢幕的工廠，其中一家工廠所在的土地變得非常有價值，因為在過去幾年中，新的發展已經圍繞著它，該公司的管理團隊決定出售工廠，並在價值較低的土地上建造另一家工廠，這筆交易為公司創造了意外利潤。

雖然這次土地出售為公司及其股東創造了真正的利潤，但它被認為是一個非凡的專案，因為沒有理由相信公司將來可以重複這筆交易，如果意外之財包含在EPS方程的分子中，股東可能會被誤導，因此被排除在外，如果一家公司有不尋常的損失-也許是工廠被燒毀-可以提出類似的論點，這將暫時降低每股收益，並且應該出於同樣的原因被排除在外。

每股收益的公式為：

每股收益=(淨收入-Pref.Div.）/加權平均普通股

每股收益和資本

每股收益經常被忽視的一個重要方面是在計算中產生收益（淨收入）所需的資本，兩家公司可以產生相同的每股收益，但其中一家公司可以用更少的淨資產來做到這一點;該公司將更有效地利用其資本來創造收入，並且在所有其他條件相同的情況下，在效率方面將是一家更好的公司，可用於識別更高效公司的指標是股本報酬率（ROE）。

每股收益和股息

雖然每股收益被廣泛用作追蹤公司業績的一種方式，但股東無法直接獲得這些利潤，部分收益可以作為股息分配，但全部或部分每股收益可以由公司保留，股東必須通過其在董事會中的代表，改變通過股息分配的每股收益部分，以獲得更多的利潤。

每股收益和市盈率

對行業組內的市盈率進行比較可能會有所幫助，儘管是以意想不到的方式，儘管與同行相比，相對於其每股收益成本更高的股票似乎可能被「高估」，但規則往往恰恰相反，無論其歷史每股收益如何，如果預計該股票將增長或優於同行，投資者願意為該股票支付更多費用，在牛市中，股票指數中市盈率最高的股票表現優於指數中其他股票的平均水準是正常的。

什麼是良好的每股收益？

良好的每股收益將取決於公司最近的業績，競爭對手的表現以及關注該股票的分析師的期望等因素，有時，一家公司可能會報告每股收益增長，但如果分析師預計每股收益會更高，那麼股價可能會下跌，同樣，如果分析師預計結果會更糟，每股收益數字的萎縮仍可能導致價格上漲，重要的是要始終根據公司的股價來判斷每股收益，例如通過查看公司的市盈率或收益率。

基本每股收益和攤銷後每股收益有什麼區別？

分析師有時會區分基本股和攤銷後每股收益，基本每股收益由公司的淨收入除以其已發行股份組成，這是財經媒體最常報導的數據，也是EPS最簡單的定義，另一方面，攤銷後的每股收益將始終等於或低於基本每股收益，因為它包括對公司已發行股份的更廣泛定義，具體而言，它包括目前尚未發行的股票，但如果行使股票期權和其他可轉換證券，這些股票可能會變得已發行。

每股收益和調整後每股收益有什麼區別？

調整後每股收益是一種每股收益計算，分析師在其中對分子進行調整，通常，這包括添加或刪除被視為非經常性淨收入的部分，例如，如果公司的淨收入是根據建築物的一次性銷售而增加的，則分析師可能會從該銷售中扣除收益，從而減少淨收入，在這種情況下，調整後的每股收益將低於基本每股收益。

EPS有哪些限制？

在考慮每股收益以做出投資或交易決策時，請注意一些可能的缺點，例如，一家公司可以通過回購股票，減少流通股數量，並在相同盈利水準的情況下誇大每股收益來浮誇其每股收益，更改報告收入的會計政策也會更改每股收益，每股收益也不考慮股票的價格，因此它對公司的股票是高估還是被低估幾乎沒有什麼可說的。

如何使用Excel計算EPS？

收集必要的數據後，將淨收入，特別股息和已發行的普通股數量輸入到三個相鄰的單元格中，例如B3到B5，在儲存格B6中，輸入公式=B3-B4以從淨收入中減去特別股息，在儲存格B7中，輸入公式=B6/B5以呈現EPS比率。

市盈率

市盈率是衡量公司當前股價相對於每股收益（EPS）的比率，市盈率有時也稱為價格倍數或收益倍數，投資者和分析師使用市盈率來確定公司股票在蘋果對蘋果比較中的相對價值，它還可用於將公司與自己的歷史記錄進行比較，或將總體市場相互比較或隨時間推移進行比較。

• 市盈率（P/E）將公司的股價與其每股收益相關聯。

• 高市盈率可能意味著公司的股票被高估，或者投資者預計未來會有高增長率。

- 沒有收益或虧損的公司沒有市盈率，因為分母中沒有任何東西可以放。
- 在實踐中使用了兩種市盈率-正向和追蹤市盈率。
- 與同一行業的類似公司或一段時間內的單個公司相比，市盈率對分析師來說具有最大的價值。

市盈率公式和計算

此過程使用的公式和計算方法如下。

市盈率=每股市場價值/每股收益

要確定市盈率值，必須簡單地將當前股票價格除以每股收益（EPS），只需將股票的股票代碼插入任何金融網站即可找到當前的股票價格（P），儘管這個具體值反映了投資者目前必須為股票支付的費用，但每股收益是一個稍微模糊的數據。

EPS有兩個主要品種，這個數據表明瞭公司過去12個月的表現，第二種類型的EPS可以在公司的收益發佈中找到，該新聞稿通常提供EPS指導，這是該公司對未來預期收入的最佳猜測，這些不同版本的每股收益分別構成了追蹤和前向市盈的基礎。

瞭解市盈率

市盈率（P/E）是投資者和分析師確定股票相對估值的最廣泛使用的工具之一，市盈率有助於確定股票是被高估還是被低估，一家公司的市盈率也可以與同行業中的其他股票或更廣泛的市場（如標準普爾500指數）進行基準測試，有時，分析師對長期估值趨勢感興趣，並考慮市盈率10或市盈率30指數，分別平均過去10年或過去30年的收益，當試圖衡量股票指數（如標準普爾500指數）的整體價值時，通常會使用這些指標，因為這些長期指標可以補償商業週期的變化。

標準普爾500指數的市盈率從1917年的5倍左右的低點波動到120倍以上（2009年金融危機前），標準普爾500指數的長期平均市盈率約為16倍，這意味著構成該指數的股票的溢價集體比其加權平均收益高出16倍，分析師和投資者在確定股價是否準確代表每股預計收益時，會審查公司的市盈率。

遠期市盈率

這兩種類型的每股收益指標是最常見的市盈率類型：遠期市盈率和追蹤市盈率，第三個不太常見的變化使用最後兩個實際季度的總和以及未來兩個季度的估計值，遠期（或領先）市盈率使用未來收益指引，而不是追蹤數據，這個前瞻性指標有時被稱為「估計市盈率」可用於將當前收益與未來收益進行比較，並有助於更清晰地瞭解收益的外觀-無需更改和其他會計調整。

然而，遠期市盈率指標存在固有的問題，即公司可能會低估收益，以便在宣佈下個季度的收益時擊敗估計的市盈率，其他公司可能會誇大這一估計，然後將其調整為下一次盈利公告，此外，外部分析師也可能提供估計，這可能與公司的估計不同，造成混亂。

追蹤市盈率

追蹤市盈率依賴於過去的表現，將當前股價除以過去12個月的每股收益總額，這是最受歡迎的市盈率指標，因為它是最客觀的指標，假設公司準確報告收益，一些投資者更喜歡看追蹤的市盈率，因為他們不相信另一個人的盈利預期，但追蹤的市盈率也有其缺點，即公司過去的業績並不預示著未來的行為。

因此，投資者應該根據未來的盈利能力而不是過去來投入資金，每股收益保持不變，而股價波動，這也是一個問題，如果一個大型公司事件推動股價大幅上漲或下跌，則追蹤市盈率將不太能反映這些變化，追蹤的市盈率將隨著公司股票價格的變動而變化，因為每個季度才公佈收益，而股票則日復一日地交易，因此，一些投資者更喜歡遠期市盈率，如果遠期市盈率低於追蹤市盈率，則意味著分析師預計收益將增加;如果遠期市盈率高於目前的市盈率，分析師預計它們會下降。

市盈率估值

市盈率或市盈率是投資者和分析師確定股票估值的最廣泛使用的股票分析工具之一，除了顯示公司的股價是否被高估或低估外，市盈率還可以揭示股票的估值與其行業組或標準普爾500指數等基準的比較情況，從本質上講，市盈率表示投資者可以期望投資一家公司以獲得該公司收益的1美元金額，這就是為什麼市盈率有時被稱為價格倍數，因為它顯示了投資者願意為每美元的收益支付多少，如果一家公司目前以20倍的市盈率進行交易，那麼解釋是投資者願意為當前收益的1美元支付20美元。

市盈率幫助投資者確定股票的市場價值與公司收益的比較，簡而言之，市盈率顯示了市場今天願意根據其過去或未來的收益為股票支付的費用，高市盈率可能意味著股票的價格相對於收益較高，並可能被高估，相反，低市盈率可能表明當前股價相對於收益較低。

投資者期望

一般而言，高市盈率表明，與市盈率較低的公司相比，投資者預計未來盈利增長會更高，低市盈率可能表明一家公司目前可能被低估，或者該公司相對於過去的趨勢表現異常好，當公司沒有收益或正在過帳虧損時，在這兩種情況下，市盈率都將表示為N/A，雖然可以計算負市盈率，但這不是常見的慣例。

市盈率也可以被視為在整個股市中標準化1美元收益價值的一種手段，從理論上講，通過取幾年內市盈率的中位數，人們可以制定一些標準化的市盈率，然後可以以將其視為基準，並用於指示股票是否值得購買。

市盈率為N/A表示該比率不可用或不適用於該公司的股票，如果一家公司剛剛在證券交易所上市並且尚未報告收益，例如在首次公開募股（IPO）的情況下，其市盈率可以達到N/A，但這也意味著公司的收益為零或負，因此投資者可以將N/A視為報告淨虧損的公司。

市盈率與收益率

市盈率的反面是收益率（可以被認為是市盈率），因此，收益率定義為每股收益除以股價，以百分比表示，如果股票A的交易價格為10美元，其過去一年的每股收益為50美分（TTM），則其市盈率為20（即10美元/50美分），收益率為5%（50美分/10美元），如果股票B的交易價格為20美元，其每股收益（TTM）為2美元，則其市盈率為10（即20美元/2美元），收益率為10%=（2美元/20美元）。

收益率作為投資估值指標並不像市盈率那樣廣泛使用，當關注投資報酬率時，收益率可能很有用，然而，對於股票投資者來說，賺取定期投資收入可能是次要的，而不是隨著時間的推移增加其投資價值，這就是為什麼投資者在進行股票投資時，可能會更頻繁地參考基於價值的投資指標，例如市盈率，而不是收益率。

當公司收益為零或負時，收益率在生成指標時也很有用，由於這種情況在高科技，高增長或初創公司中很常見，因此每股收益將為負，產生未定義的市盈率（表示為N/A），但是，如果一家公司的收益為負，它將產生負收益率，這可以解釋並用於比較。

市盈率與市盈率/盈利成長率

市盈率，即使是使用遠期收益估算計算的市盈率，也並不總是能告訴投資人市盈率是否適合公司的預測增長率，因此，為瞭解決這一限制，投資者轉向另一個稱為PEG比率的比率，遠期市盈率的一個變化是市盈率與增長比率，或PEG，PEG比率衡量市盈率與盈利增長之間的關係，為投資者提供比市盈率本身更完整的故事，換句話說，PEG比率允許投資者通過分析今天的收益和公司未來的預期增長率來計算股票的價格是被高估還是被低估，PEG比率的計算方法是公司的追蹤市盈率（P/E）除以指定時間段內的收益增長率。

PEG比率用於根據追蹤收益確定股票的價值，同時還將公司未來的收益增長考慮在內，並被認為提供了比市盈率更完整的訊息，例如，低市盈率可能表明一支股票被低估了，因此應該被購買，但考慮到公司的增長率以獲得其PEG比率可以講述一個不同的故事，如果使用歷史增長率，PEG比率可以稱為「追蹤」，如果使用預期增長率，則可以稱為「遠期」。

雖然不同行業的盈利增長率可能有所不同，但PEG小於1的股票通常被認為被低估，因為與公司的預期盈利增長相比，其價格被認為較低，大於1的PEG可能被認為被高估了，因為它可能表明與公司的預期收益增長相比，股價過高。

絕對市盈率與相對市盈率

絕對市盈率

該比率的分子通常是當前股價，分母可能是追蹤每股收益（TTM），未來12個月的估計每股收益（遠期市盈率），或最近兩個季度的追蹤每股收益和未來兩個季度的遠期市盈率的混合，在區分絕對市盈率和相對市盈率時，重要的是要記住絕對市盈率代表當前時間段的市盈率，例如，如果今天的股票價格為100美元，而TTM收益為每股2美元，則市盈率為50=（100美元/2美元）。

相對市盈率

相對市盈率將當前絕對市盈率與基準或相關時間段（如過去10年）過去的市盈率範圍進行比較，相對市盈率顯示當前市盈率達到的過去市盈率的哪一部分或百分比，相對市盈率通常將當前市盈率值與區間的最高值進行比較，但投資者也可能將當前市盈率與區間底部進行比較，以衡量當前市盈率與歷史低點的接近程度。

如果當前市盈率低於過去的值（無論是過去的高點還是低點），則相對市盈率的值將低於100%，如果相對市盈率為100%或更高，這告訴投資者當前的市盈率已經達到或超過過去的值。

使用市盈率的限制

與任何其他旨在告知投資者股票是否值得購買的基本面一樣，市盈率也存在一些需要考慮的局限性，因為投資者可能經常被引導相信有一個單一的指標可以全面瞭解投資決策，這幾乎從來都不是這樣，沒有盈利的公司，因此沒有收益或每股負收益，在計算其市盈率時構成了挑戰，有人說有一個負的市盈率，另一些人則認為市盈率為0，而大多數人只是說市盈率不存在（N/A或不可用）或者在公司盈利之前無法解釋。

在比較不同公司的市盈率時，出現了使用市盈率的一個主要限制，公司的估值和增長率在不同行業之間可能差異很大，因為公司賺錢的方式不同，公司賺錢的時間線也不同，因此，在考慮同一行業的公司時，人們應該只使用市盈率作為比較工具，因為這種比較是唯一能產生富有成效的洞察力的比較工具，例如，比較電信公司和能源公司的市盈率，可能會使人相信一個人顯然是優越的投資，但這不是一個可靠的假設。

其他市盈率注意事項

當單個公司的市盈率與同一行業內其他公司的市盈率一起考慮時，其意義要大得多，例如，一家能源公司的市盈率可能很高，但這可能反映了該行業內部的趨勢，而不僅僅是單個公司內部的趨勢，例如，當整個行業的市盈率都很高時，單個公司的高市盈率就不那麼令人擔憂了。

此外，由於公司的債務會影響股票價格和公司收益，因此槓桿也會扭曲市盈率，例如，假設有兩家類似的公司，它們承擔的債務金額主要不同，債務較多的公司的市盈率可能低於債務較少的公司的市盈率，但是，如果業務良好，負債較多的人會因為所承擔的風險而獲得更高的收益。

市盈率的另一個重要限制是位於計算市盈率本身的公式中，市盈率的準確和公正的表述依賴於對股票市場價值和準確每股收益估計的準確輸入，市場通過其連續拍賣決定股票的價格，印刷價格可從各種可靠來源獲得，但是，收益資訊的來源最終是公司本身，這種單一的數據來源更容易縱，因此分析師和投資者信任公司的官員提供準確的資訊，如果這種信任被認為被打破，那麼股票將被認為風險更大，因此價值更低。

為了降低資訊不準確的風險，市盈率只是分析師仔細審查的一個衡量標準，如果該公司故意操縱數據以使其看起來更好，從而欺騙投資者，他們將不得不繼續操縱其他數據，以確保所有指標都以連貫的方式維持，這

Investments

是很難做到的，這就是為什麼市盈率仍然是分析公司時最集中的數據點之一，但絕不是唯一的。

什麼是良好的市盈率？

好或壞的市盈率問題必然取決於公司經營所在的行業，一些行業的平均市盈率會更高，而其他行業的平均市盈率會更低，例如，在2021年1月，上市公司的平均追蹤市盈率僅為12左右，而軟體公司的平均追蹤市盈率超過60，如果投資人想大致瞭解特定的市盈率是高還是低，投資人可以將其與其行業內競爭對手的平均市盈率進行比較。

市盈率更高還是更低更好？

許多投資者會說，購買市盈率較低的公司的股票更好，因為這意味著投資人收到的每一美元收益都要少付，從這個意義上說，較低的市盈率就像較低的價格標籤，使其對尋求便宜貨的投資者具有吸引力，然而，在實踐中，瞭解公司市盈率背後的原因非常重要，例如，如果一家公司的市盈率很低，因為其商業模式從根本上處於衰退狀態，那麼表面上的討價還價可能是一種錯覺。

市盈率為15是什麼意思？

簡而言之，市盈率為15意味著公司當前的市場價值等於其年收益的15倍，從字面上看，如果投資人假設要購買公司100%的股份，那麼假設公司未來從未增長，投資人將需要15年的時間才能通過公司的持續利潤來贏回投資人的初始投資。

為什麼市盈率很重要？

市盈率幫助投資者確定與收益相比，公司的股票是被高估還是被低估，該比率是衡量市場願意為當前運營以及公司預期增長支付的費用的指標，如果一家公司以高市盈率進行交易，市場會高度重視其增長潛力，並願意根據未來的收益在今天超支。

市淨率

公司使用市淨率（P/B比率）將公司的市值與其帳面價值進行比較，它的計算方法是將公司的每股股價除以其每股帳面價值（BVPS），資產的帳面價值等於其在資產負債表上的帳面價值，公司通過將資產與其累計折舊進行淨額結算來計算。

• 市盈率衡量的是市場對公司的估值相對於其帳面價值。

• 股票的市場價值通常高於公司的帳面價值。

• 價值投資者使用市淨率來識別潛在投資。

• 市淨率低於1通常被認為是穩健的投資。

瞭解市淨率

市淨率的公式和計算

在此等式中，每股帳面價值的計算公式如下：

（總資產-總負債）/在外流通股數量

每股市場價值是通過簡單地查看市場上的股價報價獲得的。

市淨率=每股市價/每股帳面價值

較低的市淨率可能意味著股票被低估，但是，這也可能意味著公司存在根本性問題，與大多數比率一樣，這因行業而異，市淨率還表明，如果公司立即破產，投資人是否為剩餘的剩餘部分付出了太多的代價。

市盈率可以告訴投資人什麼？

市淨率反映了市場參與者相對於公司權益帳面價值的附加值，股票的市值是一個前瞻性指標，反映了公司未來的現金流量，股本帳面價值是基於歷史成本原則的會計指標，反映了過去發行的股本，通過任何利潤或損失增加，並通過股息和股票回購減少。

市淨率將公司的市場價值與其帳面價值進行比較，公司的市場價值是其股價乘以流通股數量，帳面價值是公司的淨資產，換句話說，如果一家公司清算了其所有資產並償還了所有債務，則剩餘價值將是該公司的帳面價值，市淨率為尋求以合理價格增長的投資者提供了一個有價值的現實檢查，並且通常與可靠的增長指標股本報酬率（ROE）一起考慮，市淨率和淨資產收益率之間的巨大差異往往會給公司帶來危險信號，被高估的成長型股票經常表現出低ROE和高市盈率的組合，如果一家公司的淨資產收益率在增長，那麼它的市盈率也應該在成長。

市淨率和上市公司

在確定股票是否被低估時，很難確定良好市淨率（P/B）的特定數值，從而確定一筆好投資，比率分析可能因行業而異，對於一個行業來說，一個好的市淨率對另一個行業來說可能是一個糟糕的比率，確定一些一般參數或市淨值範圍，然後考慮各種其他因素和估值指標，以更準確地解釋市淨值並預測公司的增長潛力，這是很有説明的。

幾十年來，市淨率一直受到價值投資者的青睞，並被市場分析師廣泛使用，傳統上，任何低於1.0的價值對於價值投資者來說都被認為是良好的市盈率，表明股票可能被低估，然而，價值投資者可能經常考慮市淨值低於3.0的股票作為基準。

股票市場價值與帳面價值

由於處理某些成本的會計慣例，股權的市場價值通常高於公司的帳面價值，導致P/B比率高於1.0，在某些財務困境、破產或預期盈利能力暴跌的情況下，公司的市淨率可能會跌破1.0，由於會計原則不承認品牌價值等無形資產，除非公司通過收購獲得這些資產，否則公司會立即承擔與創造無形資產相關的所有成本。

例如，公司必須花費研究和大多數開發成本，從而降低公司的帳面價值，然而，這些研發支出可以為公司創造獨特的生產流程，或者產生新的專利，從而帶來未來的特許權使用費收入，雖然會計原則傾向於保守的成本資本化方法，但市場參與者可能會因為這種研發努力而提高股價，導致股票的市場和帳面價值之間存在巨大差異。

市淨率

與市淨率密切相關的是價格與有形帳面價值比（PTBV），後者是一種估值比率，表示證券的價格與公司資產負債表中報告的硬性或有形帳面價值的比率，有形帳面價值數據等於公司的總帳面價值減去任何無形資產的價值，無形資產可以是專利、智慧財產權和商譽等專案，當市場以不同的方式評估專利之類的東西時，或者如果首先很難對這種無形資產進行估值，這可能是一個更有用的估值衡量標準。

使用市淨率的局限性

投資者發現市淨率很有用，因為股票的帳面價值提供了一個相對穩定和直觀的指標，他們可以很容易地與市場價格進行比較，市淨率也可用於帳面價值為正、收益為負的公司，因為負收益使市盈率變得毫無用處，帳面價值為負的公司比負收益的公司少。

但是，當公司採用的會計準則各不相同時，市淨率可能不具有可比較性，特別是對於來自不同國家的公司而言，此外，對於資產負債表上有形資產很少的服務和資訊技術公司來說，P/B比率可能不太有用，最後，由於一長串負收益，帳面價值可能變為負值，使得P/B比率對於相對估值毫無用處。

使用市淨率的其他潛在問題源於這樣一個事實，即任何數量的場景，例如最近的收購，最近的註銷或股票回購，都可能扭曲等式中的帳面價值數據，在尋找被低估的股票時，投資者應考慮多種估值指標來補充市盈率。

市淨率的比較是多少？

市淨率是最廣泛使用的財務比率之一，它將公司的市場價格與其帳面價值進行比較，實質上是顯示市場為公司淨資產的每一美元給出的價值，高增長公司的價格與帳面比率通常會遠高於1.0，而面臨嚴重困境的公司偶爾會顯示出低於1.0的比率。

爲什麼市淨率很重要？

市淨率很重要，因為它可以幫助投資者瞭解與資產負債表相比，公司的市場價格是否合理，例如，如果一家公司表現出較高的市淨率，投資者可能會檢查該估值是否合理，因為其他指標，例如其歷史資產報酬率或每股收益增長（EPS），市淨率也經常用於篩選潛在的投資機會。

什麼是良好的市淨率？

「良好」的市淨率將取決於所討論的行業和市場估值的整體狀況，例如，在2010年至2020年期間，在納斯達克證券交易所上市的科技公司的平均價格與帳面比率穩步上升，因此，評估這些科技公司之一的市淨率的投資者可能會選擇接受較高的平均價格與帳面比率，相比之下，投資者在更傳統的行業中尋找一家公司，在這個行業中，較低的市淨率是常態。

◆ 第三節 成本、預算與結構

＊加權平均資本成本

加權平均資本成本（WACC）代表公司所有來源（包括普通股，特別股，債券和其他形式的債務）的平均稅後資本成本，WACC是公司期望為其資產融資的平均費率，加權平均資本成本是確定所需報酬率的常用方法，因為它用一個數據表示債券持有人和股東為向公司提供資金而要求的報酬，如果一家公司的股票波動性相對較大，或者其債務被視為有風險，因為投資者需要更高的報酬，那麼該公司的WACC可能會更高。

關鍵要點

- WACC代表公司的資本成本，其中每類資本都按比例加權。
- WACC通常被用作公司和投資者可以衡量給定專案或收購的可取性的障礙率。
- WACC的計算方法是將每個資本來源（債務和股權）的成本乘以其相關權重乘以市場價值，然後將其相加以確定總數。
- WACC還用作貼現現金流分析中未來現金流的貼現率。

瞭解WACC

WACC及其公式對分析師，投資者和公司管理層都很有用-他們都將其用於不同的目的，在企業融資中，由於以下幾個原因，確定公司的資本成本至關重要，例如，WACC是公司用來估計其淨現值的貼現率，在分析承擔專案或收購其他業務的潛在好處時，WACC也很重要，例如，如果公司認為合併將產生高於其資本成本的報酬，那麼這對公司來說可能是一個不錯的選擇，如果其管理層預計報酬率低於其投資者的預期，他們將希望更好地利用其資本。

由於大多數企業依靠借入資金運營，因此資本成本成為評估公司淨盈利能力潛力的重要參數，加權平均資本成本衡量公司借貸成本，WACC公式在計算中同時使用公司的債務和股權，在大多數情況下，較低的WACC表明健康的企業能夠以較低的成本吸引投資者，相比之下，較高的WACC通常與被視為風險較高且需要以較高報酬補償投資者的企業相吻合。

如果一家公司只通過一個來源（比如普通股）獲得融資，那麼計算其資本成本就相對簡單了，如果投資者期望購買股票的報酬率為10%，那麼該公司的資本成本將與其股權成本相同：10%，如果公司只使用債務融資，情況也是如此，例如，如昊公司為其未償債券支付的平均收益率為5%，則其債務成本將為5%，這也是它的資本成本，許多公司從債務和股權（如股票）融資的組合中產生資本，為了用一個數據來表示資本成本，人們必須根據通過每個來源獲得的融資量，按比例權衡其債務成本和股權成本。

WACC公式和計算

$$WACC = (E/V \times Re) + (D/V \times Rd \times (1-Tc))$$

其中

E=公司股權的市場價值

D=公司債務的市場價值

V=E+D

Re=股本成本

Rd=債務成本

Tc=公司稅率

WACC的計算方法是將每個資本來源（債務和股權）的成本乘以其相關權重，然後將產品相加，在上述公式中，E/V表示基於股權的融資的比例，而D/V表示基於債務的融資的比例。

因此，WACC公式涉及兩項的總和：

(E/V×Re)

(D/V×Rd×(1-Tc))

前者代表股本的加權值，而後者代表債務資本的加權值，假設一家公司通過出售普通股獲得了1000000美元的債務融資和4000000美元的股權融資，E/V等於0.8（4000000美元÷總資本的5000000美元），D/V等於0.2（1000000美元÷總資本的5000000美元）。

解釋公式元素

股本成本（Re）的計算可能有點棘手，因為股本在技術上沒有明確的價值，當公司償還債券持有人時，他們支付的金額具有預定的利率，另一方面，股權沒有公司必須支付的具體價格，因此，公司必須估算股本成本，換句話說，即投資者根據股票的預期波動性要求的報酬率。

由於股東期望從其對公司的投資中獲得一定的報酬，因此從公司的角度來看，股東所需的報酬率是成本;如果公司未能實現這一預期報酬，股東將簡單地出售他們的股票，從而導致股價和公司價值的下降，因此，股權成本本質上是公司必須產生的總報酬，以維持能夠滿足其投資者的股價。

公司通常使用資本資產定價模型（CAPM）來計算股權成本（在CAPM中，它被稱為預期的投資報酬），同樣，這不是一個精確的計算，因為企業必須依靠歷史數據，這些數據永遠無法準確預測未來的增長，另

一方面，確定債務成本（Rd）是一個更直接的過程，這通常是通過平均公司未償債務的到期收益率來完成的，如果投資人正在查看必須報告其債務義務的上市公司，則此方法更容易。

對於私營公司，人們可以查看穆迪（Moodys）和標準普爾（S&P）等公司的信用評級，然後添加對無風險資產（例如，相同期限的國債）的相關利差，以接近投資者要求的報酬，企業可以從稅收中扣除利息支出，因此，公司債務的淨成本是它支付的利息減去它節省的稅收金額，這就是為什麼Rd（1-公司稅率）用於計算債務的稅後成本。

誰使用WACC？

證券分析師在評估投資機會的價值時可能會使用WACC，例如，在貼現現金流分析中，可以應用WACC作為未來現金流的貼現率，以得出企業的淨現值，WACC可以被財務團隊在內部用作追求給定專案或收購的障礙率，例如，如果該公司對新製造工廠的投資的報酬率低於其WACC，該公司可能會退縮並找到這筆錢的其他用途。

WACC與要求的報酬率（RRR）

所需報酬率（RRR）是投資者對項目或投資接受的最低報酬率，如果他們期望的報酬低於他們的要求，他們會把錢分配到其他地方，確定RRR的一種方法是使用CAPM，它使用股票相對於大盤的波動性（其Beta係數）來估計股東所需的報酬，識別RRR的另一種方法是計算WACC，使用WACC的優勢在於，它考慮了公司的資本結構，即它在多大程度上依賴於債務融資而不是股權。

WACC的局限性

WACC公式似乎比實際更容易計算，由於公式的某些要素，如股本成本，不是一致的價值，各方可能出於不同的原因以不同的方式報告它們，因此，儘管WACC通常可以說明對公司提供有價值的見解，但在確定是否投資公司時，應始終將其與其他指標一起使用。

如果投資人不熟悉所有輸入，則可能很難計算WACC，較高的債務水準意味著投資者或公司將需要更高的WACC，更複雜的資產負債表，例如具有不同利率的不同類型的債務，使得計算WACC變得更加困難，計算WACC有許多輸入-例如利率和稅率-所有這些都可能受到市場和經濟條件的影響，此外，WACC也不適合訪問高風險專案，因為為了反映更高的風險，資本成本會更高，相反，投資者可以選擇使用調整後現值（APV），該值不使用WACC。

什麼是加權平均資本成本（WACC）？

加權平均資本成本代表吸引投資者的平均成本，無論他們是債券持有人還是股東，該計算根據公司使用的債務和股權數量對資本成本進行加權，這為內部專案或潛在收購提供了明確的障礙率。

誰使用加權平均資本成本？

WACC用於財務建模（它用作計算企業淨現值的貼現率），這也是公司在分析新專案或收購目標時使用的「障礙率」，如果可以預期公司的分配會產生高於其自身資本成本的報酬，那麼這通常是對資金的良好利用。

WACC和要求的報酬率（RRR）是否相同？

加權平均資本成本是達到所需報酬率的一種方法，即投資者要求特定公司的最低報酬率，WACC的一個關鍵優勢是它考慮了公司的資本結構，例如，如果一家公司主要使用債務融資，其WACC將更接近其債務成本，而不是其股權成本。

Investments

*資本預算

資本預算涉及選擇為公司增加價值的專案，資本預算過程幾乎可以涉及任何事情，包括收購土地或購買固定資產，如新卡車或機器，公司通常被要求或至少被推薦從事那些將提高盈利能力從而增加股東財富的專案，但是，被認為可接受或不可接受的報酬率受到公司和專案特有的其他因素的影響，例如，一個社會或慈善專案通常不是根據報酬率獲得批准的，而是更多企業培養善意和回饋社區的願望。

關鍵要點

- 資本預算是投資者確定潛在投資專案價值的過程。
- 三種最常見的項目選擇方法是投資回收期（PB），內部收益率（IRR）和淨現值（NPV）。
- 投資回收期決定了公司需要多長時間才能看到足夠的現金流來收回原始投資。
- 內部收益率是專案的預期報酬率，如果收益率高於資本成本，那就是一個好專案。
- 淨現值顯示了專案相對於替代方案的盈利能力，並且可能是三種方法中最有效的。

瞭解資本預算

資本預算很重要，因為它創造了問責制和可衡量性，任何試圖將其資源投入專案而不瞭解所涉及的風險和報酬的企業將被其擁有者或股東視為不負責任，此外，如果企業無法衡量其投資決策的有效性，那麼該企業在競爭激烈的市場中生存的機會可能很小。

企業（非營利組織除外）的存在是為了賺取利潤，資本預算過程是企業確定任何投資項目的長期經濟和財務盈利能力的可衡量方式，資本預算決策既是財務承諾，也是投資，通過承擔一個專案，企業正在做出財務承諾，但它也在投資其長期方向，這可能會對公司考慮的未來專案產生影響。

不同的企業使用不同的估值方法來接受或拒絕資本預算專案，雖然淨現值（NPV）法是分析師中最有利的方法，但在某些情況下也經常使用內部收益率（IRR）和投資回收期（PB）方法，當所有三種方法都表明相同的行動方案時，管理者可以對他們的分析最有信心。

資本預算如何運作？

當一家公司面臨資本預算決策時，其首要任務之一是確定該專案是否被證明是有利可圖的，投資回收期（PB）、內部收益率（IRR）和淨現值（NPV）方法是最常見的項目選擇方法，雖然理想的資本預算解決方案是所有三個指標都表示相同的決策，但這些方法往往會產生相互矛盾的結果，根據管理層的偏好和選擇標準，將更加重視一種方法而不是另一種方法，儘管如此，這些廣泛使用的估值方法仍有共同的優點和缺點。

投資回收期

投資回收期計算收回原始投資所需的時間長度，例如，如果一個資本預算專案需要100萬美元的初始現金支出，PB會顯示現金流入相當於100萬美元流出需要多少年，首選較短的PB期，因為它表明該專案將在較短的時間範圍內為自己買單。

當流動性是一個主要問題時，通常會使用投資回收期，如果一家公司只有有限的資金，他們可能一次只能承擔一個主要專案，因此，管理層將

Investments

重點關注收回其初始投資，以承擔後續專案，使用PB的另一個主要優點是，一旦建立了現金流預測，就很容易計算，使用PB指標確定資本預算決策存在缺點，首先，投資回收期不考慮貨幣的時間價值（TVM），簡單地計算PB提供了一個指標，該指標對第一年和第二年收到的付款給予了同等的重視。

這樣的錯誤違反了金融的基本原則之一，幸運的是，通過實施折扣投資回收期模型，可以很容易地解決這個問題，基本上，貼現PB期考慮了TVM，並允許人們確定在貼現現金流基礎上收回投資需要多長時間，另一個缺點是，投資回收期和貼現投資回收期都忽略了專案生命週期結束時發生的現金流，例如殘值，因此，PB不是盈利能力的直接衡量標準。

投資回收方法還有其他缺點，包括在專案的不同階段可能需要現金投資，此外，還應考慮所購資產的壽命，如果資產的壽命沒有超過投資回收期，則可能沒有足夠的時間從專案中產生利潤，由於投資回收期不反映資本預算決策的附加值，因此通常被認為是最不相關的估值方法，但是，如果流動性是一個重要的考慮因素，那麼PB週期就非常重要。

內部收益率

內部收益率（或項目的預期報酬率）是將導致淨現值為零的貼現率，由於專案的淨現值與貼現率成反比，如果貼現率增加，則未來的現金流變得更加不確定，從而價值降低，內部收益率計算的基準是公司用來貼現稅後現金流的實際比率，高於加權平均資本成本的內部收益率表明資本專案是一項有利可圖的努力，反之亦然。

IRR規則如下：

IRR>資本成本=接受專案

IRR<資本成本=拒絕專案

實施內部收益率作為決策工具的主要優點是，它為每個專案提供了一個基準數據，可以參考公司的資本結構進行評估，內部收益率通常會產生與淨現值模型相同類型的決策，並允許公司根據投資資本報酬來比較專案，儘管使用金融計算機或軟體包可以輕鬆計算IRR，但使用此指標存在一些缺點，與PB方法類似，IRR並不能真正瞭解專案將為公司增加的價值－它只是根據公司的資本成本提供應該接受哪些專案的基準數據。

內部收益率不允許對相互排斥的專案進行適當的比較;因此，必須對相互排斥的專案進行適當的比較，因此，管理者可能能夠確定專案A和專案B都對公司有利，但如果只有一個專案可以被接受，他們將無法決定哪一個更好，使用IRR分析產生的另一個錯誤出現在來自項目的現金流非常規時，這意味著在初始投資之後會有額外的現金流出，非常規現金流在資本預算中很常見，因為許多專案需要未來的資本支出用於維護和維修，在這種情況下，內部收益率可能不存在，或者可能存在多個內部收益率，在分析單個資本預算專案時，IRR是一種有用的估值措施，而不是那些相互排斥的專案，它為PB方法提供了更好的估值替代方案，但未能滿足幾個關鍵要求。

淨現值

淨現值法是解決資本預算問題最直觀、最準確的估值方法，通過加權平均資本成本對稅後現金流進行貼現，使管理人員能夠確定專案是否有利可圖，與IRR方法不同，NPV準確地揭示了與替代方案相比，專案的盈利能力，NPV規則規定，所有淨現值為正的專案都應被接受，而那些為負值的專案應被拒絕，如果資金有限，所有正NPV專案都無法啟動，則應接受具有高貼現值的專案。

　　淨現值方法的一些主要優點包括其整體實用性，以及淨現值提供了增加的盈利能力的直接衡量標準，它允許人們同時比較多個相互排斥的專案，即使貼現率可能會發生變化，對NPV的敏感性分析通常也可以表明任何壓倒性的潛在未來問題。

　　儘管NPV方法受到公平的批評，即增值數字沒有考慮專案的整體規模，但盈利能力指數（PI）（一種從貼現現金流計算中得出的指標）可以很容易地解決這個問題，盈利能力指數的計算方法是將未來現金流的現值除以初始投資，PI大於1表示NPV為正，而PI小於1表示NPV為負，加權平均資本成本（WACC）可能很難計算，但這是衡量投資品質的可靠方法。

＊資本結構

　　本結構是公司用於為其整體運營和增長提供資金的債務和股權的特殊組合，股本來自公司的所有權股份以及對其未來現金流和利潤的債權，債務以債券發行或貸款的形式出現，而股權可能以普通股，特別股或留存收益的形式出現，短期債務也被認為是資本結構的一部分。

關鍵要點

- 資本結構是公司為其整體運營和增長提供資金的方式。
- 債務包括借來的錢，這些錢應該歸還給貸方，通常帶有利息費用。
- 股權包括公司的擁有權，無需償還任何投資。
- 債務與股本（D/E）比率有助於確定公司借貸行為的風險。

瞭解資本結構

債務和股權都可以在資產負債表上找到，公司資產也列在資產負債表上，以債務或股權購買，資本結構可以是公司長期債務、短期債務、普通股和特別股的混合體，在分析公司的資本結構時，將考慮公司短期債務與長期債務的比例，當分析師提到資本結構時，他們很可能指的是公司的債務股本（D/E）比率，這可以深入瞭解公司的借貸行為的風險，通常，一家由債務大量融資的公司具有更激進的資本結構，因此對投資者構成更大的風險，然而，這種風險可能是公司增長的主要來源。

債務是公司在資本市場上籌集資金的兩種主要方式之一，公司因其稅收優惠而從債務中受益;因借入資金而支付的利息可以免稅，債務還允許公司或企業保留擁有權，這與股權不同，此外，在低利率時期，債務豐富且易於獲取，股權允許外部投資者獲得公司的部分擁有權，股票比債務更昂貴，特別是在利率低的情況下，然而，與債務不同，股權不需要償還，在收益下降的情況下，這對公司來說是一個好處，另一方面，股權代表擁有者對公司未來收益的債權。

特殊注意事項

使用比股權更多的債務來為其資產融資併為運營活動提供資金的公司具有高槓桿率和激進的資本結構，一家支付股權多於債務的資產的公司具有較低的槓桿率和保守的資本結構，也就是說，高槓桿率和激進的資本結構也可能導致更高的增長率，而保守的資本結構可能導致較低的增長率，公司管理層的目標是找到理想的債務和股權組合，也稱為最佳資本結構，以財務運營。

分析師使用D/E比率來比較資本結構，它是通過將總負債除以總權益來計算的，精明的公司已經學會了將債務和股權納入其企業戰略，然而，有時公司可能過於依賴外部資金，尤其是債務，投資者可以通過跟蹤D/E

比率並將其與公司的行業同行進行比較來監控公司的資本結構。

爲什麼不同的公司有不同的資本結構？

不同行業的公司將使用更適合其業務類型的資本結構，汽車製造業等資本密集型行業可能會利用更多的債務，而軟體公司等勞動密集型或服務型公司可能會優先考慮股權。

管理者如何決定資本結構？

假設一家公司可以獲得資本（例如投資者和貸款人），他們將希望最大限度地降低其資本成本，這可以使用加權平均資本成本（WACC）計算來完成，為了計算WACC，經理或分析師將每個資本成分的成本乘以其比例權重。

分析師和投資者如何使用資本結構？

債務過多的公司可以被視為信用風險，然而，過多的股權可能意味著該公司沒有充分利用其增長機會，或者為其資本成本支付了太多費用（因為股權往往比債務更昂貴），不幸的是，沒有神奇的債務與股權比率可以作為實現現實世界最佳資本結構的指導，定義債務和股權健康混合的定義取決於公司經營的行業和發展階段，並且由於利率和監管環境的外部變化，可能會隨著時間的推移而變化。

分析師和投資者使用什麼指標來評估資本結構？

除了加權平均資本成本（WACC）之外，還可以使用幾個指標來估計公司資本結構的適用性，槓桿比率是使用的一組指標，例如債務與股本（D/E）比率或債務比率。

◆ 第四節 公司價值

＊公司絕對價值

絕對價值（也稱為內在價值）是指使用貼現現金流量（DCF）分析來確定公司財務價值的企業估值方法，絕對價值方法不同於相對價值模型，後者檢查公司與其競爭對手相比的價值，絕對價值模型試圖根據公司的預計現金流量來確定公司的內在價值。

關鍵要點

- 絕對價值是指使用貼現現金流量分析來確定公司財務價值的企業估值方法。
- 投資者可以通過比較公司的股價應將其絕對價值與股票的當前價格進行比較來確定股票目前是否被低估或高估。
- 使用絕對價值分析存在一些挑戰，包括預測現金流量，預測準確的增長率以及評估適當的貼現率。
- 與相對價值不同，絕對價值不需要對同一行業或部門的公司進行比較。

瞭解絕對值

找出一支股票是否被低估或高估是價值投資者的主要因素，價值投資者使用流行的指標，如市盈率（P/E）和市淨率（P/B）來確定是否根據其估計價值購買或出售股票，除了使用這些比率作為估值指南之外，確定絕對值的另一種方法是貼現現金流量（DCF）估值分析。

某種形式的公司未來現金流量（CF）是使用DCF模型估算的，然後貼現現值以確定公司的絕對價值，現值被視為公司的真實價值或內在價值，通過將公司的股價絕對價值與股票實際交易的價格進行比較，投資者可以確定股票目前是否被低估或高估。

在DCF模型下使用的方法範例包括以下模型：

股息折扣模式

貼現資產模型

差額剩餘收入貼現法

打折的FCF方法

所有這些模型都需要一個報酬率或貼現率，用於對公司的現金流量（股息，收益，運營現金流量（OCF）或自由現金流量（FCF））進行貼現，以獲得公司的絕對價值，根據用於運行估值分析的方法，投資者或分析師可以使用股權成本或加權平均資本成本（WACC）作為貼現率，投資者可以使用貼現現金流量估值分析來確定公司的絕對價值。

絕對值與相對值

相對值與絕對值相反，雖然絕對價值檢查資產或公司的內在價值，而不將其與其他資產或公司進行比較，但相對價值是基於類似資產或公司的價值，對股票使用相對價值分析的分析師和投資者會查看他們感興趣的公司的財務報表和其他倍數，並將其與其他類似公司進行比較，以確定這些潛在公司是否被高估或低估，例如，如果投資者想知道沃爾瑪的相對價值，投資者將查看亞馬遜，塔吉特或Costco等公司的市值，收入，銷售數據，市盈率等變數。

使用絕對值的挑戰

估計公司的絕對價值並非沒有挫折，完全確定地預測現金流量並預測現金流量在增長軌道上將保持多長時間具有挑戰性，除了預測準確的增長率外，評估適當的貼現率以計算現值可能很困難。

由於確定股票價值的絕對估值方法嚴格基於所分析公司的特點和基本面，因此無法與同一部門或行業的其他公司進行比較，但是，在分析一家公司時，應該考慮同一行業的公司，因為市場移動活動破產，政府監管變化，顛覆性創新，員工裁員，兼併和收購等-在任何一家公司都可能影響整個行業的發展方式，因此，評估股票實際價值的最佳方法是混合使用絕對值和相對值方法。

相對估值模型

相對估值模型是一種企業估值方法，它將公司的價值與其競爭對手或行業同行的價值進行比較，以評估公司的財務價值，相對估值模型是絕對價值模型的替代方案，絕對價值模型試圖根據其估計的未來自由現金流量（貼現價值）來確定公司的內在價值，而不參考其他公司或行業平均水準，與絕對價值模型一樣，投資者在確定公司的股票是否值得購買時，可能會使用相對估值模型。

- 相對估值模型將公司的價值與其競爭對手的價值進行比較，以確定公司的財務價值。
- 最受歡迎的相對估值倍數之一是市盈率（P/E）。
- 相對估值模型不同於絕對估值模型，後者不參考任何其他公司或行業平均水準。
- 相對估值模型可用於評估公司股票價格與其他公司或行業平均水準相比的價值。

相對估值模型的類型

有許多不同類型的相對估值比率，例如價格與自由現金流量，企業價值（EV），營業獲利率，房地產價格與現金流量以及零售價格與銷售（P/S），以及零售價格與銷售（P/S）。

最受歡迎的相對估值倍數之一是市盈率（P/E），它是通過將股價除以每股收益（EPS）來計算的，並以公司的股價表示為其收益的倍數，具有高市盈率的公司以高於同行的每美元收益價格進行交易，並且被認為被高估了，同樣，市盈率較低的公司以每美元每股收益的較低價格進行交易，並被認為被低估了，該框架可以用任何價格倍數來衡量相對市場價值，因此，如果一個行業的平均市盈率為10倍，而該行業中的某家公司的交易收益為5倍，那麼與同行相比，它的價值相對較低。

相對估值模型與絕對估值模型

相對估值使用倍數、平均值、比率和基準來確定公司的價值，可以通過查找全行業平均值來選擇基準，然後使用該平均值來確定相對價值，另一方面，絕對衡量標準不會對基準或平均值進行外部引用，一家公司的市值，即其所有已發行股票的總市值，以普通的美元金額表示，並且很少告訴投資人其相對價值，當然，在幾家公司擁有足夠的絕對估值指標後，可以得出相對推論。

估算股票的相對價值

除了提供相對價值的衡量標準外，市盈率還允許分析師根據同行回到股票應該交易的價格，例如，如果專業零售行業的平均市盈率為20倍，則意味著該行業中一家公司的股票平均價格的交易價格是其每股收益的20倍。

假設公司A在市場上交易價格為50美元，每股收益為2美元，市盈率的計算方法是將50美元除以2美元，即25倍，這高於行業平均水準20倍，這意味著A公司被高估了，如果A公司以20倍於其每股收益（行業平均水準）的價格進行交易，它將以40美元的價格進行交易，這是相對價值，換句話說，根據行業平均水準，A公司的交易價格比應有的價格高出10美元，這代表了出售的機會，由於制定準確的基準或行業平均值的重要性，因此在計算相對值時，僅比較同一行業的公司和市值非常重要。

＊公司內在價值

內在價值是一種哲學概念，其中物件或努力的價值是本身推導出來的，或者用通俗的話說，獨立於其他無關的因素，金融分析師建立模型來估計他們認為是公司股票的內在價值，而不是在任何一天的感知市場價格。

市場價格與分析師估計的內在價值之間的差異成為投資機會的衡量標準，那些認為這些模型是對內在價值的合理良好估計，並且會根據這些估計採取投資行動的人被稱為價值投資者。

一些投資者可能更願意根據股票價格的預感行事，而不考慮其公司基本面，其他人可能會根據股票的價格走勢進行購買，而不管它是出於興奮還是炒作，然而，我們將研究另一種弄清楚股票內在價值的方法，通過分析股票的基本面並確定其自身價值（換句話說，它如何產生現金）來減少對股票價值的主觀感知。

關鍵要點

• 內在價值是指對象、資產或金融合約中包含的一些基本、客觀價值，
如果市場價格低於該價值，則可能是一筆好買賣如果高於良好的銷

售。

- 在評估股票時,有幾種方法可以對股票的內在價值進行公平的評估。

- 模型利用股息、貼現現金流量和剩餘收入等因素。

- 每個模型都依賴於良好的假設,如果使用的假設不準確或錯誤,則模型估計的值將偏離真正的內在值。

股息貼現模式

在弄清楚股票的內在價值時,現金是王道,許多模型在主要與現金(例如,股息和未來現金流量)相關的變數中計算安全係數的基本值,並利用貨幣的時間價值(TVM),尋找公司內在價值的一種流行模型是股息折扣模型(DDM),DDM的基本公式如下:

股票價值=EDPS/(CCE-DGR)

EDPS=每股預期股息

CCE=資本權益成本

DGR=股息增長率

內在價值也可以指期權合約的價內價值,我們只關注股票估值,而忽略了內在價值,因為它適用於看漲期權和看跌期權,這種基於股息的模型的一個變量是戈登增長模型(GGM),它假設所考慮的公司處於穩定狀態-即永久增加股息,它表示如下:

$P=D_1/(r-g)$

P=股票現值

D_1=從現在起一年後的預期股息

R=股權投資者所需的報酬率

G=股息永久年增長率

顧名思義，它考慮了公司支付給股東的股息，這反映了公司產生現金流量的能力，此模型有多個變量，每個變量都根據投資人希望包含的假設來考慮不同的變數，儘管GGM的假設非常基本和樂觀，但在應用於藍籌股公司和廣義指數的分析時，GGM也有其優點。

剩餘收入模型

計算該值的另一種此類方法是剩餘收入模型，其最簡單的形式表示如下：

$V_0 = BV_0 + \sum Rit/(1+r)^t$

BV_0=**公司股權的當前帳面價值**

Rit=**公司在t期間的剩餘收益**

r=**股本成本**

該公式的關鍵特徵在於其估值方法如何根據每股收益和每股帳面價值（在本例中為證券的剩餘收入）的差異來推匯出股票價值，以得出股票的內在價值，從本質上講，該模型試圖通過將其當前每股帳面價值與其貼現剩餘收入相加（這可以減少帳面價值或增加帳面價值）來找到股票的內在價值。

貼現現金流量模型

最後，用於查找股票基本價值的最常見估值方法是貼現現金流量（DCF）分析，在最簡單的形式中，它類似於DDM：

$DCF = DCF = CF_1/(1+r)^1 + CF_2/(1+r)^2 + \cdots + CF_n/(1+r)^n$

CF_n=**第n期現金流量**

d=**貼現率、加權平均資本成本（WACC）**

使用DCF分析，投資人可以根據預測的未來現金流量確定股票的公允價值，與前兩個模型不同，DCF分析查找自由現金流量，即排除損益表的非現金支出（如折舊）並包括設備和資產支出以及營運資本變化的現金流量，它還利用WACC作為折扣變數來考慮TVM。

內在價值爲何重要？

為什麼內在價值對投資者很重要？在上面列出的模型中，分析師使用這些方法來查看證券的內在價值是否高於或低於其當前市場價格，從而允許他們將其歸類為「高估」或」低估」，，通常，在計算股票的內在價值時，投資者可以確定適當的安全邊際，其中市場價格低於估計的內在價值，通過在較低的市場價格和投資人認為它的價值之間留下一個「緩衝」，投資人可以限制如果股票最終價值低於投資人的估計，投資人將遭受的下行金額。

例如，假設在一年內，投資人找到一家投資人認為擁有強勁基本面和良好現金流量機會的公司，那一年，它以每股10美元的價格交易，在弄清楚其DCF之後，投資人意識到它的內在價值接近每股15美元：5美元的便宜貨，假設投資人的安全邊際約為35%，投資人將以10美元的價格購買這支股票，如果其內在價值在一年後下降3美元，投資人仍然可以從初始DCF價值中節省至少2美元，並且如果股價隨之下跌，投資人有足夠的空間出售。

對於瞭解市場的初學者來說，內在價值是研究公司和尋找適合其投資目標的便宜貨時要記住的重要概念，雖然不是公司成功的完美指標，但應用專注於基本面的模型為其股票價格提供了發人深省的視角。

公司內在價值與當前市場價值的區別

內在價值和市場價值之間存在顯著差異，儘管兩者都是評估公司的方式，內在價值是對公司實際真實價值的估計，無論市場價值如何，市場價值是公司股票價格所反映的公司的當前價值，因此，市場價值可能明顯高於或低於內在價值，市場價值也通常用於指上市公司的市值，並通過將其已發行股票的數量乘以當前股價來獲得。

- 內在價值和市場價值是評估公司的兩種截然不同的方式。
- 市場價值只是衡量市場對公司的價值，或者購買公司的成本。
- 對於上市公司來說，市場價值很容易確定，但對於私營公司來說可能有點複雜。
- 內在價值是對公司實際價值的估計，與市場如何評估它分開。
- 價值投資者尋找內在價值高於市場價值的公司，他們認為這是一個很好的投資機會。

內在價值

內在價值是價值投資者用來分析公司的核心指標，這個想法是，最好投資於具有比市場賦予它的真正價值更高的公司，內在價值是一種基本面分析，在設定價值時，將考慮有形和無形因素，包括財務報表，市場分析和公司的業務計劃，要實現公司的內在價值，存在一定程度的困難，由於涉及所有可能的變數，例如公司無形資產的價值，對公司真實價值的估計可能因分析師而異。

一些分析師利用貼現現金流量分析在計算中包括未來收益，而另一些分析師則純粹關注公司最新資產負債表上顯示的當前清算價值或帳面價值，此外，困難來自資產負債表本身，因為它是內部製作的公司檔，可能不是資產和負債的完全準確表示。

市場價值

市場價值是公司根據其當前股價計算的價值，很少反映公司的實際當前價值，相反，市場價值幾乎更多地是衡量公眾對一家公司的情緒，其原因是市場價值反映了投資市場的供求關係，投資者對參與公司未來的渴望（或不渴望），確定市場價值的另一個困難因素是如何對房地產和商業線等非流動性資產進行估值，如果存在強勁的投資需求，市場價值通常高於內在價值，導致可能被高估，如果投資需求疲軟，情況正好相反，這可能導致公司估值被低估。

＊公司股權估值

股權估值的主要目的是估計公司或其證券的價值，任何基本價值技術的一個關鍵假設是，證券的價值（在這種情況下是股權或股票）是由公司基礎業務的基本面在一天結束時驅動的，有許多不同的公司價值方法，其中一種主要方式是可比較方法，在我們探索這種估值方法需要什麼之前，讓我們將其與其他估值方法進行比較。

關鍵要點

- 有許多股權估值模型，包括貼現現金流量（DCF），可比較（或可比較）方法，先例方法，基於資產的方法和帳面價值方法。
- 第一種主要的可比較方法是最常見的，它著眼於公司及其同行的市場可比較性。
- 可比較模型是一種估值方法，它分析了各個公司的財務業績，以確定哪些可能被高估或低估。
- 可比較模型通常利用市淨率、市盈率或其他將股票估值與財務業績進行比較的指標。

- 可比較方法與依賴類似公司的歷史銷售額來推導價值的先例方法類似
但不同。

有許多不同的方法來執行股權估值，最流行的方法包括但不限於：

- 可比較方法，公司的股票價值應與類似類別的其他股票有一些相似之
處，這需要將一家公司的股權與同一部門的競爭對手或其他公司進行
比較。

- 貼現現金流量，公司的股權價值由使用淨現值的未來現金流量預測確
定，如果公司擁有強大的數據來支援未來的運營預測，則此方法最有
用。

- 先例交易，公司的股權取決於涉及類似公司的已完成併購交易的歷史
價格，只有當最近對類似實體進行了估價和/或出售時，這種方法才有
意義。

- 基於資產的估值，公司的股權價值是根據公司擁有的淨資產的公允市
場價值確定的，這種方法最常用於經營中企業的實體，因為這種方法
強調確定資產淨值的未償債務。

- 帳面價值方法，公司的股權價值是根據其先前的收購成本確定的，這
種方法僅適用於最近可能經歷過收購的增長率最小的公司。

可比較方法有很多名稱，它也被稱為「交易倍數」，「對等組分析」
股票比較「或」公開市場倍數」。

比較流行的股票估值方法之一是可比較方法，該策略評估類似公司並
比較相關的估值指標，可比較方法通常是比較容易執行的估值方法之一，
只要公司被估值為上市公司可比較性，可比較估值可以簡單地通過將公司

與其主要競爭對手進行比較來確定，或者至少是那些經營類似業務的競爭對手。

類似公司之間的價值差異可能意味著機會，希望這意味著股票被低估，可以購買和持有，直到價值增加，反之亦然，這可能為賣空股票或定位投資組合以從價格下跌中獲利提供了機會。

比較模型的類型

可比較的常見市場倍數包括：企業價值與銷售（EV/S）、企業倍數、市盈率（P/E）、市淨率（P/B）、市淨率（P/B）和市淨率（P/FCF），為了更好地瞭解一家公司與競爭對手的比較情況，分析師還可以查看其獲利率水準的比較情況，例如，一個激進的投資者可以提出這樣的論點，即一家平均值低於同行的公司已經成熟，如果發生改善，那麼轉機和隨後的價值就會增加，先例方法和可比較方法非常相似，雖然技術上有所不同，但兩者都使用其他公司的市場資訊來確定股權價值。

先例與可比較方法

一種稱為先例方法的不同估值方法著眼於類似公司或至少類似部門被收購的市場交易，這些公司將被其他競爭對手、私募股權公司或其他類別的大型、財力雄厚的投資者收購。

先例方法和可比較方法之間的主要區別在於所比較的業務的性質，先例方法依賴於先前的銷售和處置，同時，可比較方法依賴於運營資訊和財務業績，先例方法側重於類似銷售，而可比較方法側重於類似操作，在執行可比較方法時，不僅要選擇同一行業的類似公司，還要將業績與行業平均水準進行比較，這很有價值，儘管在本例中，我們的樣本量很小，但除了樣本的平均值之外，讓我們將abc化學公司與其他公司進行比較。

- 市值：在選定的公司中，abc是市值最小的公司之一，在比較淨收入，淨利潤和自由現金流量等美元數據時，這是有價值的資訊，這也開創了abc的運營效率低於陶氏化學、杜邦或空氣產品與化學品的先例。

- 企業價值觀：abc的企業價值比其市值高出近50%，最接近的可比較性是亨斯邁，其企業價值比其市值高出約25%，這表明abc的債務或現金價值可能低於最接近的可比較樣本。

- 市盈率：在我們5家公司的樣本中，abc的市盈率與平均水準相當相似，在比較其他比率時，這一點很重要，由於abc是市盈率較高的公司之一，因此市場正在定價公司將進一步增長的預期（至少與亨斯邁或陶氏化學等市盈率較低的公司相比）。

- 價格/收入比：與市盈率不同，abc低於我們的市盈率樣本平均值，這表明，與其他公司相比，市場預計收入增長將減少，相比之下，這意味著由於對P/E和P/R的期望差異，市場預計會節省費用或提高運營效率。

- 價格/帳面比：同樣，abc似乎與我們的樣本平均值一致，這表明與行業平均水準相比，該公司的股票交易溢價並不高。

- 淨保證金：正如預期的那樣，abc尚未獲得許多大公司能夠捕獲的規模經濟，它的淨獲利率是集團中最低的，低於樣本平均值，表明這家小公司的獲利率最小，這表明，雖然abc有一些有利的指標，但由於其規模，它可能仍然以低效率運行。

- 自由現金流量：行業平均水準確實受到陶氏化學公司龐大的自由現金流量（這似乎是一個潛在不太可能的異常值）的影響，儘管如此，看到abc的自由現金流量與杜邦和空氣產品公司等一些大公司相似（甚至更大），這是令人鼓舞的，這可能使abc手頭有現金來投資其基礎設施，以實現未來的增長。

總體而言，與同類行業領導者相比，abc的價格相對公道，其估值可能會受到其他公司低淨獲利率的負面影響;然而，abc有自由現金流量來解決運營效率低下的問題。

重要注意事項

重要的是要注意，很難找到真正可比較的公司和交易來評估股權，這是可比較分析中最具挑戰性的部分，例如，在上面的例子中，只有亨斯邁化學在規模上與abc相對接近，其他三個行業領導者的運營規模幾乎是其三倍，並且可能具有不同運營的規模和規模。

此外，使用追蹤和正向倍數可以在分析中產生重大影響，如果一家公司發展迅速，歷史估值不會過於準確，估值中最重要的是對未來市場倍數做出合理的估計，如果預計利潤增長速度將快於競爭對手，那麼價值應該更高，同樣值得注意的是，不同的估值方法可能會產生不同的發現，例如，貼現現金流量方法僅關注被估值的公司，而忽略了市場因素或競爭對手的數據，另一方面，股票市場有時會被高估，這將使類似的方法變得不那麼有意義，特別是如果競爭被高估，因此，使用不同方法的集合通常會產生最大的結果。

什麼是可比較方法？

股權估值的可比較方法依賴於類似的公司及其經營業績，使用其他公司的財務資訊，投資人可以分析一家公司與同一行業的競爭對手和同行的比較情況，根據公司的規模，這是確定公司是否被高估，低估或適當估值的一種方法。

如何進行股權估值？

股權估值方法有很多種，有些公司嚴格依賴實體的運營和財務記錄（即貼現現金流量、基於資產的方法、基於帳面的方法），其他方法更多地依賴於在更廣泛的市場中發生的事情（即可比較方法或先例方法），通常，最好結合使用不同的估值方法和分析公司，以提取各種數據集的廣泛資訊。

可比較方法的缺點是什麼？

股權估值的可比較方法依賴於類似公司的公開數據，被比較但具有同等公司的實體，並且這些同等公司必須具有公開披露的資訊，如果其中任何一項標準尚未具備，則可能很難甚至不可能充分彙編可比較資訊。

公司股票價值基本要素

投資有一套四個基本要素，投資者用它們來分解股票的價值，我們將介紹四種常用的財務比率-市淨率（P/B），市盈率（P/E），市盈率（PEG）和股息收益率-以及它們可以告訴投資人有關股票的資訊，財務比率是說明總結財務報表和公司或企業健康情況的強大工具。

- 分析師和投資者可以使用財務報表來計算財務比率，這些比率表明公司及其股票的健康情況或價值。
- 市盈率，市盈率，PEG和股息收益率是四個常用的指標，可以說明分解股票的價值和前景。
- 任何單一比率都過於狹隘，無法獨立存在，因此將這些比率與其他財務比率結合起來可以更完整地瞭解情況。

市淨價比

價格與帳面（P/B）比率代表了公司今天被撕裂和出售的價值，知道

Investments

這一點很有用，因為成熟行業的許多公司在增長方面步履蹣跚，但它們仍然可以根據其資產獲得良好的價值，帳面價值通常包括設備，建築物，土地以及可以出售的任何其他東西，包括股票持有量和債券。

對於純粹的金融公司，帳面價值可能會隨著市場波動，因為這些股票往往具有價值上下波動的資產組合，工業公司的帳面價值往往更多地基於實物資產，根據會計規則逐年折舊，無論哪種情況，低市淨率都可以保護投資人，但前提是它準確無誤，這意味著投資者必須更深入地研究構成該比率的實際資產。

市盈率（P/E）

市盈率（P/E）可能是所有比率中最受審查的，如果股票價格的突然上漲是聲，那麼市盈率就是牛排，一支股票可以在沒有顯著盈利增長的情況下升值，但市盈率決定了它是否可以保持增長，如果沒有收益來支持價格，股票最終會回落，需要注意的重要一點是，人們應該只比較類似行業和市場中公司之間的市盈率。

原因很簡單，市盈率可以被認為是如果業務沒有變化，股票需要多長時間才能收回投資人的投資，每股20美元、每股收益為2美元的股票的市盈率為10，這有時被視為意味著，如昊沒有任何變化，投資人將在10年內賺回自己的錢。

股票往往具有高市盈率的原因是投資者試圖預測哪些股票將獲得越來越大的收益，如果投資者認為市盈率為30的股票每年收益將翻一番（大大縮短了報酬期），則可以購買該股票，如果這沒有發生，股票將回落到更合理的市盈率，如果該股票確實設法使收益翻了一番，那麼它可能會繼續以高市盈率進行交易。

市盈率/盈利成長率（PEG）

由於市盈率本身還不夠，許多投資者使用市盈率/盈利成長率（PEG）來衡量，PEG比率不僅僅是看價格和收益，而是納入了公司收益的歷史增長率，這個比率還告訴投資人A公司的股票與B公司的股票相比如何，PEG比率的計算方法是將公司的市盈率除以其收益的同比增長率，投資人的PEG比率值越低，投資人獲得的股票未來估計收益的交易就越好。

通過使用PEG比較兩支股票，投資人可以看到在每種情況下投資人為增長支付了多少費用，PEG為1意味著如果增長像過去一樣繼續增長，投資人將實現收支平衡，PEG為2意味著與PEG為1的股票相比，投資人為預期增長支付的費用是其兩倍，這是推測性的，因為不能保證增長會像過去一樣繼續下去，市盈率是公司所在位置的水準，PEG比率是繪製其過去位置的圖形，有了這些資訊，投資者必須決定是否有可能繼續朝著這個方向發展。

股息收益率

當股票的增長步履蹣跚時，有一個備份總是很好的，這就是為什麼支付股息的股票對許多投資者具有吸引力的原因，即使價格下跌，投資人也會得到薪水，股息收益率顯示了投資人為錢獲得的發薪日，通過將股票的年度股息除以股票的價格，投資人可以獲得一個百分比，投資人可以將該百分比視為資金的利息，並通過股票升值獲得額外的增長機會。

雖然在紙面上很簡單，但股息收益率有一些值得關注的事情，過去不一致的股息或暫停支付意味著無法指望股息收益率，像水一樣，股息可以起伏不定，因此瞭解潮流的走向-例如股息支付是否逐年增加-對於做出購買決定至關重要，股息也因行業而異，公用事業公司和一些銀行通常會支付很多費用，而科技公司通常會將所有收益都投入到公司中以推動增長，很少或根本沒有支付股息。

公司股票估值方法

在決定首次使用哪種估值方法對股票進行估值時，很容易被投資者可用的估值技術數量所淹沒，有些估值方法相當簡單，而其他評估方法則更複雜，不幸的是，沒有一種方法最適合每種情況，每支股票都是不同的，每個行業或部門都有獨特的特徵，可能需要多種估值方法，我們將探討最常用的估值方法以及何時使用它們。

- 有幾種方法可以評估公司或其股票，每種方法都有自己的優勢和劣勢。
- 一些模型試圖根據公司自己的財務報表和項目來確定公司的內在價值，而另一些模型則尋求相對於同行的相對估值。
- 對於支付股息的公司來說，像Gordon增長模型這樣的折扣模型通常很簡單且相當可靠，但許多公司不支付股息。
- 通常，可以採用倍數法對公司在市場上的價值與其競爭對手或更廣泛的市場進行比較評估。
- 選擇估值方法時，請確保它適合投資人正在分析的公司，如果有多個估值方法適合，請使用兩種方法來得出更好的估計。

兩類估值模型

估值方法通常分為兩大類：絕對估值和相對估值。

絕對估值

絕對估值模型試圖僅根據基本面找到投資的內在或「真實」價值，看基本面只是意味著投資人只會關注股息、現金流量和一家公司的增長率，而不必擔心任何其他公司，屬於此類別的估值模型包括股息貼現模型、貼現現金流量模型、剩餘收入模型和基於資產的模型。

相對估值

相比之下，相對估值模型通過將相關公司與其他類似公司進行比較來運作，這些方法涉及計算倍數和比率，例如市盈率（P/E），並將其與類似公司的倍數進行比較，例如，如果一家公司的市盈率低於可比公司的市盈率，則原始公司可能被視為被低估，通常，相對估值模型比絕對估值模型更容易、更快速地計算，這就是為什麼許多投資者和分析師從這個模型開始分析的原因。

股息貼現模型

股息貼現模型（DDM）是最基本的絕對估值模型之一，股息貼現模型根據公司支付給股東的股息計算公司的「真實」價值，使用股息對公司進行估值的理由是，股息代表流向股東的實際現金流量，因此評估這些現金流量的現值應該給投資人一個價值，即股票應該值多少錢。

第一步是確定公司是否支付股息，第二步是確定股息是否穩定和可預測，因為公司僅僅支付股息是不夠的，支付穩定且可預測的股息的公司通常是發達行業中的成熟藍籌公司，這些類型的公司通常最適合DDM估值模型。

貼現現金流量模型

如果公司不支付股息或其股息模式不規則怎麼辦？在這種情況下，請繼續檢查公司是否符合使用貼現現金流量（DCF）模型的條件，DCF模型不是看股息，而是使用公司的貼現未來現金流量來評估業務，這種方法的最大優點是，它可以用於各種不支付股息的公司，甚至用於支付股息的公

司，

可比較模型

最後一個模型是一種包羅萬象的模型，如果投資人無法使用任何其他模型來評估公司的價值，或者投資人根本不想花時間處理數據，則可以使用它，此模型不會像前兩個估值模型那樣嘗試為股票找到內在價值，相反，它將股票的價格倍數與基準進行比較，以確定股票是否相對被低估或高估，這樣做的理由是基於一個價格定律，該定律規定兩個相似的資產應該以相似的價格出售，該模型的直觀性是它如此受歡迎的原因之一。

可比較模型之所以可以在幾乎所有情況下使用，是因為可以使用大量的倍數，例如市盈率（P/E），價格對帳面（P/B），價格對銷售（P/S），價格對現金流量（P/CF）等等，在這些比率中，市盈率是最常用的，因為它關注的是公司的收益，這是投資價值的主要驅動因素之一。

什麼時候可以使用市盈率進行比較？如果公司公開交易，投資人通常可以使用它，因為投資人需要公司的股價和收益，其次，公司應該產生正收益，因為使用負市盈率進行比較將毫無意義，最後，盈利質量應該很強，也就是說，收益不應波動太大，管理層使用的會計實務不應嚴重扭曲報告的收益，這些只是投資者在選擇使用哪個比率或倍數時應該考慮的一些主要標準，如果無法使用市盈率倍數，請選擇其他比率，例如價格與銷售額或價格與現金流量倍數。

＊特別股價值

特別股具有股票和債券的品質，這使得它們的估值與普通股略有不同，特別股的所有者是公司與持有的股票成比例的部分擁有者，就像普通股股東一樣，特別股是混合證券，結合了普通股和公司債券的一些特徵。

關鍵要點

- 從技術上講，它們是股本證券，但它們與債務工具有許多共同的特徵，因為它們支付一致的股息並且沒有投票權。
- 特別股股東也優先於公司的收入，這意味著他們在普通股股東之前獲得股息，並且在破產時享有優先權。
- 因此，特別股必須使用股息增長模型等技術進行估值。

特別股的獨特之處

特別股與普通股的不同之處在於，它們對公司資產享有優先債權，這意味著在破產的情況下，特別股股東在普通股股東之前獲得報酬，此外，特別股股東會收到類似於公司發行的債券的固定付款，根據公司的政策，以季度，每月或每年的股息形式支付，並且是特別股估值方法的基礎，通常，股息固定為股價或美元金額的百分比，這通常是一個穩定的，可預測的收入來源。

評估模型

如果特別股有固定的股息，那麼我們可以通過將這些付款中的每筆貼現到現在來計算價值，此固定股息並非以普通股作保證，如果投資人將這些付款並計算現值的總和永久，投資人將找到股票的價值。

例如，如果ABC公司每月支付25美分的股息，並且所需的報酬率為每年6%，那麼使用股息貼現方法的股票的預期價值將為50美元，貼現率除以12得到0.005，但投資人也可以使用3美元（0.25x12）的年度股息，並將其除以0.06的年度貼現率，得到50美元，換句話說，投資人需要將未來發行的每筆股息貼現回現在，然後將每個值相加。

$$V = D_1/(1+r)^1 + D_2/(1+r)^2 + \cdots + D_n/(1+r)^n$$

V=價值

D_1=下期股息

不斷增長的股息

如果股息有可預測的增長歷史，或者公司聲明將發生持續增長，投資人需要考慮到這一點，該計算稱為戈登增長模型，通過減去增長數字，現金流量被折價較低的數字，從而產生更高的價值。

$$V = D/(r-g)$$

考慮

雖然特別股提供通常有保證的股息，但如果沒有足夠的收益來容納分配，則可以削減付款;投資人需要考慮此風險，風險隨著支付比率（股息支付與收益相比）的增加而增加，此外，如果股息有機會增長，那麼股票的價值將高於上面給出的計算結果。

特別股通常缺乏普通股的投票權，對於擁有大量股票的個人來說，這可能是一個有價值的功能，但對於普通投資者來說，這種投票權沒有多大價值，但是，在評估特別股的適銷性時，投資人仍然應該考慮這一點，特別股的隱含價值類似於債券，這意味著它將與利率成反比，當市場利率上升時，特別股的價值就會下降，這是為了考慮其他投資機會，並反映在使用的貼現率中。

需要注意的另一件事是股票是否有看漲期權條款，這基本上允許公司以預定價格將股票從市場上撤下，如果特別股是可贖回的，那麼購買者應該支付比沒有看漲期權準備金更少的費用，這是因為這對發行公司來說是一個好處，因為他們基本上可以以較低的股息支付發行新股。

＊盡職調查步驟

　　盡職調查被定義為對潛在投資（如股票）或產品進行調查，以確認所有事實，這些事實可能包括審查所有財務記錄，過去的公司業績以及任何其他被視為重要的專案，對於個人投資者來說，對潛在的股票投資進行盡職調查是自願的，但建議這樣做，執行此盡職調查將使投資人能夠獲得基本資訊並審查可能的新投資。

　　這些步驟是有組織的，以便對於每條新資訊，投資人將建立在以前學到的知識之上，最後，通過遵循這些步驟，投資人將對投資理念的利弊有一個平衡的看法，這將使投資人做出合理的投資決策。

關鍵要點

- 盡職調查是對潛在投資（如股票）或產品的調查，以確認所有事實並確保購買將滿足買方的需求。
- 在對股票進行盡職調查時，投資人應該考慮各種因素，包括公司資本化、收入、估值、競爭對手、管理層和風險。
- 通過在購買之前花時間對股票進行盡職調查，投資人將更好地做出符合投資人整體投資策略的決定。

第1步：公司資本化

　　第一步是讓投資人形成正在研究的公司的心理願景，這就是為什麼投資人需要查看公司的市值，它通過計算其已發行股票的總美元市場價值來向投資人展示公司的規模，市值在很大程度上說明瞭股票的波動性，擁有權的廣泛程度以及公司終端市場的潛在規模，例如，大型股和特大型股公司往往擁有更穩定的收入來源和更低的波動性，與此同時，中盤股和小型股公司可能只服務於市場的單個領域，其股價和收益可能會有更大的波動。

在執行股票盡職調查的這一步，投資人不會對股票做出任何有利或不利的判斷，投資人應該把精力集中在積累資訊上，為即將到來的一切奠定基礎，當投資人開始檢查收入和利潤數據時，投資人收集的有關公司市值的資訊將為投資人提供一些視角，在第一次檢查中，投資人還應該確認另一個重要事實：股票在哪個證券交易所交易？ADR通常會在股票清單的報告標題中的某個地方寫上字母ADR，這些資訊以及市值應該有助於回答基本問題，例如投資人是否可以擁有當前投資帳戶中的股票。

第2步：收入，利潤趨勢

當投資人開始查看與投資人正在研究的公司相關的財務數據時，最好從收入，利潤和利潤趨勢開始，在財經新聞網站上查找過去兩年的收入和淨收入趨勢，該網站允許投資人使用公司名稱或股票代碼輕鬆搜索詳細的公司資訊，這些網站提供歷史圖表，顯示公司價格隨時間的變化，此外，它們還為投資人提供市銷比（P/S）和市盈率（P/E），看看這兩組數據的最新趨勢，注意增長是波濤洶湧還是一致，或者兩個方向上是否有任何重動（例如一年內超過50%）。

投資人還應該查看獲利率，以查看它們是否通常上升，下降或保持不變，投資人可以通過直接訪問公司網站並在其投資者關係部分搜索其季度和年度財務報表來查找有關獲利率的具體資訊，這些資訊將在下一步中發揮更大的作用。

第3步：競爭對手和行業

既然投資人已經瞭解了公司的規模以及收入，現在是時候衡量其運營所在的行業以及與誰競爭了，比較兩到三個競爭對手的利潤，每家公司都部分由其競爭對手定義，只需查看公司業務中每個業務線的主要競爭對手（如果有多個競爭對手），投資人就可以確定其產品的終端市場有多大。

投資人可以在大多數主要股票研究網站上找到有關該公司競爭對手的資訊，投資人通常會找到公司競爭對手的股票代碼，以及投資人正在研究的公司及其競爭對手的某些指標的直接比較，如果投資人仍然不確定公司的商業模式是如何運作的，那麼在繼續前進之前，投資人應該填補這裡的任何空白，有時，僅僅閱讀競爭對手可以說明投資人瞭解目標公司的實際工作。

第4步：估值倍數

現在是時候瞭解對股票進行盡職調查的細節了，投資人需要查看投資人正在研究的公司及其競爭對手的市盈率（PEG），記下公司與其競爭對手之間估值的任何巨大差異，在這一步中，對競爭對手的股票更感興趣並不罕見，這完全沒問題，但是，請繼續進行原始盡職調查，同時注意另一家公司，以便進一步審查，市盈率可以構成查看估值的初始基礎，雖然收益可以並且將會有一些波動性（即使在最穩定的公司），但基於追蹤收益或當前估計的估值是一個標準，可以立即與廣泛的市場倍數或直接競爭對手進行比較。

在這一點上，投資人可能會開始瞭解該公司是成長型股票還是價值型股票，除了這些區別之外，投資人還應該對公司的盈利能力有一個大致的瞭解，通常，檢查幾年的淨收益數據是一個好主意，以確保最新的收益數據（以及用於計算市盈率的數據）是標準化的，而不是被大量的一次性調整或收費所拋棄。

不要孤立地使用，市盈率應該與市淨率（P/B）比率、企業倍數和市銷（或收入）比率一起考慮，這些倍數突出了公司的估值，因為它與其債務，年收入和資產負債表有關，由於這些值的範圍因行業而異，因此查看某些競爭對手或同行的相同數據是關鍵步驟，最後，PEG比率考慮了對未來盈利增長的預期，以及它與當前盈利倍數的比較，PEG比率接近1的股票在正常市場條件下被認為是公允價值的。

第5步：管理和擁有權

作為對股票進行盡職調查的一部分，投資人需要回答有關公司管理和擁有權的一些關鍵問題，該公司是否仍由其創始人經營？還是管理層和董事會洗牌了很多新面孔？公司的年齡是一個重要因素，因為年輕的公司往往有更多的創始成員仍然存在，查看高層管理人員的綜合簡歷，瞭解他們擁有什麼樣的廣泛經驗，投資人可以在公司網站或其證券交易委員會（SEC）檔中找到此資訊。

還要看看創始人和經理人是否持有高比例的股份，以及機構持有多少浮存金，機構擁有權百分比表明公司獲得的分析師覆蓋率以及影響交易量的因素，將高層管理人員的高個人擁有權視為加分項，而低擁有權則視為潛在的危險信號，當經營公司的人在股票表現中佔有一席之地時，股東往往得到最好的服務。

第6步：資產負債表考試

許多文章可以很容易地用於如何進行資產負債表審查，但對於我們最初的盡職調查目的，粗略的考試就可以了，查看貴公司的合併資產負債表，瞭解資產和負債的總體水準，特別注意現金水準（支付短期負債的能力）和公司持有的長期債務金額，大量債務並不一定是一件壞事，它更多地取決於公司的商業模式。

　　一些公司（以及整個行業）是非常資本密集型的，而另一些公司只需要員工，設備和新想法的基礎知識即可啟動和運行，看看債務與權益比率，看看公司有多少正股本，然後，投資人可以將其與競爭對手的債務權益比率進行比較，以更好地看待該指標。

　　如果總資產、總負債和股東權益的「Top Line」資產負債表數字從一年到下一年發生重大變化，請嘗試確定原因，閱讀財務報表附帶的腳註以及管理層在季度/年度報告中的討論，可以對情況有所瞭解，該公司可能正在為新產品的發佈做準備，積累留存收益，或者只是削減寶貴的資本資源，在回顧了最近的利潤趨勢之後，投資人所看到的應該開始有更深入的視角。

第7步：股票價格歷史

　　在這一點上，投資人需要確定所有類別的股票交易時間，以及短期和長期價格變動，股價是波濤洶湧、波動，還是平穩穩定？這概述了股票的普通擁有者所看到的什麼樣的盈利體驗，這可能會影響未來的股票走勢，持續波動的股票往往有短期股東，這可能會給某些投資者增加額外的風險因素。

第8步：股票期權和稀釋

　　雖然股票期權可能是留住員工的強大動力，但要注意諸如重新發行是否稀釋股東權益。

第9步：期望

　　這種盡職調查步驟是一種「包羅萬象」，需要一些額外的挖掘，投資人需要瞭解未來兩到三年的共識收入和利潤預期，影響行業的長期趨勢，

Investments

以及有關合作夥伴關係，合資企業，智慧財產權以及新產品和服務的公司特定細節，關於即將出現的產品或服務的新聞可能是投資人最初對該股票感興趣的內容，現在是時候在投資人迄今為止積累的一切的說明下更全面地檢查它了。

第10步：風險

將這一重要部分放在一邊，以確保我們始終強調投資固有的風險，確保瞭解整個行業的風險和公司特定的風險，是否存在懸而未決的法律或監管事項？管理層做出的決策是否會導致公司收入的增加？公司環保嗎？它接受/不接受綠色倡議會產生什麼樣的長期風險？投資者應該始終保持健康的魔鬼擁護心態，描繪最壞的情況及其對股票的潛在結果。

第二章 財務風險管理

Investments

◆ 第一節 風險衡量和管理

風險在金融術語中被定義為結果或投資的實際收益與預期結果或報酬不同的可能性，風險包括損失部分或全部原始投資的可能性，可量化地，通常通過考慮歷史行為和結果來評估風險，在金融領域，標準差是與風險相關的常見指標，標準差衡量資產價格在給定時間範圍內與其歷史平均值相比的波動性。

總的來說，通過了解風險的基本知識及其衡量方式來管理投資風險是可能且謹慎的，了解適用於不同場景的風險以及一些整體管理這些風險的方法將有助於所有類型的投資者和企業管理者避免不必要和代價高昂的損失。

風險基礎

每個人每天都會面臨某種類型的風險，無論是來自駕車、走在街上、投資、資本規劃還是其他方面，投資者的個性、生活方式和年齡是個人投資管理和風險目的需要考慮的一些首要因素，每個投資者都有獨特的風險狀況，這決定了他們承受風險的意願和能力，一般而言，隨著投資風險上升，投資者期望更高的報酬以補償承擔這些風險。

金融學的一個基本思想是風險與報酬之間的關係，投資者願意承擔的風險越大，潛在報酬就越大，風險可能以多種方式出現，投資者需要因承擔額外風險而獲得補償，例如，美國國債被認為是最安全的投資之一，與公司債券相比，其報酬率較低，公司比美國政府更容易破產，由於投資公司債券的違約風險較高，因此投資者可以獲得更高的報酬率。

可量化地，通常通過考慮歷史行為和結果來評估風險，在金融領域，標準差是與風險相關的常見指標，標準差提供了一個值與其歷史平均值相比的波動性的度量，高標準差表明價值波動很大，因此風險程度高。

　　個人、財務顧問和公司都可以製定風險管理策略，以幫助管理與其投資和業務活動相關的風險，在學術上，已經確定了多種理論、指標和策略來衡量、分析和管理風險，其中一些包括：標準差、Beta、風險價值(VaR)和資本資產定價模型(CAPM)，衡量和量化風險通常允許投資者、交易員和業務經理通過使用包括多元化和衍生品部位在內的各種策略來對沖一些風險。

關鍵要點

- 風險有多種形式，但大致可歸類為結果或投資的實際收益與預期結果或報酬不同的可能性。
- 風險包括損失部分或全部投資的可能性。
- 有幾種類型的風險和幾種量化分析評估風險的方法。
- 使用多元化和對沖策略可以降低風險。
- 找出假設的投資在今天的價值。

無風險證券

　　雖然沒有任何投資可以完全避免所有可能的風險，但某些證券的實際風險很小，因此被認為是無風險或無風險的，無風險證券通常構成分析和衡量風險的基線，這些類型的投資提供預期的報酬率，風險很小或沒有風險，通常，所有類型的投資者都希望通過這些證券來保存緊急儲蓄或持有需要立即使用的資產，無風險投資和證券的例子包括存款證(CD)、政府貨幣市場帳戶和美國國庫券，30天期美國國庫券通常被視為金融建模的基準、無風險證券，它得到美國政府的充分信任和信用支持，並且鑑於其相

對較短的到期日，利率風險最小。

風險和時間範圍

投資的時間跨度和流動性往往是影響風險評估和風險管理的關鍵因素，如果投資者需要立即獲得資金，他們不太可能投資於高風險投資或不能立即清算的投資，而更有可能將資金投入無風險證券，時間範圍也將是個人投資組合的一個重要因素，退休時間更長的年輕投資者可能願意投資於具有更高潛在報酬的高風險投資，年長的投資者會有不同的風險承受能力，因為他們需要更容易獲得資金。

晨星風險評級

Morningstar是對共同基金和指數型股票基金(ETF)進行風險評級的首要目標機構之一，投資者可以將投資組合的風險狀況與他們自己的風險偏好相匹配。

金融風險的類型

每一項儲蓄和投資行動都涉及不同的風險和報酬，一般來說，金融理論將影響資產價值的投資風險分為兩類：系統性風險和非系統性風險，從廣義上講，投資者面臨系統性和非系統性風險。

系統性風險，也稱為市場風險，是指可能影響整個經濟市場整體或整個市場很大一部分的風險，市場風險是由於政治風險和宏觀經濟風險等影響整體市場表現的因素導致投資損失的風險，市場風險無法通過投資組合多元化輕易緩解，其他常見類型的系統性風險包括利率風險、通脹風險、貨幣風險、流動性風險、國家風險和社會政治風險。

非系統性風險，也稱為特定風險或異質風險，是一種僅影響行業或特定公司的風險類別，非系統性風險是由於公司或行業特定風險而導致投資損失的風險，包括管理層變動、產品召回、可能降低公司銷售額的監管變化，以及市場上有可能奪走公司市場份額的新競爭對手，投資者經常通過投資於各種資產來使用多元化來管理非系統性風險，除了廣泛的系統性和非系統性風險外，還有幾種特定類型的風險，包括：

經營風險

商業風險是指企業的基本生存能力，公司是否能夠進行足夠的銷售並產生足夠的收入來支付其運營費用並實現盈利的問題，財務風險與融資成本有關，而業務風險則與企業為保持運營和運作而必須承擔的所有其他費用有關，這些費用包括工資、生產成本、設施租金、辦公室和行政費用，公司的業務風險水平受商品成本、利潤率、競爭以及對其銷售的產品或服務的總體需求水平等因素的影響。

信用或違約風險

信用風險是借款人無法支付其債務義務的合約利息或本金的風險，此類風險尤其與在其投資組合中持有債券的投資者有關，政府債券，尤其是聯邦政府發行的債券，違約風險最小，因此報酬也最低，另一方面，公司債券往往具有最高的違約風險，但利率也更高，違約概率較低的債券被視為投資級債券，而概率較高的債券被視為高收益債券或垃圾債券，投資者可以使用債券評級機構，例如標準普爾、惠譽和穆迪，來確定哪些債券是投資級的，哪些是垃圾級的。

國家風險

國家風險是指一個國家無法履行其財政承諾的風險，當一個國家違約時，它可能會損害該國以及與其有關係的其他國家的所有其他金融工具的表現，國家風險適用於在特定國家發行的股票、債券、共同基金、期權和

Investments

期貨，此類風險最常見於新興市場或存在嚴重赤字的國家。

外匯風險

在國外投資時，重要的是要考慮貨幣匯率也會改變資產價格這一事實，外匯風險（或匯率風險）適用於以本國貨幣以外的貨幣計價的所有金融工具，例如，如果您居住在美國並以加元投資加拿大股票，即使股價升值，如果加元兌美元貶值，您也可能虧損。

利率風險

利率風險是由於絕對利率水平、兩種利率之間的利差、收益率曲線的形狀或任何其他利率關係的變化而導致投資價值發生變化的風險，這種類型的風險對債券價值的影響比對股票的影響更直接，對所有債券持有人來說都是一個重大風險，隨著利率上升，二級市場的債券價格下跌，反之亦然。

政治風險

政治風險是投資報酬可能因政治不穩定或國家變化而受到影響的風險，這種類型的風險可能源於政府、立法機構、其他外交政策制定者或軍事控制的變化，也稱為地緣政治風險，隨著投資的時間範圍變長，風險變得越來越重要。

交易對手風險

交易對手風險是指參與交易的一方可能違約的可能性或概率，交易對手風險可能存在於信貸、投資和貿易交易中，尤其是那些發生在場外交易(OTC)市場的交易，股票、期權、債券和衍生品等金融投資產品具有交易對手風險。

流動風險

　　流動性風險與投資者以現金交易其投資的能力有關，通常，投資者會要求為非流動性資產支付一定的溢價，以補償他們長期持有不易清算的證券。

風險與報酬

　　風險報酬權衡是對盡可能低的風險和盡可能高的報酬之間的平衡，一般來說，低風險水平與低潛在報酬相關，高風險水平與高潛在報酬相關，每個投資者都必須決定他們願意並能夠接受多少風險以獲得理想的報酬，這將基於年齡、收入、投資目標、流動性需求、時間範圍和個性等因素。

　　重要的是要記住，更高的風險並不自動等同於更高的報酬，風險報酬權衡僅表明風險較高的投資有可能獲得更高的報酬，但沒有任何保證，在頻譜的低風險一側是無風險報酬率，零風險投資的理論報酬率，它代表您在特定時間段內從絕對無風險投資中獲得的利息，從理論上講，無風險報酬率是您對任何投資期望的最低回報率，因為除非潛在報酬率大於無風險報酬率，否則您不會接受額外的風險。

風險和多元化

　　將風險降至最低的最基本且最有效的策略是多元化，多元化在很大程度上基於相關性和風險的概念，一個充分多元化的投資組合將由來自不同行業的不同類型的證券組成，這些證券具有不同程度的風險和彼此報酬的相關性，雖然大多數投資專業人士都認為多元化不能保證不會出現虧損，但它是幫助投資者實現長期財務目標同時將風險降至最低的最重要組成部分，有幾種方法可以計劃並確保充分多樣化，包括：

　　1.將您的投資組合分佈在許多不同的投資工具中，包括現金、股票、債券、共同基金、ETF和其他基金，尋找其報酬率在歷史上沒有朝相同方向和相同程度變化的資產，這樣，如果您的投資組合的一部分正在下降，其餘部分可能仍在增長。

2. 在每種類型的投資中保持多元化，包括因行業、行業、地區和市值而異的證券，混合風格也是一個好主意，例如增長、收入和價值，債券也是如此：考慮不同的期限和信用質量。

3. 包括風險不同的證券，您不僅限於挑選藍籌股，事實上，情況正好相反，選擇具有不同報酬率的不同投資將確保大量收益抵消其他領域的損失。

請記住，投資組合多元化不是一次性任務，投資者和企業定期進行檢查或重新平衡，以確保他們的投資組合具有與其財務戰略和目標一致的風險水平，我們每天都面臨風險，無論是開車上班、在60英尺高的海浪中衝浪、投資還是管理企業，在金融界，風險是指一項投資的實際報酬與預期不同的可能性，一項投資可能不會如您所願，或者您最終會賠錢。

管理投資風險最有效的方法是定期進行風險評估和分散投資，雖然多樣化不能確保收益或保證免受損失，但它確實提供了根據您的目標和目標風險水平提高報酬的潛力，在風險和報酬之間找到適當的平衡有助於投資者和業務經理通過他們最滿意的投資來實現他們的財務目標。

*系統與非系統性風險

系統性風險與非系統性風險概述

系統性風險描述了可能引發特定行業或更廣泛經濟的重大崩潰的事件，系統性風險是普遍存在的、影響深遠的、持續存在的市場風險，它反映了各種令人不安的因素，系統性風險通常是對市場的完整性產生外生衝擊，例如2008年金融危機期間倒閉的主要銀行之一可能引發大規模市場內爆的威脅，系統性風險是整體的、日常的、持續的風險，可能由多種因素共同引起，包括經濟、利率、地緣政治問題、企業健康狀況和其他因素。

關鍵要點

- 系統性風險和系統性風險都是對金融市場和經濟的威脅，但這些風險的成因以及管理它們的方法是不同的。
- 系統性風險是指公司或行業層面的風險可能引發巨大崩潰的風險。
- 系統性風險是整個市場固有的風險，可歸因於多種因素，包括經濟、社會政治和市場相關事件。
- 系統性風險更難量化和預測，而非系統性風險更可量化且可以預期（在某些情況下）。

系統性風險概述

系統性風險代表與企業、部門、行業、金融機構或整體經濟完全失敗相關的風險，它還可以用來描述小的、具體的問題，例如銀行賬戶或網站用戶信息的安全漏洞，更大、更廣泛的問題包括金融體系崩潰引發的廣泛經濟危機，全身性這個詞本身主要用於描述影響一個人整個身體的特定健康相關問題，然後藉用這種描述來解釋較小的金融問題如何對經濟或金融體系產生危險的影響。

雖然系統性風險有點模糊，但系系統性風險具有更普遍的含義，該術語通常與市場風險互換使用，指的是整個市場中存在的風險，無法通過分散投資組合或持股來解決，廣泛的市場風險可能由經濟衰退、經濟疲軟時期、戰爭、利率上升或停滯、貨幣或商品價格波動以及其他大局問題引起，雖然無法通過不同的資產配置策略消除系統性風險，但可以對其進行

管理。

公司或行業特定且可修復的市場風險稱為非系統性或異質性風險，對於系統性風險，多元化投資無濟於事，這是因為風險比一個行業或公司要廣泛得多，系統這個詞意味著對問題或問題的有計劃的、循序漸進的方法，希望減輕系統性風險的投資者可以確保他們的投資組合包括各種資產類別例如股票、固定收益、現金和房地產因為每一種資產都會對重大系統性變化做出不同的反應。

投資者如何管理系統性風險？

雖然系統性風險既不可預測又無法完全避免，但投資者可以通過確保其投資組合包括固定收益、現金和房地產等多種資產類別來管理系統性風險，每種資產都會對影響影響的事件做出不同反應整體市場，例如，利率上升將使一些新發行的債券更有價值，同時導致一些公司股票價值下降，因此，確保投資組合包含充足的創收證券將減輕某些股票的價值損失。

Beta和系統風險之間有什麼關係？

投資者可以通過查看其Beta值來識別特定證券、基金或投資組合的系統風險，Beta衡量該投資與整體市場相比的波動性，Beta大於1表示投資的系統性風險高於市場，而小於1表示系統性風險低於市場，Beta等於1意味著投資具有與市場相同的系統風險。

系統性風險與非系統性風險示例

2008年雷曼兄弟控股公司的倒閉就是系統性風險的一個例子，在這家全球金融服務公司申請破產保護後，整個金融體系和經濟都感受到了衝擊波，由於雷曼兄弟是一家大公司並且在經濟中根深蒂固，它的倒閉導致了多米諾骨牌效應，給全球金融體系帶來了重大風險。

　　2000年代後期的大衰退就是系統性風險的一個例子，任何在2008年投資市場的人都看到了他們的投資價值從這一經濟事件中發生了巨大變化，這場衰退以不同的方式影響了資產類別：風險較高的證券被大量拋售，而美國國債等較簡單的資產則增加了它們的價值。

　　系統性風險是指整個市場或細分市場固有的風險，系統性風險，也稱為不可分散風險、波動性或市場風險，影響整個市場，而不僅僅是特定的股票或行業。

　　系統性風險是整個市場固有的，反映了經濟、地緣政治和金融因素的影響，這種類型的風險與影響特定行業或安全的非系統性風險不同，系統性風險在很大程度上是不可預測的，通常被認為是難以避免的，投資者可以通過建立多元化的投資組合在一定程度上減輕系統性風險的影響，系統性風險既不可預測，也無法完全避免，它不能通過多元化來緩解，只能通過對沖或使用正確的資產配置策略。

　　系統性風險是其他投資風險的基礎，例如行業風險，例如，如果投資者過分重視網絡安全股票，則可以通過投資醫療保健和基礎設施等其他行業的一系列股票來實現多元化，然而，系統性風險包括利率變化、通貨膨脹、衰退和戰爭，以及其他重大變化，這些領域的變化會影響整個市場，並且無法通過改變公共股票投資組合中的部位來緩解。

　　為幫助管理系統性風險，投資者應確保其投資組合包括多種資產類別，例如固定收益、現金和房地產，在發生重大系統性變化時，每種資產都會做出不同的反應，例如，利率上升將使一些新發行的債券更有價值，同時導致一些公司股票價格下跌，因為投資者認為高管團隊正在削減開支，在利率上升的情況下，確保投資組合包含充足的創收證券將減輕某些

股票的價值損失。

系統性風險和大衰退示例

　　大衰退也提供了系統性風險的一個例子，任何在2008年投資市場的人都看到了他們的投資價值從這一經濟事件中發生了巨大變化，大衰退以不同的方式影響資產類別，因為風險較高的證券（例如槓桿率較高的證券）被大量拋售，而美國國債等較簡單的資產變得更有價值。

非系統性風險概述

　　與系統性風險相反的是非系統性風險，它影響非常特定的一組證券或單個證券，非系統性風險可以通過多樣化來減輕，雖然系統性風險可以被認為是與整個市場或其中一部分相關的損失概率，但非系統性風險是指特定行業或證券內損失的概率。

　　如果您想了解特定證券、基金或投資組合的系統性風險有多大，您可以查看其Beta值，它衡量該投資與整體市場相比的波動性，Beta大於1意味著投資具有比市場更大的系統性風險（即更高的波動性），而小於1意味著比市場更少的系統性風險（即更低的波動性），Beta等於1意味著投資具有與市場相同的系統風險，系統性風險不同於系統性風險，它是指特定事件可能對系統造成重大衝擊的風險。

非系統性風險

　　非系統性風險是特定公司或行業特有的風險，它也被稱為非系統性風險、特定風險、可分散風險或剩餘風險，在投資組合的背景下，非系統性風險可以通過分散化來降低而系系統性風險是市場固有的風險，非系統性風險或公司特定風險是與特定投資相關的風險，非系統性風險可以通過分散化來降低，因此也被稱為可分散風險，一旦多元化，投資者仍會面臨整個市場的系統性風險，總風險是非系統風險加上系統風險，系統性風險歸因於廣泛的市場因素，是不基於個別投資的投資組合風險。

　　非系統性風險可以描述為公司或行業投資中固有的不確定性，非系統性風險的示例包括市場上的新競爭對手有可能從所投資的公司手中奪取大量市場份額、監管變化（這可能會降低公司銷售額）、管理層變動或產品召回。

　　雖然投資者可能能夠預見非系統性風險的某些來源，但幾乎不可能了解所有風險，例如，醫療保健股的投資者可能意識到衛生政策即將發生重大轉變，但可能不完全了解新法律的細節以及公司和消費者將如何應對。

　　非系統性風險的其他例子可能包括罷工、法律訴訟的結果或自然災害，這種風險也稱為可分散風險，因為它可以通過充分分散投資組合來消除，沒有計算非系統性風險的公式；相反，它必須通過從總風險中減去系統風險來推斷。

非系統性風險的類型

經營風險

　　內部和外部問題都可能導致業務風險，內部風險與運營效率相關，例如，管理層未能申請專利來保護新產品將是一種內部風險，因為這可能會導致競爭優勢的喪失，食品和藥物管理局(FDA)禁止公司銷售的特定藥物是外部業務風險的一個例子。

財務風險

　　財務風險與公司的資本結構有關，公司需要擁有最佳水平的債務和股本才能繼續發展並履行其財務義務，資本結構薄弱可能導致收益和現金流不一致，從而阻止公司進行交易。

Investments

操作風險

運營風險可能由不可預見或疏忽的事件引起，例如供應鏈中斷或製造過程中被忽視的關鍵錯誤，安全漏洞可能會將有關客戶的機密信息或其他類型的關鍵專有數據暴露給犯罪分子，運營風險與運營以及系統或政策失敗的可能性有關，這些是日常運營的風險，可能是內部程序故障導致的。

戰略風險

如果企業在垂死的行業中銷售商品或服務而沒有製定完善的公司產品發展計劃，則可能會出現戰略風險，一家公司也可能遇到這種風險，因為它與另一家公司或競爭對手建立了有缺陷的合作夥伴關係，損害了他們未來的增長前景。

法律和監管風險

法律和監管風險是指法律或法規的變化會損害企業的風險，這些變化會增加運營成本或引入法律障礙，更劇烈的法律或法規變化甚至可以完全阻止企業運營，其他類型的法律風險可能包括協議錯誤或違法行為。

投資的總風險是非系統性風險加上系統性風險，非系統性風險是公司或行業特有的風險，而系系統性風險是與更廣泛市場相關的風險，系統性風險歸因於廣泛的市場因素，是不基於個別投資的投資組合風險，系統性風險的類型可能包括利率變化、衰退或通貨膨脹，系統風險通常用beta計算，它衡量股票或投資組合相對於整個市場的波動性，同時，公司風險更難衡量或計算，通過風險管理，可以部分減輕系統性和非系統性風險，系統性風險可以通過資產配置來降低，而非系統性風險可以通過多元化來限制。

非系統性風險的例子

　　通過擁有不同行業的各種公司股票，以及擁有各種資產類別中的其他
類型的證券，例如國債和市政證券，投資者將較少受到單一事件的影響，
例如，一個只擁有航空公司股票的投資者將面臨高水平的非系統性風險
（也稱為特殊風險），例如，如果航空業員工罷工，他們將很脆弱，這一
事件可能會導致航空公司股價下跌，即使是暫時的，僅僅對這一消息的預
期可能會阻礙他們的投資組合。

　　通過在他們的投資組合中增加不相關的持股，例如運輸行業以外的股
票，該投資者將分散對航空旅行的特定擔憂，在這種情況下，非系統性風
險不僅會影響特定的航空公司，還會影響許多行業，例如與許多航空公司
有業務往來的大型食品公司，在這方面，投資者可以通過添加美國國債作
為對股價波動的額外保護，從而完全遠離公共股票，然而，即使是充分分
散的資產組合也無法避免所有風險，投資組合仍將面臨系統性風險，這是
指整個市場面臨的不確定性，包括利率變化、總統選舉、金融危機、戰爭
和自然災害。

　　非系統性風險的主要例子包括管理效率低下、有缺陷的商業模式、流
動性問題或工人罷工，系統風險和非系統風險有什麼區別？系統性風險是
不可分散的（即無法避免），而非系統性風險通常可以避免，系統性風險
影響大部分市場，可能包括購買力或利率風險。

　　非系統性風險當涉及到股票投資時，可以被認為是非系統性方差，這
是通過從總方差中減去系統方差來計算的，非系統性風險是可以分散的，
這意味著（在投資中）如果你購買不同行業的不同公司的股票，你可以降
低這種風險，非系統性風險通常與特定公司或行業相關，並且可以避免，
系統性風險是一種不可分散的風險或市場風險，這些因素超出了企業或投

資者的控制範圍，例如經濟、政治或社會因素，同時，影響企業的微觀經濟因素是非系統性風險。

＊風險高低區別

風險絕對是投資的基礎；如果不至少提及所涉及的風險，任何對報酬或績效的討論都沒有意義，然而，對於新投資者來說，問題在於弄清楚風險到底在哪裡，以及低風險和高風險之間的區別，鑑於基本面風險對投資的影響，許多新投資者認為這是一個定義明確且可量化的想法，不幸的是，事實並非如此，聽起來可能很奇怪，但對於風險的含義或應如何衡量仍未達成真正的共識。

學術界經常嘗試使用波動率來代表風險，在某種程度上，這是完全有道理的，波動性衡量給定數字隨時間變化的程度，可能性的範圍越廣，其中一些可能性就越有可能是壞的，更好的是，波動性相對容易衡量，不幸的是，波動率作為衡量風險的指標是有缺陷的，雖然波動性較大的股票或債券確實會使所有者面臨更廣泛的可能結果，但這並不一定會影響這些結果的可能性，在許多方面，波動性更像是乘客在飛機上經歷的湍流，也許令人不快，但與墜機的可能性並沒有多大關係。

更好的理解風險的方式是資產經歷永久性價值損失或低於預期的表現的可能性或概率，如果投資者購買預期報酬率為10%的資產，則報酬率低於10%的可能性就是該投資的風險，這也意味著相對於指數表現不佳不一定是風險，如果投資者購買資產時預期報酬率為7%，而實際報酬率為8%，那麼標準普爾500指數報酬率為10%的事實在很大程度上是無關緊要的。

關鍵要點

- 沒有完美的風險定義或衡量標準。
- 缺乏經驗的投資者最好根據給定投資（或投資組合）無法實現預期報酬的機率以及它可能達不到該目標的幅度來考慮風險。
- 通過更好地了解什麼是風險及其來源，投資者可以努力構建損失概率較低而且最大潛在損失也較低的投資組合。

高風險投資

高風險投資是指資本損失或業績不佳的可能性很大，或者遭受毀滅性損失的可能性相對較高的投資，第一個是直觀的，如果是主觀的：如果你被告知你的投資有50/50的機會獲得你的預期報酬，你可能會發現風險很大，如果有人告訴你這項投資有95%的可能性不會獲得你的預期報酬，幾乎每個人都會同意這是有風險的。

不過，下半年是許多投資者忽視的部分，為了說明這一點，以汽車和飛機失事為例，2019年國家安全委員會的一項分析告訴我們，一個人一生中死於任何意外原因的機率已經上升到二十五分之一，高於2004年的三十分之一，然而，死於車禍的機率僅為107分之一，而被閃電擊中後死亡的機率微乎其微：138849分之一，這對投資者來說意味著他們必須考慮不良結果的可能性和嚴重程度。

低風險投資

從本質上講，低風險投資的風險較小，無論是投資金額還是投資對投資組合的重要性，獲得的收益也更少，無論是就潛在報酬還是更大的潛在利益而言，低風險投資不僅意味著防範任何損失的可能性，還意味著確保任何潛在損失都不會是毀滅性的，如果投資者接受投資風險是由資本損失和/或業績低於預期來定義的概念，那麼定義低風險和高風險投資就會變得更加容易。

讓我們考慮幾個例子來進一步說明高風險和低風險投資之間的區別，眾所周知，生物科技股的風險很高，絕大多數新的實驗性療法都會失敗，而且毫不奇怪，大多數生物技術股票最終也會失敗，因此，表現不佳的可能性很高（大多數會失敗）和大量潛在的表現不佳，相比之下，美國國債的風險狀況截然不同，持有國債的投資者幾乎不可能無法收到規定的利息和本金付款，即使延遲付款（在美國歷史上極為罕見），投資者也可能收回大部分投資，投資者需要從多個角度審視風險，考慮多元化、時間範圍、預期報酬以及短期和長期目標等因素。

考慮多元化對投資組合風險的影響也很重要，總體而言，主要財富100強企業的派息股票相當安全，投資者可望在多年內獲得中高個位數的報酬，也就是說，始終存在個別公司倒閉的風險，EastmanKodak和Woolworths等公司是曾經的成功故事最終倒閉的著名例子，此外，市場波動總是可能的。

如果投資者將所有資金都持有在一支股票上，則發生不良事件的機率可能仍然相對較低，但潛在的嚴重性卻相當高，不過，持有10支此類股票的投資組合，不僅投資組合表現不佳的風險會下降，潛在整體投資組合的規模也會下降。

投資者需要願意以全面和靈活的方式看待風險，例如，多元化是風險的重要組成部分，持有全部風險低但風險相同的投資組合可能非常危險，例如，雖然個別飛機墜毀的可能性非常小，但許多大型航空公司仍然（或將）經歷墜機事故，持有低風險國債組合看似風險極低的投資，但它們都承擔著相同的風險；極低概率事件（例如美國政府違約）的發生將是毀滅性的。

投資者在考慮風險時還必須包括時間範圍、預期報酬和知識等因素，總體而言，投資者等待的時間越長，投資者獲得預期報酬的可能性就越大，風險與報酬之間肯定存在某種相關性，期望獲得巨額報酬的投資者需要接受更大的表現不佳的風險，知識也很重要，不僅可以識別最有可能實現預期報酬（或更好）的投資，還可以錯誤地識別出問題的可能性和嚴重程度。

*下行風險

下行風險是在市場條件導致證券價格下跌時對證券潛在價值損失的估計，根據所使用的衡量標準，下行風險解釋了投資的最壞情況，並表明投資者將損失多少，下行風險措施被視為單方面測試，因為未考慮獲利潛力。

關鍵要點

- 下行風險是在市場條件導致證券價格下跌時對證券潛在價值損失的估計。
- 下行風險是投資損失風險的總稱，與損失或收益的對稱可能性相反。
- 一些投資具有無限的下行風險，而其他投資的下行風險有限。
- 下行風險計算包括標準差、風險價值(VaR)。

有些投資的下行風險是有限的，而另一些投資的風險是無限的，例如，購買股票的下行風險有限，上限為零，投資者可能會損失全部投資，但不會更多，然而，通過賣空完成的股票空頭部位會帶來無限的下行風險，因為證券的價格可能會無限期地繼續上漲，同樣，做多期權，無論是看漲期權還是看跌期權，的下行風險僅限於期權溢價的價格，而裸看漲期權空頭部位則具有無限的潛在下行風險，因為理論上沒有限制一支股票能漲多遠。

裸看漲期權被認為是風險最高的期權策略，因為期權的賣方不擁有證券，並且必須在公開市場上購買證券才能履行合約，例如，如果您賣出行使價為1美元的看漲期權，而股票在合約到期時攀升至1000美元，您必須以1000美元的價格買入該股票，然後以1美元的價格賣出。

投資者、交易員和分析師使用各種技術和基本指標來估計投資價值下降的可能性，包括歷史表現和標準差計算，一般來說，許多具有更大下行風險潛力的投資也有更大的積極報酬潛力，投資者經常將與特定投資相關的潛在風險與可能的報酬進行比較，下行風險與上行潛力形成對比，後者是證券價值增加的可能性。

下行風險：標準差

對於投資和投資組合，一個非常常見的下行風險衡量指標是下行偏差，也稱為標準差，這種測量是標準差的變量，因為它只測量不良波動率的偏差，它衡量損失的偏差有多大，由於上行偏差也用於計算標準差，因此投資經理可能會因利潤大幅波動而受到處罰，下行偏差通過只關注負報酬來解決這個問題，標準差(σ)衡量數據與其平均值的分散情況，計算如下：

$$\sigma = \sqrt{\frac{\sum(x-u)^2}{N}}$$

其中：

x=資料觀察值

μ=資料的平均值

N=資料的個數

風險值

在企業層面，最常見的下行風險衡量標準可能是風險價值(VaR)，VaR估計在給定的時間段（例如一天、一周或一年）內，在給定的典型市場條件下，一家公司及其投資組合可能會損失多少，VaR經常被分析師和公司以及金融行業的監管機構僱用，以估計覆蓋以特定概率預測的潛在損失所需的資產總量，比如某事可能在5%的時間內發生，對於給定的投資組合、時間範圍和既定概率p，如果我們排除概率小於p的更差結果，則p-VaR可以描述為該期間的最大估計損失。

＊免疫策略

免疫，也稱為多期免疫，是一種風險緩解策略，它與資產和負債的期限相匹配，以最大限度地減少利率隨時間對淨值的影響。

關鍵要點

- 免疫是一種與資產和負債期限相匹配的風險緩解策略，因此投資組合價值不受利率變化的影響。
- 免疫可以通過現金流量匹配、期限匹配、凸性匹配以及遠期交易、期貨和債券期權來實現。
- 如果資產價值增加而負債沒有以同樣的方式增加，則投資組合免疫的缺點是放棄了機會成本。

　　免疫有助於大公司和機構保護其投資組合免受利率波動的影響，使用完美的免疫策略，公司幾乎可以保證利率變動幾乎不會影響其投資組合的價值，例如，大型銀行必須保護其當前的淨資產，而養老基金則有義務在若干年後支付，這些機構都關心保護其投資組合的未來價值，並且必須應對不確定的未來利率，免疫被認為是一種準主動風險緩解策略，因為它兼具主動和被動策略的特點，根據定義，純免疫意味著投資組合在特定時間段內獲得確定的報酬，而不管任何外部影響，例如利率變化。

　　使用免疫策略的機會成本可能會放棄積極策略的上行潛力，以確保投資組合將實現預期的期望報酬，與買入並持有策略一樣，根據設計，最適合該策略的工具是違約可能性很小的高級債券，事實上，最純粹的免疫形式是投資零息債券，並將債券的到期日與預計需要現金流的日期相匹配，這消除了與現金流再投資相關的任何報酬可變性，無論是正報酬還是負報酬，就像疫苗可以使身體免疫免受感染一樣，免疫使投資組合免受利率波動的影響。

　　Duration或債券的平均壽命（這也是其價格對利率變化的敏感性）通常用於免疫，它是一種比債券到期期限更準確的債券波動預測指標，這種策略通常被保險公司、養老基金和銀行用於機構投資環境，以將其未來負債的時間範圍與結構性現金流相匹配，它是最可靠的策略之一，個人也可以成功使用，例如，就像養老基金會使用免疫來規劃個人退休後的現金流一樣，同一個人可以為自己的退休計劃建立專門的投資組合。

　　免疫可以通過現金流量匹配、期限匹配、凸性匹配以及遠期交易、期貨和債券期權來實現，類似的策略可用於免疫其他金融風險，例如匯率風險，投資者和投資組合經理經常使用對沖技術來降低特定風險，對沖策略通常是不完善的，但如果有一個完美的對沖策略，從技術上講它就是一種免疫策略。

免疫實例

假設投資者需要在五年內支付10000美元的債務，為了避免這種確定的現金流出，投資者可以購買保證在五年內流入10000美元的證券，贖回價值為10000美元的五年期零息債券將是合適的，通過購買這種債券，投資者與預期的現金流入和流出相匹配，利率的任何變化都不會影響他們在五年內支付債務的能力。

要使用存續期間方法免疫債券投資組合，投資者必須將投資組合的存續期間與相關投資時間範圍相匹配，如果投資者在五年內有10000美元的債務，他們可以通過多種方式使用期限匹配，使用持續時間匹配可以獲利，需要做的就是以組合的凸性高於負債的凸性的方式構建債券組合。

1. 購買五年後到期的零息債券，金額為10000美元。

2. 購買幾份期限為五年、總額為10000美元的附息債券。

3. 購買幾份總額為10000美元但在一起查看時平均期限為五年的附息債券。

選擇免疫策略

使用存續期間和現金流匹配的投資組合免疫是兩種類型的奉獻策略，可以在到期時保障負債的融資，通過期限匹配進行免疫旨在平衡利率對息票債券的價格報酬和再投資報酬的相反影響，當利率變化不太隨意時，多重責任免疫策略會產生更好的報酬，它需要比現金流量匹配更低的投資，但在非平行利率變動的情況下確實存在再投資風險。

另一方面，現金流量匹配依賴於具有特定本金、息票和到期日的證券的可用性才能有效運作，這在大多數實際情況下都是牽強附會的，因此該策略需要更多的現金投入，它還存在超額現金餘額積累並以非常低的利率在負債之間進行再投資的風險，由於這些因素，多重責任免疫通常優於現金流量匹配，線性規劃和優化技術被用來擴展甚至結合這兩種策略，以獲得更好的結果。

＊風險中性

　　風險中性是博弈論研究和金融中都使用的概念，它指的是個人在做出投資決策時對風險漠不關心的心態，這種心態不是來自計算或理性推論，而是來自情感偏好，採取風險中性方法的人根本不會關注風險，不管這樣做是否不明智，這種心態通常是情境性的，可能取決於價格或其他外部因素。

關鍵要點

- 風險中性描述了投資者在做出投資決策時關注潛在收益的心態。
- 風險中性投資者可能明白其中涉及風險，但他們暫時沒有考慮涉入。
- 投資者可以將他們的心態從風險厭惡轉變為風險中性。
- 風險中性指標在衍生品定價中為相當重要作用。

理解風險中性的概念

　　風險中性是一個術語，用於描述可能正在評估投資選擇的個人的態度，如果個人只關注潛在收益而不考慮風險，則稱他們是風險中性的，這種不考慮風險就評估獎勵的行為似乎本身就有風險，厭惡風險的投資者不會認為選擇冒1000美元的損失而有可能獲得50美元的收益與僅冒100美元的風險而獲得相同的50美元收益的選擇是一樣的，然而，風險中性的人會，給定兩個投資機會，風險中性投資者只關注每項投資的潛在收益，而忽略潛在的下行風險。

風險中性定價和措施

個人會達到風險中性心態的原因可能有很多，但是個人實際上可以根據價格變化從風險規避心態轉變為風險中性心態的想法導致另一個重要概念：風險中性措施，風險中性指標在衍生品定價中有著廣泛的應用，因為預期投資者表現出風險中性態度的價格應該是買賣雙方均衡的價格。

個人投資者幾乎總是厭惡風險，這意味著他們有一種心態，即他們對虧損表現出的恐懼多於對賺錢表現出的渴望，這種趨勢通常會導致資產價格找到一個均衡點，該均衡點略低於該資產的預期未來報酬率，當試圖對市場定價中的這種影響進行建模和調整時，分析師和學者試圖通過使用這些理論上的風險中性措施來調整這種風險規避。

風險中性的例子

例如，假設有100位投資者出現，如果他們將10000美元存入銀行六個月，他們將有機會獲得100美元，幾乎沒有賠錢的風險（除非銀行本身有倒閉的危險），然後假設隨後向這100名投資者提供另類投資，這項投資使他們有機會獲得10000美元，同時接受損失所有10000美元的可能性，最後，假設我們對投資者進行投票，決定他們會選擇哪種投資，並給出三種回答：(A)我從不考慮該替代方案，(B)我需要有關替代投資的更多信息，(C)我將投資於現在的替代方案。

在這種情況下，回答A的人將被視為風險規避投資者，而回答C的人將被視為風險偏好投資者，因為僅憑那麼多信息無法準確確定投資價值，然而，那些回答B的人承認他們需要更多信息來確定他們是否會對替代方案感興趣,他們既不反對冒險,也不為了冒險而尋求冒險,相反,他們對預期報酬的價值感興趣,以了解他們是否願意承擔風險,因此,在他們尋求更多信息的那一刻,他們被認為是風險中性的。

這樣的投資者可能想知道他們的資金翻倍的可能性是多少(與可能輸光相比),如果翻倍的概率僅為50%,那麼他們可以認識到該投資的預期價值為零,因為它有同等的可能性失去一切或翻倍,如果翻倍的概率變為60%,那麼那些願意在那個時候考慮替代方案的人就會採取風險中性的心態,因為他們關注的是收益的概率而不是風險,風險中性投資者表現出他們考慮替代品的行為(儘管存在風險)的價格是價格均衡的一個重要點,這是市場上可能存在最多買家和賣家的時間點。

* 風險控制

風險控制是公司評估潛在損失並採取行動減少或消除此類威脅的一套方法,它是一種利用風險評估結果的技術,涉及識別公司運營中的潛在風險因素,例如業務的技術和非技術方面、財務政策和其他可能影響公司福祉的問題,風險控制還實施主動更改以降低這些領域的風險,因此,風險控制有助於公司限制資產和收入損失,風險控制是公司企業風險管理(ERM)協議的關鍵組成部分。

風險控制如何運作

現代企業面臨各種各樣的障礙、競爭對手和潛在危險,風險控制是一種基於計劃的業務戰略,旨在識別、評估和準備任何可能干擾組織運營和目標的危險、危害和其他潛在的災難(包括物理的和象徵性的),風險控制的核心概念包括:

- 迴避是最好的損失控制方法，例如，在發現用於製造公司商品的化學品對工人有危險後，工廠主找到了一種安全的替代化學品來保護工人的健康。

- 損失預防接受風險，但試圖將損失降到最低而不是消除損失，例如，存儲在倉庫中的庫存很容易被盜，由於無法避免，因此制定了防損計劃，該計劃包括巡邏保安、攝像機和安全存儲設施，保險是通過合約外包給第三方的風險預防的另一個例子。

- 減少損失接受風險並在威脅發生時尋求限制損失，例如，一家在倉庫中儲存易燃材料的公司安裝了最先進的噴水器，以最大限度地減少火災時的損失。

- 分離涉及分散關鍵資產，以便一個地點發生的災難性事件僅影響該地點的業務，如果所有資產都在同一個地方，企業將面臨更嚴重的問題，例如，一家公司使用分佈在不同地域的員工隊伍，以便在一個倉庫出現問題時可以繼續生產。

- 複製涉及創建備份計劃，通常是通過使用技術，例如，由於信息系統服務器故障會停止公司的運營，因此備用服務器隨時可用，以防主服務器出現故障。

- 多元化分配業務資源以創建多個業務線，在不同行業提供各種產品或服務，一條生產線的重大收入損失不會對公司造成無法彌補的損害，例如，除了提供食物外，餐廳還在雜貨店出售其係列的沙拉醬、醃泡汁和醬汁。

任何一種風險控制技術都不會成為使公司免受潛在傷害的金彈，在實踐中，這些技術在不同程度上相互串聯使用，並隨著公司的發展、經濟的

變化和競爭格局的變化而變化。

關鍵要點

- 風險控制是公司評估潛在損失並採取行動減少或消除此類威脅的一套方法,這是一種利用風險評估結果的技術。
- 目標是識別和減少公司運營中的潛在風險因素,例如業務的技術和非技術方面、財務政策和其他可能影響公司福祉的問題。
- 風險控制方法包括規避、預防損失、減少損失、分離、重複和分散。

◆ 第二節 風險屬性

＊財務風險

　　財務風險是投資者在投資失敗時可能損失的金額，例如，購買汽車所涉及的財務風險是初始投資金額減去保險部分，了解和理解財務風險（風險的另一種名稱）是投資過程的重要組成部分。

關鍵要點

- 財務風險是指投資中固有的風險，表示投資者可能損失的金額。
- 經驗豐富的投資者通常會尋求最佳限制他們的財務風險，這有助於實現利潤最大化。
- 資產配置和投資組合多元化是管理財務風險的廣泛使用策略。

了解財務風險

　　作為一般規則，投資者總是尋求限制他們的財務風險，這有助於實現利潤最大化，例如，如果以每股10美元的價格購買的100股股票升值至20美元，則出售50股將消除財務風險，最初的購買花費了投資者1000美元，隨著股票升值，以20美元的價格出售50股，投資者可以返還最初的股份，這種方法就是所謂的把錢從桌子上拿走，它有時也通俗地稱為玩房子的錢。

　　未來唯一的風險是利潤，因為投資者已經收回了本金，相反，如果股票從最初的每股10美元購買價格下跌至每股5美元，則投資者將損失原始本金的一半，財務風險不僅適用於投資股票市場，而且在個人可能損失任何本金價值時都存在，購買房屋是財務風險的一個很好的例子，如果房地產價值下降並且房主以低於原始購買價格的價格出售，則房主確認投資損

失。

減少財務風險

將財務風險降至最低的最簡單方法是將資金投入風險很小或沒有風險的本金保護投資，存款證(CD)或儲蓄帳戶是大幅降低財務風險的兩種方式，聯邦存款保險公司(FDIC)為CD投資和儲蓄帳戶提供高達250000美元的合格保險金額，然而，如果沒有風險，投資報酬很少，此外，如果財務風險很小，這會使保守的投資者容易受到通貨膨脹等其他風險的影響。

另一種減少財務風險的方法是在多種投資和資產類別之間進行多元化投資，為了建立一個波動較小的投資組合，投資者應該擁有股票、債券、房地產和其他各種資產類別的組合，在股票方面，行業、市值以及對國內和國際市場的缺口應該進一步多樣化，當投資者在多種資產類別中成功分散其投資組合時，應該會降低整體波動性，如果市場轉為看跌，不相關的資產類別將最大限度地減少下行空間。

＊投資風險

雖然多樣化和資產配置可以提高報酬，但系系統性和非系統性風險是投資中固有的，然而，除了有效邊界之外，包括風險價值(VaR)和資本資產定價模型(CAPM)在內的統計度量和方法也是衡量風險的有用方法，了解這些工具可以幫助投資者區分高風險投資和穩定投資。

現代投資組合和有效邊界

投資金融市場可能會帶來重大風險，現代投資組合理論(MPT)評估給定投資組合風險的最大預期投資組合報酬，在MPT的框架內，最優投資組合是在資產配置、多元化和再平衡的基礎上構建的，資產配置與多元化是

將投資組合劃分為不同資產類別的策略，最佳多元化涉及持有多種不正相
關的工具。

關鍵要點

- 投資者可以使用模型來幫助區分風險投資和穩定投資。
- 現代投資組合理論用於理解投資組合相對於其報酬的風險。
- 多元化可以降低風險，最佳多元化是通過建立不相關資產的投資組合
  來實現的。
- 有效邊界是一組在資產配置和多元化方面得到優化的投資組合。
- Beta、標準差和VaR以不同的方式衡量風險。

Alpha和Beta比率

在量化價值和風險時，兩個統計指標，Alpha和Beta，對投資者很有
用，兩者都是MPT中使用的風險比率，有助於確定投資證券的風險/報酬狀
況，Alpha衡量投資組合的表現，並將其與基準指數（例如標準普爾500指
數）進行比較，投資組合報酬率與基準指數之間的差異稱為Alpha，正alpha
表示投資組合的表現優於基準1%，同樣，負alpha表示投資表現不佳。

Beta衡量投資組合相對於基準指數的波動性，CAPM中使用統計度量
beta，它使用風險和報酬來為資產定價，與alpha不同，beta捕捉資產價格
的變動和波動，Beta大於1表示波動性較高，而Beta低於1表示證券將更穩
定。

資本資產定價模型

CAPM是建立在風險與預期收益之間關係的均衡理論，該理論幫助投
資者衡量投資的風險和預期報酬，以適當地為資產定價，尤其是，投資者
必須得到貨幣時間價值和風險的補償，無風險利率用於表示將資金投入任

Investments

何投資的資金時間價值，簡而言之，資產的平均報酬率應與其Beta係數呈線性關係，這表明風險較高的投資可獲得高於基準利率的溢價，遵循風險報酬框架，當投資者承擔更大的風險時，預期報酬（在CAPM模型下）將更高。

R平方

在統計學中，R平方代表回歸分析的一個顯著組成部分，係數R表示兩個變量之間的相關性，出於投資目的，R平方衡量基金或證券相對於基準的解釋變動，高R平方表明投資組合的表現與指數一致，財務顧問可以將R平方與Beta結合使用，為投資者提供資產績效的全面圖景。

標準差

根據定義，標準差是一種統計數據，用於量化數據集平均報酬的任何變化，在金融領域，標準差使用投資報酬來衡量投資的波動性，該指標與beta略有不同，因為它將波動性與證券的歷史報酬率而不是基準指數進行比較，高標準差表示波動性，而較低的標準差與穩定資產相關。

夏普比率

夏普比率是金融分析中最受歡迎的工具之一，衡量一項投資的預期超額報酬與其波動性之間的關係，夏普比率衡量超過每單位不確定性無風險利率的平均報酬，以確定投資者在持有風險較高資產的波動性增加的情況下可以獲得多少額外報酬，夏普比率為1或更大被認為具有更好的風險報酬權衡。

有效邊界

有效邊界是一組理想的投資組合，它會盡力將投資者面臨的此類風險降至最低，該概念由HarryMarkowitz於1952年提出，它確定了給定投資組合內在風險的最佳多元化和資產配置水平，有效邊界源自均值-方差分析，它試圖創造更有效的投資選擇，典型的投資者更喜歡低方差的高預期報酬，有效邊界是通過使用一組為特定風險水平提供最高預期報酬的最優投資組合來構建的，風險和波動性不是一回事，波動性是指投資價格變動的速度，風險是投資可能損失的金額。

風險價值

投資組合管理的風險價值(VaR)方法是衡量風險的一種簡單方法，VaR衡量在給定置信水平下不能超過的最大損失，基於時間段、置信水平和預定損失金額計算的VaR統計數據為投資者提供了最壞情況的分析，如果一項投資的VaR為5%，則投資者在任何給定月份將面臨5%的機會損失全部投資，VaR方法不是最全面的風險衡量方法，但由於其方法簡單，它仍然是投資組合管理中最受歡迎的衡量方法之一。

投資金融市場本質上是有風險的，許多人使用財務顧問和財富經理來增加報酬並降低投資風險，這些金融專業人士使用統計措施和風險/報酬模型來區分波動資產和穩定資產，現代投資組合理論使用五個統計指標，Alpha、Beta、標準差、R平方和夏普比率，來做到這一點，同樣，資本資產定價模型和風險價值被廣泛用於衡量風險與資產和投資組合的報酬權衡。

過度分散投資組合的危險

我們都聽過金融專家描述投資組合多元化的好處，而且其中有道理，個人股票投資組合需要多樣化，以幫助降低只持有一支股票或只持有某一特定行業股票的固有風險，然而，一些投資者實際上可能變得過度多元化，以下是構建投資組合時如何保持適當平衡的方法。

Investments

多元化包括擁有不同的股票和不同行業的股票,可以幫助投資者降低持有個股的風險,研究表明,分散化的關鍵在於它有助於降低價格波動和風險,這可以通過擁有少至20支支股票來實現。

擁有20支股票和1000支股票之間幾乎沒有什麼區別,因為超過20支股票後,多元化和降低風險的好處就微乎其微了,過度多元化是可能的,因為一些共同基金必須擁有如此多的股票(由於它們擁有大量現金),以至於很難跑贏基准或指數,擁有比必要更多的股票可以消除大量股票收益的影響並限制你的上漲空間。

什麼是多元化?

當我們談論股票投資組合的多元化時,我們指的是投資者試圖通過投資於不同部門、行業甚至國家的不同公司來降低風險缺口,大多數投資專業人士都認為,儘管多元化投資並不能保證不會遭受損失,但它是實現長期財務目標的審慎策略,有許多研究證明了多元化為何有效,簡而言之,通過將您的投資分散到彼此相關性較低的各個部門或行業,您可以減少價格波動。

這是因為不同的行業和部門不會同時或以相同的速度上下波動,如果你在你的投資組合中混合使用,你就不太可能經歷大幅下跌,因為隨著一些行業遭遇艱難時期,其他行業可能會蓬勃發展,這提供了更一致的整體投資組合績效。

也就是說,重要的是要記住,無論您的投資組合多麼多樣化,您的風險永遠無法消除,您可以降低與個股相關的風險(學術上稱之為非系統性風險),但幾乎所有股票都存在固有的市場風險(系統性風險),再多的多元化也無法阻止這一點。

分散非系統性風險

普遍接受的衡量風險的方法是查看波動水平，也就是說，股票或投資組合在一段時間內變動得越劇烈，該資產的風險就越大，稱為標準差的統計概念用於衡量波動性，因此，就本文而言，您可以將標準差視為風險的意思。

過度多元化

根據現代投資組合理論，在將大約第20支股票添加到您的投資組合後，您將非常接近實現最佳多樣性，在EdwinJ.Elton和MartinJ.Gruber的《現代投資組合理論與投資分析》一書中，他們得出結論，單個股票投資組合的平均標準差（風險）為49.2%，同時增加平均均衡投資組合中的股票數量可以將投資組合的標準差降低到最大值19.2%（這個數字代表市場風險）。

然而，他們還發現，在20支股票的投資組合中，風險降至22%以下，因此，從20只增加到1000支股票僅將投資組合的風險降低了約2.5%，而前20支股票將投資組合的風險降低了27.5%，許多投資者誤以為投資組合中每增加一支股票，風險就會按比例降低，而事實上，這與事實相去甚遠，有證據表明，您只能將風險降低到某個點，超過這個點就不會從多元化中獲得更多好處。

真正的多元化

上述研究並未表明購買任何20支股票都等同於最佳多元化，請注意，我們最初對多元化的解釋是，您需要購買彼此不同的股票，無論是公司規模、行業、國家等，從財務上講，這意味著您購買的是不相關的股票變動的股票不同時期的不同方向，我們在這裡只討論您的股票投資組合的多元

Investments

化，一個人的整體投資組合還應該在不同的資產類別之間進行多樣化這意味著將一定比例的資產分配給債券、商品、房地產、另類資產等。

共同基金如何影響多元化

擁有一個投資於100家公司的共同基金並不一定意味著您處於最佳多元化，許多共同基金都是針對特定行業的，因此擁有電信或醫療保健共同基金意味著您在該行業內多元化，但由於行業內股票價格變動之間的高度相關性，您並沒有達到通過投資可以實現的多元化程度跨越各個行業和領域，平衡基金比特定行業的共同基金提供更好的風險保護，因為它們在整個市場上擁有100支或更多的股票。

許多共同基金持有人也遭受過度多元化的困擾，一些基金，尤其是規模較大的基金，擁有如此多的資產因為它們必須投入大量現金以至於它們不得不持有數百支股票，在某些情況下，這使得該基金幾乎不可能跑贏基準和指數這就是您投資該基金並向基金經理支付管理費的全部原因。

多元化就像冰淇淋，這很好，但只能適度，普遍的共識是，擁有大約20支不相關股票的均衡投資組合可以最大程度地分散市場風險，擁有額外的股票會消除大贏家的潛力，從而顯著影響您的投資組合，就像投資數百支股票的大型共同基金一樣。

沃倫·巴菲特(WarrenBuffett)表示，只有當投資者不了解自己在做什麼時，才需要廣泛分散投資，換句話說，如果你過度多元化，你可能不會損失太多，但你也不會獲得太多。

*再投資風險

再投資風險是指投資者無法以與其當前報酬率相當的利率對從投資中

獲得的現金流量（例如息票支付或利息）進行再投資的可能性，這個新利率被稱為再投資利率，零息債券(Z-bonds)是唯一一種沒有固有投資風險的固定收益證券，因為它們在整個生命週期內不支付息票。

關鍵要點

- 再投資風險是指從投資中獲得的現金流在用於新投資時收益減少的可能性。
- 可贖回債券特別容易受到再投資風險的影響，因為這些債券通常會在利率下降時被贖回。
- 降低再投資風險的方法包括使用不可贖回債券、零息票據、長期證券、債券階梯和主動管理的債券基金。

了解再投資風險

再投資風險是指一項投資的現金流在新證券中收益減少的可能性，從而產生機會成本，投資者有可能無法以與其當前報酬率相當的利率將現金流量進行再投資，例如，投資者購買10年期100000美元的國庫券（T-note），利率為6%，投資者希望從該證券中每年賺取6000美元，然而，在第一年年底，利率降至4%。

如果投資者用收到的6000美元購買另一份債券，他們每年只能收到240美元，而不是360美元，此外，如果利率隨後上升並且他們在到期日之前出售票據，他們將損失部分本金，除債券等固定收益工具外，再投資風險還影響其他創收資產，如派息股票。

可贖回債券特別容易受到再投資風險的影響，這是因為可贖回債券通常在利率開始下降時被贖回，贖回債券後，投資者將獲得面值，發行人有新的機會以較低的利率借款，如果他們願意再投資，投資者將獲得較低的

利率。

管理再投資風險

投資者可以通過投資不可贖回證券來降低再投資風險，投資長期證券也是一種選擇，因為現金變得不那麼頻繁，不需要經常進行再投資，債券階梯式到期組合，一種到期日不同的固定收益證券組合，也可能有助於降低再投資風險，在低利率時到期的債券可能會被在高利率時到期的債券所抵消，相同類型的策略可用於存款證(CD)。

投資者可以通過持有不同期限的債券和通過利率衍生品對沖他們的投資來降低再投資風險，擁有基金經理有助於降低再投資風險；因此，一些投資者考慮將資金配置到主動管理的債券基金中，但由於債券收益率隨市場波動，再投資風險依然存在。

再投資息票付款

一些債券不向投資者支付息票，而是自動將支付的息票重新投資到債券中，因此它以規定的複合利率增長，當債券的到期期限較長時，利息利息會顯著增加總報酬，並且可能是實現年化持有期報酬等於票面利率的唯一方法，計算再投資利息取決於再投資利率。

再投資的息票支付隨後可能佔債券給投資者的報酬的80%，確切數額取決於再投資付款所賺取的利率以及債券到期日之前的時間段，再投資的息票支付可以通過計算再投資支付的複合增長率來計算，或者在債券的利率和到期收益率相等時使用公式來計算。

＊貨幣風險

貨幣風險，通常稱為匯率風險，源於一種貨幣相對於另一種貨幣的價格變化，擁有跨國資產或業務運營的投資者或公司面臨貨幣風險，可能會產生不可預測的利潤和損失，許多機構投資者，例如對沖基金和共同基金，以及跨國公司使用外匯、期貨、期權合約或其他衍生品來對沖風險。

　　管理貨幣風險在1990年代開始受到關注，以應對1994年的拉丁美洲危機，當時該地區的許多國家持有的外債超過了它們的盈利能力和償還能力，始於泰銖金融崩潰的1997年亞洲貨幣危機在隨後的幾年裡一直將焦點放在匯率風險上。

關鍵要點

- 貨幣風險是指由於匯率的不利變動而造成資金損失的可能性。
- 在海外市場經營的公司和個人面臨貨幣風險。
- 對沖基金和共同基金等機構投資者以及大型跨國公司在外匯市場以及期貨和期權等衍生品中對沖貨幣風險。

　　可以通過對沖抵消貨幣波動來降低貨幣風險，例如，如果一位美國投資者在加拿大持有股票，則實現的報酬會同時受到股票價格變化和加元兌美元價值變化的影響，如果加拿大股票實現15%的報酬並且加元兌美元貶值15%，則投資者收支平衡，減去相關交易成本。

貨幣風險的例子

　　為降低貨幣風險，投資者可以考慮投資於貨幣和利率強勁上漲的國家，然而，投資者需要審視一個國家的通貨膨脹，因為高債務通常先於通貨膨脹，這可能導致經濟信心喪失，從而導致一國貨幣貶值，貨幣升值與較低的債務與國內生產總值(GDP)比率有關。

　　由於該國穩定的政治體系和較低的債務與GDP比率，瑞士法郎可能會繼續受到良好支持，由於其農業和乳製品行業的穩定出口可能導致加息，因此新西蘭元可能會保持堅挺，外國股票有時會在美元疲軟期間跑贏大盤，這通常發生在美國的利率低於其他國家/地區時。

投資於債券可能會使投資者面臨貨幣風險，因為他們的利潤較小，無法抵消貨幣波動造成的損失，外國債券指數的貨幣波動通常是債券報酬的兩倍，由於避免了貨幣風險，投資以美元計價的債券可產生更穩定的報酬，同時，全球投資是降低貨幣風險的審慎策略，因為擁有按地理區域多樣化的投資組合可以對沖匯率波動，投資者可考慮投資於貨幣與美元掛鉤的國家，例如中國，然而，這並非沒有風險，因為中央銀行可能會調整掛鉤關係，這可能會影響投資報酬。

許多指數型股票基金(ETF)和共同基金旨在通過對沖（通常使用外匯、期權或期貨）來降低貨幣風險，事實上，隨著美元的升值，已經出現了針對德國、日本和中國等發達市場和新興市場的大量貨幣對沖基金，貨幣對沖基金的缺點是它們可以減少收益並且比沒有貨幣對沖的基金更昂貴。

例如，貝萊德的iShares擁有自己的貨幣對沖ETF系列，作為其價格較低的旗艦國際基金的替代品，2016年初，投資者開始減少對貨幣對沖ETF的缺口以應對美元疲軟，這一趨勢此後一直持續並導致許多此類基金關閉。

＊交易風險

交易風險是企業在國際貿易中面臨的不確定性程度，具體來說，這是在公司已經承擔財務義務後貨幣匯率波動的風險，匯率變動的高度脆弱性可能導致這些國際企業遭受重大資本損失。

關鍵要點

- 交易風險是指參與國際貿易的公司因貨幣波動而面臨的不確定性水平。

- 儘管可以採取某些措施來對沖這些風險，但高水平的匯率風險缺口可能會導致重大損失。

- 交易缺口風險一般只影響交易的一方，即以外幣完成交易的企業。

了解交易風險

交易暴露的危險通常是單方面的，只有以外幣完成交易的企業可能會感受到這種脆弱性，使用本國貨幣接收或支付帳單的實體不會面臨同樣的風險，通常，買方同意使用外幣購買產品，在這種情況下，如果外幣升值，風險就會出現，因為這將導致買家需要花費超過他們購買商品的預算，如果協議和合約結算之間間隔的時間更長，匯率波動的風險就會增加。

避免交易風險

公司可以限制其對匯率變化的缺口的一種方法是實施對沖策略，通過購買貨幣遠期合約或通過期貨合約進行避險，公司能夠在一段時期內鎖定貨幣匯率並將換算風險降至最低，此外，公司可以要求客戶以公司所在國家/地區的貨幣支付商品和服務費用，這樣，與當地貨幣波動相關的風險不由公司承擔，而是由客戶承擔，客戶負責在與公司開展業務之前進行貨幣兌換。

交易暴露示例

假設一家美國公司希望從一家德國公司購買產品，美國公司同意談判交易並使用德國公司的貨幣歐元支付貨款，假設當美國公司開始談判時，歐元/美元的匯率為1比1.5，這種匯率相當於1歐元等於1.50美元(USD)，一旦協議完成，出售可能不會立即進行，同時，匯率可能會在交易結束前發生變化，這種變化的風險是交易風險。

雖然美元和歐元的價值可能不會改變，但利率也可能或多或少對美國公司有利，這取決於影響貨幣市場的因素，在完成銷售和付款時，匯率比率可能已經轉變為更有利的1比1.25或更不利的1比2匯率，無論美元相對於歐元的價值如何變化，這家德國公司都沒有遇到交易風險，因為交易是以當地貨幣進行的，如果美國公司花費更多美元來完成交易，德國公司不會受到影響，因為根據銷售協議，價格是以歐元設定的。

什麼是交易對手風險？

交易對手風險是指參與交易的一方可能違約其合約義務的可能性或概率，交易對手風險可能存在於信貸、投資和貿易交易中，交易對手風險是指參與交易的一方可能違約其合約義務的可能性或概率，交易對手風險可能存在於信貸、投資和貿易交易中，借款人信用評分的數值反映出貸方或債權人的交易對手風險水平，投資者必須考慮發行債券、股票或保單的公司，以評估是否存在違約或交易對手風險。

所有金融交易都存在不同程度的交易對手風險，交易對手風險也稱為違約風險，違約風險是指公司或個人無法按要求償還債務的可能性，貸款人和投資者幾乎在所有形式的信貸延期中都面臨違約風險，交易對手風險是雙方在評估合約時應考慮的風險。

交易對手風險和風險溢價

如果一方違約風險較高，通常會在交易中附加溢價以補償另一方，由於交易對手風險而增加的溢價稱為風險溢價，在零售和商業金融交易中，信用報告通常被債權人用來確定交易對手的信用風險，對借款人的信用評分進行分析和監控，以衡量債權人的風險水平，信用評分是個人或公司信用度的數值，它基於許多變量。

一個人的信用評分在300到850之間，分數越高，表明一個人在財務上對債權人的信任度越高，信用評分的數值如下：

優秀：750及以上

良好：700至749

一般：650至699

差：550至649

差：550及以下

許多因素都會影響信用評分，包括客戶的付款歷史、債務總額、信用歷史的長度和信用利用率，即當前正在使用的借款人可用信用總額的百分比，借款人信用評分的數值反映出貸方或債權人的交易對手風險水平，信用評分為750的借款人交易對手風險較低，而信用評分為450的借款人交易對手風險較高。

如果借款人的信用評分較低，債權人可能會因為債務違約的風險而收取更高的利率或溢價，例如，信用卡公司對信用評分較低的客戶收取超過20%的利率，同時對信用良好或信用評分較高的客戶提供0%的利率，如果借款人拖欠還款60天或更長時間或超過信用卡的信用額度，信用卡公司通常會附加風險溢價或罰款率，這會使信用卡的年利率超過29%，投資者必須考慮發行債券、股票或保單的公司，以評估是否存在違約或交易對手風險。

投資對手方風險

Investments

　　股票、期權、債券和衍生品等金融投資產品具有交易對手風險，債券由穆迪和標準普爾等機構評級，從AAA到垃圾債券狀態，以衡量交易對手風險的水平，交易對手風險較高的債券收益率較高，當交易對手風險最小時，溢價或利率較低，例如貨幣市場基金。

　　例如，提供垃圾債券的公司將獲得高收益，以補償投資者因公司可能違約而增加的風險，相反，美國國債的交易對手風險較低，因此；評級高於公司債務和垃圾債券，然而，由於違約風險較低，國債的收益率通常低於公司債。

交易對手風險的例子

　　當交易對手風險被錯誤估計並且一方違約時，即將發生的損失可能很嚴重，例如，如此多的抵押債務憑證(CDO)違約是2008年房地產崩盤的主要原因。

次貸風險

　　抵押貸款被證券化為CDO以供投資，並由相關資產支持，經濟崩潰前CDO的主要缺陷之一是它們包含次級抵押貸款和低質量抵押貸款，因此CDO獲得與公司債務相同的高評級，CDO的高信用評級使其能夠獲得機構投資，因為資金只需要投資於高評級債務，當借款人開始拖欠抵押貸款時，房地產泡沫破滅，使投資者、銀行和再保險公司蒙受巨大損失，評級機構因崩潰而受到很多指責，最終導致金融市場崩潰，定義了2007-2009年的熊市。

AIG和保險風險

　　AIG或美國國際集團為房地產、企業和個人提供保險產品，在金融危機期間，該公司需要美國政府的救助，對於那些被AIG投保的人來說，他們突然面臨著交易對手風險的增加，因此，投資者必須考慮發行債券、股票或保單的公司，以評估是否存在交易對手風險。

投機風險

投機風險是一類風險，在承擔時會導致不確定程度的收益或損失，特別是，投機風險是指投資價值不會升值的可能性，投機風險是有意識的選擇，而不僅僅是不可控情況的結果，由於儘管風險水平很高，但仍有獲得大筆收益的機會，因此投機風險不是純粹的風險，它意味著只有損失而沒有收益的可能性。

幾乎所有的投資活動都涉及一定程度的投機風險，因為投資者不知道一項投資會取得巨大成功還是徹底失敗，一些資產，例如期權合約，帶有可以對沖或限制的風險組合，包括投機風險，投機風險是指價格的不確定性和投資損失的可能性，假設投機風險通常是一種選擇，而不是不可控情況的結果，相比之下，純粹的風險是在沒有可行的獲利機會的情況下發生損失的可能性，體育博彩、股票投資和購買垃圾債券是涉及投機風險的活動的一些例子。

了解投機風險

投機性投資是指基本面沒有顯示出即時實力或可持續商業模式的投資，相反，交易者預計價格可能會因其他原因而上漲，或者未來的前景將超過目前的情況，這種證券可能具有很高的上行空間，但也存在很大的風險，這可能是高收益債或新興市場股票，交易者預計未來會變得更加有利。

有些投資比其他投資更具投機性，例如，投資政府債券的投機風險遠低於投資垃圾債券，因為政府債券的違約風險要低得多，在許多情況下，

Investments

投機風險越大，潛在的利潤或投資報酬就越高。

投機風險有可能導致收益或損失，它需要尋求承擔風險的人的意見，因此在本質上完全是自願的，同時，投機風險的結果難以預料，因為收益或損失的確切數額是未知的，相反，各種因素，例如購買股票時的公司歷史和市場趨勢，被用來估計收益或損失的可能性。

投機風險與純粹風險

與投機風險相反，純風險涉及唯一結果是損失的情況，一般來說，這些風險不是自願承擔的，相反，往往不受投資者的控制。

純風險最常用於評估保險需求，例如，如果一個人在事故中損壞了汽車，那麼這種結果就不可能是收益，由於該事件的結果只能導致損失，因此它是一種純粹的風險。

投機風險的例子

大多數金融投資，例如購買股票，都涉及投機風險，股票價值可能上漲，導致收益，也可能下跌，導致虧損，雖然數據可能允許對特定結果的可能性做出某些假設，但不能保證結果。

體育博彩也具有投機風險，如果一個人打賭哪支球隊將贏得一場足球比賽，則結果可能會導致收益或損失，具體取決於哪支球隊獲勝，雖然無法提前知道結果，但眾所周知，收益或損失都是可能的。

如果您購買看漲期權，您會事先知道您的最大下行風險是如果期權合約到期時所支付的期權費一文不值，同時，您不知道您的潛在上行收益是多少，因為沒有人知道未來。

另一方面，賣出或賣出看漲期權會帶來無限風險以換取所收取的權利金，然而，部分投機風險可以通過其他策略進行對沖，例如持有股票或購

買執行價格較高的看漲期權，最終，投機風險的大小將取決於期權是買入
還是賣出以及是否進行了對沖。

Investments

第三章　投資管理

Investments

投資分析是評估投資，行業部門和經濟趨勢的許多不同方法的廣義術語，它可以包括繪製過去的報酬以預測未來表現，選擇最適合投資者需求的投資類型，或評估股票和債券等單個證券以確定其風險，收益率潛力或價格變動，投資分析是健全投資組合管理策略的關鍵。

瞭解投資分析

投資分析的目的是確定投資可能如何表現以及它對特定投資者的適用程度，投資分析中的關鍵因素包括適當的入場價格，持有投資的預期時間範圍以及投資在整個投資組合中將發揮的作用，例如，在對共同基金進行投資分析時，投資者會查看該基金與其基準和主要競爭對手相比，隨著時間的推移表現如何，同行基金比較包括調查業績、費用比率、管理穩定性、行業權重、投資風格和資產配置方面的差異，在投資中，一種尺寸並不適合所有人，正如有許多不同類型的投資者具有獨特的目標，時間範圍和收入一樣，也有與這些個人參數相匹配的投資機會。

戰略思維

投資分析還可以包括評估整體投資策略，包括制定策略的思維過程，當時個人的需求和財務狀況，投資組合的表現如何，以及是時候進行更正還是調整，不習慣自己進行投資分析的投資者可以向投資顧問或其他金融專業人士尋求建議。

關鍵要點

- 投資分析涉及研究和評估證券或行業，以預測其未來表現並確定其對特定投資者的適用性。
- 投資分析還可能涉及評估或制定整體財務策略。
- 投資分析的類型包括自下而上，自上而下，基本面和技術面。

自上而下與自下而上

在做出投資決策時，投資者可以使用自下而上的投資分析方法或自上而下的方法，自下而上的投資分析需要分析個股的優點，例如它們的估值，管理能力，定價能力和其他獨特特徵，自下而上的投資分析不關注經濟週期或市場週期，相反，它的目標是找到最好的公司和股票，而不管總體趨勢如何，從本質上講，自下而上的投資採用微觀經濟方法，而不是宏觀經濟或全球方法，全球方法是自上而下投資分析的標誌，它首先分析了經濟，市場和行業趨勢，然後集中精力從這些趨勢中受益的投資。

自上而下和自下而上的示例

在自上而下的方法中，投資者可能會評估各個行業，並得出結論，金融業的表現可能比工業股更好，因此，投資者決定投資組合將增持金融和減持工業，然後是時候在金融領域找到最好的股票了。

相比之下，自下而上的投資者可能已經發現，一家工業公司進行了一項引人注目的投資，並向其分配了大量資金，儘管整個行業的前景相對消極，投資者得出的結論是，該股將跑贏其行業。

基本面與技術面分析

其他投資分析方法包括基本面分析和技術分析，基本面分析師強調了公司的財務狀況以及更廣泛的經濟前景，基本面分析的從業者尋找他們認為市場定價錯誤的股票，也就是說，它們的交易價格低於其內在價值所保證的價格，這些投資者通常使用自下而上的分析，評估公司的財務穩健性，未來的業務前景和股息潛力，以確定其是否會做出令人滿意的投資，這種風格的支援者包括沃倫·巴菲特和他的導師本傑明·格雷厄姆。

技術分析

技術分析師使用計算機計算的圖表和圖形評估股票價格模式和統計參數，與試圖評估證券內在價值的基本面分析師不同，技術分析師專注於價格變動模式，交易信號和各種其他分析圖表工具，以評估證券的強弱，日內交易者經常使用技術分析來設計他們的策略，並安排他們的買賣活動。

自下而上的投資

自下而上的投資是一種專注於分析個股的投資方法，不再強調宏觀經濟和市場週期的重要性，換句話說，自下而上的投資通常涉及關注特定公司的基本面，例如收入或收益，而不是行業或整體經濟，自下而上的投資方法假設個別公司即使在表現不佳的行業中也能表現良好，至少在相對基礎上是這樣。

自下而上的投資迫使投資者考慮微觀經濟因素，包括公司的整體財務狀況，財務報表，提供的產品和服務，供求關係，例如，一家公司獨特的行銷策略或組織結構可能是導致自下而上的投資者投資的領先指標，或者，特定公司財務報表上的會計違規行為可能表明公司在其他蓬勃發展的行業部門中存在問題。

- 自下而上的投資是一種專注於分析個股的投資方法，不再強調宏觀經濟和市場週期的重要性。
- 自下而上的投資者關注特定公司及其基本面，而自上而下的投資者則關注行業和經濟。
- 自下而上的方法假設個別公司即使在表現不佳的行業中也可以做得很好。

自下而上的投資如何運作

自下而上的方法與自上而下的投資相反，自上而下的投資是一種在做出投資決策時首先考慮宏觀經濟因素的策略，相反，自上而下的投資者會關注經濟的廣泛表現，然後尋找表現良好的行業，投資於該行業的最佳機會，相反，根據自下而上的投資策略做出明智的決策需要選擇一家公司，並在投資前對其進行徹底的審查，這一策略包括熟悉公司的公開研究報告，大多數時候，自下而上的投資並不止步於個別公司層面，儘管這是分析開始的地方，也是給予最大權重的地方，行業群體、經濟部門、市場、宏觀經濟等因素最終被納入整體分析，然而，投資研究過程從底部開始，並在規模上逐步上升。

自下而上的投資者通常採用長期的買入並持有策略，這些策略強烈依賴於基本面分析，這是因為自下而上的投資方法使投資者對單個公司及其股票有深入的瞭解，從而深入瞭解投資的長期增長潛力，另一方面，自上而下的投資者在投資策略中可能更具機會主義，並可能尋求快速進入和退出部位，以從短期市場波動中獲利。

自下而上的投資者在投資一家他們積極使用並從基層瞭解的公司時，可能會取得最大的成功，Meta（前身為Facebook）、GoogleGoogle和特斯拉等公司都是這種策略的極好例子，因為每家公司都有一個眾所周知的消費產品，每天都可以使用，自下而上的觀點涉及從與現實世界中消費者的相關性的角度來理解公司的價值。

自下而上方法示例

Meta（META）是自下而上方法的良好潛在候選者，因為投資者可以直觀地瞭解其產品和服務，一旦像Meta這樣的候選人被確定為好公司，投資者就會深入研究其管理和組織結構、財務報表、行銷工作和每股價格，這將包括計算公司的財務比率，分析這些數據如何隨時間變化，並預測未

來的增長。

接下來，分析師從個別公司邁出一步，將Meta的財務狀況與其競爭對手和社交媒體和互聯網行業的同行進行比較，這樣做可以顯示Meta是否與它的同行分開，或者它是否顯示其他人沒有的異常，下一步是在相對的基礎上將Meta與更大範圍的技術公司進行比較，之後，考慮一般市場條件，例如Meta的市盈率是否與標準普爾500指數一致，或者股票市場是否處於一般牛市狀態，最後，宏觀經濟數據被納入決策，著眼於失業、通貨膨脹、利率、國內生產總值（GDP）增長等趨勢，一旦所有這些因素都納入投資者的決定中，從自下而上開始，就可以做出決定進行交易。

自下而上與自上而下的投資

正如我們所看到的，自下而上的投資從單個公司的財務狀況開始，然後增加了越來越多的宏觀分析層，相比之下，自上而下的投資者將首先檢查各種宏觀經濟因素，以瞭解這些因素如何影響整體市場，從而影響他們有興趣投資的股票，他們將分析國內生產總值（GDP），利率的降低或提高，通貨膨脹和商品價格，以瞭解股市可能走向何方，他們還將研究整個部門或行業的表現，這些投資者認為，如果該行業表現良好，他們正在研究的股票也應該表現良好並帶來報酬，這些投資者可能會考慮石油或大宗商品價格上漲或利率變化等外部因素將如何影響某些行業，從而影響這些行業的公司。

例如，假設石油等商品的價格上漲，他們正在考慮投資的公司使用大量石油來製造他們的產品，在這種情況下，投資者將考慮油價上漲對公司利潤的影響有多大，因此，他們的方法從非常廣泛開始，著眼於宏觀經濟，然後是行業，然後是股票本身，如果一個國家或地區的經濟表現良好，自上而下的投資者也可能選擇投資，例如，如果歐洲股市步履蹣跚，投資者將遠離歐洲，如果該地區表現迅速，投資者可能會向亞洲股市投入資金，自下而上的投資者將研究公司的基本面，以決定是否投資它，另一方面，自上而下的投資者在為其投資組合選擇股票時會考慮更廣泛的市場和經濟狀況。

Investments

◆ 第一節 價值、報酬與溢酬

＊價值投資指標

價值投資者使用股票指標來幫助他們發現他們認為市場低估的股票，使用這種策略的投資者認為市場對好消息和壞消息反應過度，導致股價走勢與公司的長期基本面不符，使投資者有機會在價格下跌時獲利，雖然沒有正確的方法來分析股票，但價值投資者轉向財務比率來說明分析公司的基本面，我們將概述價值投資者使用的一些最受歡迎的財務指標。

關鍵要點

- 價值投資是基於基本面分析識別被低估股票的策略。
- 價值投資者使用市盈率、市淨率、債務與股本之比以及市盈率與增長率等財務比率來發現被低估的股票。
- 自由現金流量是一個股票指標，顯示公司在扣除運營費用和資本支出後有多少現金。

市盈率

市盈率（P/E比率）是一個指標，可幫助投資者確定股票的市場價值與公司收益的比較，簡而言之，市盈率顯示了市場今天願意根據其過去或未來的收益為股票支付的費用，市盈率很重要，因為它為比較股票是高估還是低估提供了衡量標準，高市盈率可能意味著股票的價格相對於收益而言是昂貴的，並且可能被高估，相反，低市盈率可能表明當前股價相對於收益而言是便宜的。

由於該比率決定了投資者必須為每美元支付多少報酬，因此，在相同財務業績水準下，市盈率較低的股票每股成本低於市盈率較高的股票，價值投資者可以使用市盈率來幫助尋找被低估的股票，請記住，市盈率存在一些限制，公司的收益基於歷史收益或遠期收益，後者基於華爾街分析師的意見，因此，收益可能很難預測，因為過去的收益並不能保證未來的結果，分析師的預期可能被證明是錯誤的，此外，市盈率不考慮盈利增長，但我們將在後面通過PEG比率解決這一限制，市盈率可用於比較同一行業的公司，而不是不同行業的公司。

市淨率

市淨率通過將公司的淨值（資產-負債）與其市值進行比較來衡量股票是否高估或低估，從本質上講，市淨率將股票的股價除以其每股帳面價值（BVPS），市淨率很好地表明瞭投資者願意為公司淨值的每一美元支付的費用，該比率對投資者的價值很重要，因為它顯示了公司股票的市場價值與其帳面價值之間的差異，市場價值是投資者願意根據預期的未來收益為股票支付的價格，但是，帳面價值來自公司的淨值，是衡量公司價值的更保守的指標。

市淨率為0.95、1或1.1意味著標的股票以接近帳面價值的價格交易，換句話說，P/B比率越有用，數據與1的差異越大，對於尋求價值的投資者來說，一家市淨率為0.5的公司是有吸引力的，因為它意味著市場價值是公司規定帳面價值的一半，價值投資者通常喜歡尋找市場價值低於其帳面價值的公司，希望市場認知被證明是錯誤的，通過瞭解市場價值和帳面價值之間的差異，投資者可以幫助確定投資機會。

負債權益比率

債務權益比率（D/E）是一個股票指標，可幫助投資者確定公司如何

為其資產融資，該比率顯示了公司用於為其資產融資的股權與債務的比例，較低的債務權益比率意味著與股東權益相比，該公司使用較低的債務融資金額，高債務權益比率意味著公司從債務相對於股權中獲得更多的融資，如果公司沒有收益或現金流量來履行其債務義務，過多的債務可能會給公司帶來風險。

與之前的比率一樣，債務與權益比率可能因行業而異，高負債率並不一定意味著公司經營不善，通常，債務被用來擴大業務併產生額外的收入來源，一些固定資產較多的行業，如汽車和建築行業，通常比其他行業的公司具有更高的比率。

自由現金流量

自由現金流量（FCF）是公司通過其運營產生的現金減去支出成本，換句話說，自由現金流量是公司支付其運營費用和資本支出（CapEx）後剩餘的現金，自由現金流量顯示了公司產生現金的效率，是確定公司在融資運營和資本支出後是否有足夠的現金通過股息和股票回購來獎勵股東的重要指標。

自由現金流量可以成為估值投資者的早期指標，即未來收益可能會增加，因為自由現金流量的增加通常先於收益的增加，如果一家公司的FCF不斷上升，可能是由於收入和銷售增長，或者成本降低，換句話說，自由現金流量的增加可以在未來獎勵投資者，這就是為什麼許多投資者珍惜自由現金流量作為價值的衡量標準，當一家公司的股價很低，自由現金流量上升時，收益和股票價值很快就會上漲的可能性很大。

市盈率/盈利增長率

市盈率/盈利增長率（PEG）是市盈率的修改版本，也考慮了盈利增長，市盈率/盈利增長率並不總是告訴投資人該比率是否適合公司的預測增長率，PEG比率衡量市盈率與盈利增長之間的關係，PEG比率通過分析今天的收益和預期的增長率，可以更全面地瞭解股票價格是否被高估或低估。

通常，PEG小於1的股票被認為被低估了，因為與公司的預期收益增長相比，其價格較低，大於1的PEG可能被認為被高估了，因為它可能表明與公司的預期盈利增長相比，股價過高，由於市盈率不包括未來的盈利增長，因此PEG比率提供了更完整的股票估值情況，PEG比率是價值投資者的一個重要指標，因為它提供了前瞻性的視角。

價值投資的基礎知識是什麼？

價值投資不是一種新策略，涉及與當前股價相比，對企業未來業績進行一些計算和假設，價值投資的核心是尋找即使在強勁的牛市中也被認為被市場低估的股票，這通常發生在市場大幅波動並且股價跟隨市場時，核心業務不會受到任何影響，價值投資者會注意到股票的價格相對於其實際價值較低，併購購買股票。

價值投資是一種長期戰略嗎？

價值投資通常是一種長期策略，儘管一些交易者會根據價值策略進行短期交易，由於價值投資考慮了上市公司的某些方面，這些方面往往進展緩慢，因此價值投資通常用作買入並持有策略，有時用作波段交易，但通常不是日間交易或高頻交易等短期交易風格的基礎。

＊計算報酬率

實際報酬率是投資所賺取的利潤的年度百分比，根據通貨膨脹進行調整，因此，實際報酬率準確地表明瞭給定金額貨幣隨時間推移的實際購買力，調整名義報酬以補償通貨膨脹，使投資者能夠確定名義報酬中有多少是實際報酬，除了調整通貨膨脹外，投資者還必須考慮其他因素的影響，如稅收和投資費用，以計算其資金的實際報酬或從各種投資選擇中進行選擇，瞭解實際報酬率實際報酬率是通過從名義利率中減去通貨膨脹率來計算的。

關鍵要點

- 實際收益率根據通貨膨脹的影響調整利潤。
- 它是比名義收益率更準確的投資衡量標準。
- 名義報酬率高於實際報酬率，除非在零通貨膨脹或通貨緊縮時期。

實際報酬率與名義報酬率

利率可以用兩種方式表示：名義利率或實際利率，不同之處在於，名義利率沒有根據通貨膨脹進行調整，而實際利率則根據通貨膨脹進行了調整，因此，名義利率幾乎總是更高，除非在那些罕見的通貨緊縮或負通脹時期，在1970年代末和1980年代初，兩位數利率的利潤被兩位數通貨膨脹的影響所吞噬，名義報酬率和實際報酬率之間潛在差距的一個例子發生在1970年代末和1980年代初，儲蓄帳戶的名義利率達到兩位數是司空見慣的，但兩位數的通貨膨脹也是如此，1979年價格上漲了11.25%，1980年上漲了13.55%。

因此，實際報酬率大大低於名義利率，那麼，投資者應該依靠名義利率還是實際利率呢？實際利率提供了投資表現的準確歷史軌跡，但名義利率是投資人將在投資產品上看到的廣告，影響實際報酬率的其他因素實際報酬率的問題在於，在它已經發生之前，投資人不知道它是什麼，也就是說，任何給定時期的通貨膨脹率都是一個追蹤指標，只能在相關時期結束後計算，此外，實際報酬率並不完全準確，除非它還考慮了其他成本，例如稅收和投資費用。

實際利率或名義利率之間有什麼區別？

實際利率是經過調整以消除通貨膨脹影響以反映借款人的實際資金成本以及貸方或投資者的實際收益率的利率，名義利率是指在考慮通貨膨脹之前所計算的利率，名義利率也可以指貸款的廣告或規定利率，而不考慮任何費用或複利。

通貨膨脹

通貨膨脹是特定貨幣的購買力隨時間推移而下降，對購買力下降速度的定量估計可以反映在一個經濟體中一籃子選定商品和服務的平均價格水準在一段時間內的上升上，價格總體水準的上升，通常以百分比表示，意味著一個貨幣單位實際上比前幾個時期的購買量要少。

72法則：定義、有用性以及如何使用它

72法則是一個快速、有用的公式，通常用於估算在給定的年報酬率下將投資資金翻倍所需的年數，或者，它可以根據投資翻倍需要多少年來計算投資的年復合報酬率，雖然計算器和電子表格程式具有精確計算將投資資金翻倍所需的精確時間的功能，但72規則可用於心算以快速估算出近似值，出於這個原因，72法則經常被教授給初學者，因為它很容易理解和計算。

- 72法則是一個簡化的公式，它根據投資報酬率計算投資價值翻倍所需的時間。
- 72規則適用於複利利率，並且對於6%和10%範圍內的利率相當準確。

- 72法則適用於任何呈指數增長的事物，例如GDP或通貨膨脹；它還可以表明年費對投資增長的長期影響。
- 該估算工具還可用於估算在給定投資期限內將投資翻倍所需的報酬率。
- 對於不同的情況，通常最好使用69規則、70規則或73規則。

翻倍年數：72/預期報酬率

要計算投資翻倍的時間段，請將整數72除以預期報酬率，該公式依賴於投資生命週期內的單一平均利率，這些發現適用於分數結果，因為所有小數都代表一年的額外部分。

預期報酬率：72/年翻倍

要計算預期利率，請將整數72除以投資翻倍所需的年數，年數不必是整數；該公式可以處理一年的分數或部分，此外，由此產生的預期報酬率假設在整個投資持有期間以該利率複利。

72法則是一種簡單的方法，可以在給定固定年利率的情況下確定投資需要多長時間才能翻倍，通過將72除以年報酬率，投資者可以粗略估計初始投資需要多少年才能自我複製，72法則如何運作，例如，72規則規定，以10%的年固定利率投資1美元需要7.2年（(72/10)=7.2）才能增長到2美元，實際上，10%的投資需要7.3年才能翻一番（（1.107.3=2)，對於低回報率，72法則相當準確，下表比較了72規則給出的數字和投資翻倍所需的實際年數，請注意，儘管它給出了一個估計值，但隨著報酬率的增加，72法則的精確度會降低。

報酬率	72法則	實際年數	年差 (#)
2%	36.0	35	1.0
3%	24.0	23.45	0.6
5%	14.4	14.21	0.2
7%	10.3	10.24	0.0
9%	8.0	8.04	0.0
12%	6.0	6.12	0.1
25%	2.9	3.11	0.2
50%	1.4	1.71	0.3
72%	1.0	1.28	0.3
100%	0.7	1	0.3

72法則和自然對數

72法則可以使用自然對數估計複利期，在數學中，對數是冪的相反概念；例如，10^3的相反數是1000的以10為底的對數。

72法則=ln(e)=1

其中：e=2.718281828

e是一個著名的無理數，類似於pi，數e最重要的性質與指數函數和對數函數的斜率有關，它的前幾位是2.718281828，自然對數是連續複利達到一定增長水準所需的時間，貨幣時間價值（TVM）公式如下：

未來值=PV×(1+r)^n

其中：

PV=現值

r=利率

n=期數

如何調整72規則以獲得更高的準確度

如果將72規則調整為更接近複利公式，則它會更準確，這有效地將72

$\mathcal{I}nvestments$

規則轉換為69.3規則，許多投資者更喜歡使用69.3規則而不是72規則，為了獲得最大準確性，特別是對於連續複利利率工具，使用69.3規則，數字72有許多方便的因素，包括二、三、四、六和九，這種便利性使得更容易使用72規則來接近複利期。

✳ 股票風險溢價

股票風險溢價一詞是指投資於股票市場提供的超額報酬，而不是無風險利率，這種超額報酬補償了投資者承擔相對較高的股權投資風險，權利金的大小各不相同，取決於特定投資組合中的風險水準，隨著市場風險的波動，它也隨時間而變化。

關鍵要點

- 股票風險溢價是投資者在以無風險利率投資股票市場時獲得的超額報酬。
- 這種報酬補償了投資者承擔股權投資的較高風險。
- 確定股票風險溢價是理論上的，因為沒有辦法判斷股票或股票市場在未來的表現如何。
- 計算股票風險溢價需要使用歷史收益率。

股票風險溢價如何運作

股票通常被認為是高風險投資，投資股市會帶來一定的風險，但它也有可能帶來豐厚的報酬，因此，通常，投資者在投資股票市場時可以獲得更高的溢價，無論投資人獲得的報酬高於無風險投資都被稱為股票風險溢價。

股票風險溢價基於風險報酬權衡的想法，這是一個前瞻性的數據，

因此，溢價是理論上的，但是，沒有真正的方法可以判斷投資者將賺多少
錢，因為沒有人能真正說出股票或股票市場在未來的表現如何，相反，股
票風險溢價是作為後向型指標的估計，它觀察股票市場和政府債券在規定
時間內的表現，並利用該歷史表現來獲得未來的報酬，估計數因時間框架
和計算方法的不同而有很大差異。

　　由於股票風險溢價需要使用歷史報酬，因此它們不是一門精確的科
學，因此並不完全準確，為了計算股票風險溢價，我們可以從資本資產定
價模型（CAPM）開始，該模型通常寫為

$Ra=Rf+\beta a（Rm-Rf）$

其中

$Ra=$某種股權投資的預期投資報酬率

$Rf=$無風險報酬率

$\beta a=a$的beta

$Rm=$市場的預期報酬

因此，股票風險溢價的等式是對CAPM的簡單重做，可以寫為：

股票風險溢價$=Ra-Rf=\beta a（Rm-Rf）$

如果我們只是在談論股票市場（a=m），那麼$Ra=Rm$，Beta係數是衡
量股票相對於市場波動性或風險的指標，市場的波動性通常設置為1，因
此如果a=m，則$\beta a=\beta m=1$，Rm-Rf被稱為市場溢價，Ra-Rf是風險溢價，如
果a是股權投資，那麼Ra-Rf是股權風險溢價，如果a=m，則市場溢價和股
票風險溢價是相同的。

　　根據一些經濟學家的說法，這不是一個可推廣的概念，即使某些市場
在某些時期可能顯示出相當大的股票風險溢價，他們認為，過分關注具體

案例使得統計特殊性看起來像是一種經濟規律，多年來，幾家證券交易所已經破產，因此關注歷史上特殊的美國市場可能會扭曲局面，這種關注被稱為生存偏差。

　　大多數經濟學家都同意，儘管股票風險溢價的概念是有效的，從長遠來看，市場會更多地補償投資者承擔投資股票的更大風險，究竟如何計算這筆權利金是有爭議的，一項針對學術經濟學家的調查顯示，一年的平均範圍為3%至3.5%，30年的平均範圍為5%至5.5%，首席財務官（CFO）估計溢價比國庫券高出5.6%，20世紀下半葉的股票風險溢價相對較高，根據一些計算，超過8%，而本世紀上半頁略低於5%。

特殊注意事項

　　上面提到的等式總結了股票風險溢價背後的理論，但它並沒有考慮到所有可能的情況，如果投資人插入歷史收益率並使用它們來估計未來收益率，則計算相當簡單，但是，如果投資人想做出前瞻性陳述，投資人如何估計預期的報酬率呢？一種方法是使用股息來估計長期增長，使用戈登增長模型的重新設計：

k=D/（P+g）

其中

k=以百分比表示的預期報酬（這可以針對Ra或Rm進行計算）

D=每股股息

P=每股價格

g=以百分比表示的股息的年增長率

　　另一種方法是利用收益的增長，而不是股息的增長，在此模型中，預期報酬等於收益率，即市盈率（P/E比率）的倒數：

k=E/P

其中

k=預期報酬

E=過去12個月每股收益（EPS）

P=每股價格

　　這兩種模型的缺點是它們不考慮估值，也就是說，他們假設股票的價格永遠不會正確，由於我們可以觀察到過去的股市繁榮和蕭條，因此這個缺點並非微不足道，最後，無風險報酬率通常使用美國政府債券計算，因為它們違約的可能性可以忽略不計，這可能意味著國庫券或國庫券，為了得出實際報酬率，即根據通貨膨脹進行調整，最簡單的方法是使用財政部通脹保護證券（TIPS），因為這些證券已經考慮了通貨膨脹，同樣重要的是要注意，這些方程式都沒有考慮稅率，這可能會極大地改變報酬率。

Investments

*多元化投資

多元化是一種風險管理策略，在投資組合中混合了各種各樣的投資，多元化的投資組合包含不同的資產類型和投資工具，試圖限制對任何單一資產或風險的缺口，這種技術背後的基本原理是，由不同類型資產構成的投資組合平均會產生更高的長期報酬，並降低任何個人持有或證券的風險。

關鍵要點

- 多元化是一種在投資組合中混合各種投資以試圖降低投資組合風險的策略。
- 多元化通常通過投資不同的資產類別來完成，例如股票、債券、房地產或加密貨幣。
- 多樣化也可以通過購買不同國家、行業、公司規模或創收投資期限的投資來實現。
- 多元化通常通過分析資產對的相關係數來衡量。
- 投資者可以通過投資特定投資自行分散投資，也可以持有自行分散的多元化基金。

瞭解多元化

研究和數學模型表明，保持25至30支股票的多樣化投資組合可以產生最具成本效益的風險降低水準，投資更多的證券會產生進一步的多樣化收益，儘管利率要小得多，多元化致力於消除投資組合中非系統性的風險事件，因此一些投資的積極表現抵消了其他投資的負面表現，只有當投資組合中的證券不完全相關時，多元化的好處才有效，也就是說，它們對市場影響的反應不同，通常是相反的，多元化策略是隨著投資者考慮如何分散持股，有幾十種策略需要實施，以下許多策略可以結合起來，以提高單個投資組合中的多元化水準。

資產類別

基金經理和投資者經常分散其跨資產類別的投資，並確定將投資組合的百分比分配給每個資產類別，每種資產類別都有一套不同、獨特的風險和機遇，類可以包括：

- 股票-上市公司的股票或股權
- 債券-政府和企業固定收益債務工具
- 房地產-土地、建築物、自然資源、農業、畜牧業以及水和礦藏
- 指數型股票基金（ETF）-跟隨指數，商品或行業的可銷售一籃子證券
- 商品，生產其他產品或服務所必需的基本商品
- 現金和短期現金等價物（CCE）-國庫券、存款證（CD）、貨幣市場工具以及其他短期、低風險投資

該理論認為，可能對一種資產類別產生負面影響的東西可能對另一種資產類別有利，例如，利率上升通常會對債券價格產生負面影響，因為必須提高收益率才能使固定收益證券更具吸引力，另一方面，利率上升可能導致房地產租金上漲或商品價格上漲。

行業/部門

不同行業或部門的運作方式存在巨大差異，隨著投資者在不同行業進行多元化，他們不太可能受到特定行業風險的影響，例如，考慮2022年的

CHIPS和科學法案,這項立法影響著許多不同的行業,儘管有些公司比其他公司受到的影響更大,半導體製造商將受到很大影響,而金融服務行業可能會感受到較小的殘餘影響。

投資者可以通過抵消不同業務的投資來分散各行各業,例如,考慮兩種主要的娛樂方式:旅行和數據流媒體,希望對沖未來重大流行病影響風險的投資者可能會投資數據流媒體平臺(即受到關閉的積極影響),與此同時,投資者可以考慮同時投資航空公司(受到較少停工的積極影響),從理論上講,這兩個不相關的行業可能會最大限度地降低整體投資組合風險。

投資人需要擁有多少支股票才能適當地多元化?發表在《風險與財務管理雜誌》(Journal of Riskand Financial Management)上的一項研究發現,有太多的變數需要考慮,構成多元化投資組合的最佳數量並不存在。

企業生命週期階段(增長與價值)

公開股往往分為兩類:成長型股票或價值型股票,成長型股票是預計利潤或收入增長將高於行業平均水準的公司中的股票,價值股是根據公司當前的基本面以折扣價交易的公司的股票。

成長型股票往往風險更大,因為公司的預期增長可能無法實現,例如,如果美聯儲限制貨幣政策,通常可用的資本就會減少(或者借錢的費用更高),這給成長型公司帶來了更困難的局面,然而,成長型公司可能會挖掘看似無限的潛力,並超越預期,產生比以前預期的更大的報酬。

另一方面,價值股往往是更成熟、更穩定的公司,雖然這些公司可能已經體驗到了大部分潛力,但它們通常承擔的風險較小,通過兩者多樣化,投資者將利用一些公司的未來潛力,同時也認識到其他公司的現有利益。

市值（大與小）

投資者可能希望考慮根據資產或公司的基礎市值投資不同的證券，考慮兩家公司在籌集資金，向市場推出新產品，品牌認知度和增長潛力方面都將採用截然不同的方法，從廣義上講，低價股有更大的增長空間，儘管高價股往往是更安全的投資。

風險簡介

在幾乎每個資產類別中，投資者都可以選擇證券的潛在風險狀況，例如，考慮固定收益證券，投資者可以選擇從世界上排名最高的政府購買債券，也可以選擇從幾乎倒閉的私營公司購買債券，這些公司正在籌集應急資金，基於發行人、信用評級、未來運營前景和現有債務水準的幾種10年期債券之間存在相當大的差異。

其他類型的投資也是如此，風險更大的房地產開發專案可能比已建立的運營物業具有更大的上行空間，與此同時，與較小的市值硬幣或代幣相比，具有更長歷史和更多採用率的加密貨幣（如比特幣）的風險較小，對於希望最大化報酬的投資者來說，多元化可能不是最好的策略，其中100%的資金都投入到高風險投資中，雖然製造改變生活的錢的可能性更高，但由於多元化程度低，損失資本的可能性也最高。

成熟度長度

到期債券等同固定收益證券，不同的期限長度會影響不同的風險狀況，一般而言，到期日越長，債券價格因利率變動而波動的風險就越高，短期債券往往提供較低的利率;然而，它們也往往受未來收益率曲線不確定性的影響較小，對風險更滿意的投資者可以考慮增加傾向於支付更高利息

的長期債券。

到期日期限在其他資產類別中也很普遍，考慮住宅物業的短期租賃協定（即長達一年）和商業物業的長期租賃協定（即有時五年或更長時間）之間的差異，雖然通過鎖定長期協定來收取租金收入更加安全，但投資者犧牲了提高價格或更換租戶的靈活性。

投資區域（國外與國內）

投資者可以通過投資外國證券獲得進一步的多元化收益，例如，抑制美國經濟的力量可能不會以同樣的方式影響日本經濟，因此，在美國經濟衰退期間，持有日本股票為投資者提供了一小筆保護，以防止損失，或者，在發達國家和新興國家之間實現多元化時，可能會有更大的潛在上行空間（相關的風險程度更高），考慮一下巴基斯坦目前作為前沿市場參與者的分類（最近從新興市場參與者降級），願意承擔更高風險的投資者可能希望考慮巴基斯坦等規模較小但尚未完全成熟的市場的更高增長潛力。

有形性

股票和債券等金融工具是無形投資;它們不能被身體觸摸或感覺到，另一方面，有形投資，如土地，房地產，農田，貴金屬或商品，可以被觸及並具有現實世界的應用，這些實物資產具有不同的投資概況，因為它們可以消費，出租，開發或處理與無形資產或數字資產不同。

有形資產也存在獨特的風險，不動產可能被破壞，物理被盜，被自然條件損壞或過時，實物資產可能還需要存儲、保險或安全成本來攜帶，雖然收入來源與金融工具不同，但保護有形資產的投入成本也不同。

跨平台多樣化

無論投資者如何考慮建立自己的平台，多元化的另一個方面都與這些

資產的持有方式有關，雖然這不是投資風險的影響，但這是一個值得考慮
的額外風險，因為它可能是可分散的。

多元化與散戶投資者

　　時間和預算限制可能使非機構投資者（即個人）難以創建足夠多樣
化的投資組合，這一挑戰是共同基金如此受散戶投資者歡迎的一個關鍵原
因，購買共同基金的股票提供了一種廉價的投資方式，雖然共同基金為各
種資產類別提供了多樣化，但指數型基金（ETF）為投資者提供了進入商
品和國際遊戲等狹窄市場的機會，而這些市場通常很難進入，擁有投資組
合的個人可以在ETF之間分散投資，沒有重疊。

　　這對投資者有利有幾個原因，首先，使用不同的市場訂單單獨購買證
券可能會很昂貴，此外，投資者必須追蹤其投資組合的權重，以確保適當
的多樣化，雖然投資者犧牲了所有被投資的標的公司有發言權，但他們只
是選擇了一種更簡單的投資方法，優先考慮風險最小化。

多元化的利弊

　　多樣化的主要目的是降低風險，通過將投資分散到不同的資產類別，
行業或期限，投資人不太可能遇到影響投資人每一項投資的市場衝擊，還
有其他好處，一些投資者可能會發現多元化使投資更加有趣，因為它鼓勵
探索不同的獨特投資，多元化也可能增加出現積極消息的機會，與其希望
一家公司有利好消息，不如說影響數十家公司之一的好消息可能對投資人
的投資組合有益。

　　但是，多元化也存在缺點，投資組合持有的股份越多，管理起來就越
耗時，而且成本也越高，因為買賣許多不同的持股會產生更多的交易費用
和經紀佣金，更根本的是，多元化的分散策略是雙向的，既降低了風險，

也降低了報酬。

假設投資人在六支股票中平均投資了120000美元，其中一支股票的價值翻了一番，投資人原來的20000美元本金現在價值40000美元，當然，投資人已經賺了很多錢，但還不如投資人全部12萬美元都投資在那家公司裡那麼多，通過保護投資人的不利方面，多元化限制了投資人的上行空間-至少在短期內，從長遠來看，多元化投資組合確實傾向於帶來更高的報酬。

優點	缺點
降低投資組合風險	限制短期收益
對沖市場波動	管理耗時
提供潛在的更高長期報酬	產生更多的交易費用，傭金
對於投資者來說，研究新投資可能更愉快	對於新手，沒有經驗的投資者來說，這可能是壓倒性的

可多元化與不可多元化風險

多元化背後的想法是最小化（甚至消除）投資組合中的風險，但是，投資人可以分散某些類型的風險，無論投資人如何分散，都存在某些類型的風險，這些類型的風險被稱為非系統性風險和系統性風險，考慮2019冠狀病毒病的影響，由於全球健康危機，許多企業停止運營，許多不同行業的員工被解僱，所有行業的消費者支出都面臨下降的風險，一方面，幾乎每個部門都受到經濟放緩的負面影響，另一方面，幾乎每個部門都受益於政府干預和貨幣刺激，COVID-19對金融市場的影響是系統性的。

通過多元化，投資者努力降低上述風險，這些風險可以根據所持有的投資進行控制，一般而言，多樣化旨在降低非系統性風險，這些是該持股所特有的投資所特有的風險，可分散的非系統性風險的例子包括：

- 業務風險：基於特定公司的性質及其在市場上的業務而與特定公司相
   關的風險。

- 財務風險：與特定公司或組織的財務狀況、流動性和長期償付能力相
   關的風險。

- 操作風險：與製造或分銷貨物過程中的故障有關的風險。

- 監管風險：立法可能對資產產生不利影響的風險。

衡量多元化

　　衡量投資組合的多元化程度可能會變得複雜而繁瑣，實際上，不可能
計算出實際的多樣化程度;有太多的資產需要考慮太多的變數，無法真正量
化多元化的單一衡量標準，儘管如此，分析師和投資組合經理還是使用幾
種衡量標準來大致瞭解投資組合的多元化程度。

相關係數

　　相關係數是比較兩個變數之間關係的統計度量值，此統計計算跟蹤兩
個資產的移動以及資產是否傾向於朝同一方向移動，相關係數結果從-1到1
不等，解釋範圍為：

- 更接近-1：兩種資產之間存在很強的多樣化，因為投資朝著相反的方
   向移動，所分析的兩個變數之間存在很強的負相關關係。

- 接近0：兩種資產之間存在適度的多樣化，因為投資沒有相關性，資產
   有時一起移動，而其他時候則不會。

- 更接近1：由於投資朝著同一方向移動，兩種資產之間嚴重缺乏多樣
   化，所分析的兩個變數之間存在很強的正相關關係。

標準差

標準差用於衡量結果在遠離均值的情況下發生的可能性，例如，假設

有兩項投資，每項投資的平均年報酬率為5%，一個具有很高的標準差，這意味著投資有更高的機會或報酬率為20%或-20%，另一項投資的標準差較低，這意味著該投資有更高的機會獲得6%或4%的報酬（報酬更接近平均值）。

分析標準差是跟蹤多樣化以瞭解資產風險狀況的一種方法，充滿高標準差的投資組合可能具有更高的盈利潛力;然而，這些資產可能更有可能在不同資產類別中經歷類似的風險。

智能投資策略

智慧Beta策略通過跟蹤標的指數來提供多樣化，但不一定根據市值來權衡股票，ETF經理進一步篩選基本面的股票問題，並根據客觀分析而不是公司規模重新平衡投資組合，雖然智慧Beta投資組合不受管理，但主要目標成為指數本身的表現。

加權平均

在最基本的形式中，投資組合的多元化可以通過計算資產數量或確定每種資產的權重來衡量，在計算資產數量時，請考慮上述策略的每種類型的數量，例如，投資者可以計算出他們持有的20支股票中，有15支在科技行業，或者，投資者可以通過分配他們所投資的百分比來衡量多元化，在上面的例子中，投資者在單個行業中持有75%的股權，在更廣泛的投資組合基礎上，投資者更頻繁地比較股票、債券和另類資產，以創建其多元化目標，例如，傳統投資組合傾向於60%的股票，40%的債券-儘管一些策略要求根據年齡進行不同的多樣化，現在，更現代的理論聲稱持有另類資產（例如，60%的股票，20%的債券和20%的替代品）還有額外的好處，通過ETF股票組合，由於目標資產類別的特定品質和持股的透明度，投資者確

保其持股的真正多樣化，此外，由於證券之間的相關性或對外界力量的反
應不同，它們可以略微降低風險缺口。

多元化投資有哪些好處？

從理論上講，持有彼此不同的投資可以降低投資人所投資資產的整體
風險，如果一項投資發生不好的事情，如果投資人多元化，投資人更有可
能擁有不受影響的資產。

如果投資人被擴展到投資人本來不會投資的資產類別中，那麼多元化
可能會帶來更大的利潤，此外，一些投資者發現，當他們研究新公司，探
索不同的資產類別，並擁有不同類型的投資時，追求多元化更加愉快。

有哪些分散投資的方法？

有許多不同的方法來多樣化;多樣化的主要方法是購買不同類型的資
產類別，例如，投資人可以考慮購買一些債券來抵消股票的一些市場風
險，而不是將整個投資組合投入公開股票，除了投資不同的資產類別外，
投資人還可以分散投資不同的行業，地理位置，期限長度或市值，多元化
的主要目標是投資於面臨不同風險的廣泛資產。

多元化是一個好的策略嗎？

對於尋求將風險降至最低的投資者來說，多元化是一種強有力的策
略，也就是說，多元化可能會最大限度地減少報酬，因為多元化的目標是
降低投資組合中的風險，通過降低風險，投資者願意減少利潤以換取資本
的保值。

什麼是多元化的例子？

購買標準普爾500指數的指數基金或ETF是多元化的一個例子，該基金
將持有不同行業和產品線的許多不同公司的擁有權股份，這些公司也可能

在全球不同的市場運營。

多元化的想法是創建一個包含多項投資的投資組合,以降低風險,例如,考慮一項僅由一家公司發行的股票組成的投資,如果該公司的股票遭受嚴重下跌,投資人的投資組合將首當其衝地承受下跌的全部衝擊,通過在兩家不同公司的股票之間拆分投資人的投資,投資人可以降低投資組合的潛在風險。

通過包括債券和現金來降低風險

降低投資組合風險的另一種方法是包括債券和現金,由於現金通常被用作短期儲備,因此大多數投資者主要根據股票和債券的使用為其投資組合制定資產配置策略,將部分投資資產保留為現金或短期貨幣市場證券絕不是一個壞主意,現金可以在緊急情況下使用,短期貨幣市場證券可以在出現投資機會的情況下立即清算－或者如果投資人通常的現金需求激增並且投資人需要出售投資以進行支付,此外,請記住,資產配置和多樣化是密切相關的概念;通過資產配置過程創建多元化的投資組合,在創建同時包含股票和債券的投資組合時,激進的投資者可能傾向於80%的股票和20%的債券的組合,而保守的投資者可能更喜歡20%的股票到80%的債券組合。

股票和債券的平衡

無論投資人是激進還是保守,通過為投資人的投資組合選擇股票和債券餘額來使用資產配置來降低風險是創建多元化投資組合的可靠方法,一些共同基金的目標是混合證券,包括股票和債券,以創建現成的平衡投資組合,給定投資組合中股票和債券的特定餘額旨在創建特定的風險報酬率,從而提供實現一定投資報酬率的機會,以換取投資人願意接受一定程度的風險，一般來說，投資人願意承擔的風險越大，投資人的投資報酬就越大。

共同基金

如果投資人是一個財力有限的人，或者投資人只是喜歡簡單的投資方案，投資人可以選擇一個單一的平衡共同基金，並將投資人的所有資產投資於該基金，對於大多數投資者來說，這種策略過於簡單化，雖然給定的投資組合可能適合孩子的大學教育基金，但這種組合可能不適合長期目標，例如退休或遺產規劃。

同樣，擁有大量資金的投資者通常需要旨在滿足更複雜需求的策略，例如最大限度地減少資本利得稅或產生可靠的收入來源，此外，雖然投資於單一共同基金在股票、債券和現金等基本資產類別中提供了多樣化（基金通常持有少量現金，從中收取費用），但多樣化的機會遠遠超出了這些基本類別。

股權投資選擇

對於股票，投資者可以選擇特定的風格，例如專注於大型股，中盤股或小型股，在上述每個領域，股票還被分類為增長或價值，其他選擇標準包括在國內和外國股票之間進行選擇，外國股票還提供包括發達市場和新興市場在內的子分類，外國和國內股票也可用於特定領域，如生物技術和醫療保健。

債券

除了股權投資選擇的多樣性外，債券還提供了多樣化的機會，投資者可以選擇長期或短期問題，他們還可以選擇高收益債券或市政債券，再一次，風險承受能力和個人投資要求將在很大程度上決定投資選擇。

進一步的多元化選擇

　　雖然股票和債券是投資組合構建的傳統工具，但許多另類投資為進一步多樣化提供了機會，房地產投資信託、對沖基金、藝術品、貴金屬和其他投資提供了投資不一定與傳統金融市場同步發展的工具的機會，然而，這些投資提供了另一種投資組合多樣化的方法。

　　有這麼多的投資可供選擇，多樣化似乎很容易實現，但這只是部分正確，投資者仍然需要做出明智的選擇，此外，投資人的投資組合可能會過度多樣化，這將對投資人的報酬產生負面影響，許多金融專家一致認為，20支股票是多元化股票投資組合的最佳數據，考慮到這一點，購買50支個股或四支大型共同基金可能弊大於利。

　　在投資人的投資組合中擁有太多的投資並不能讓任何投資產生太大的影響，而過度多樣化的投資組合往往開始表現得像一個指數基金，在持有少數大型共同基金的情況下，多個基金帶來了重疊持有的額外風險以及各種費用，例如低餘額費用和不同的費用比率，這可以通過更仔細的基金選擇來避免。

＊創建金融投資組合和管理

　　現代投資組合理論(MPT)是一種實用的方法，用於選擇投資以在可接受的風險水準內最大化其整體報酬，這個數學框架用於建立一個投資組合，以最大限度地提高集體給定風險水準的預期報酬，美國經濟學家哈裡·馬科維茨在他的論文投資組合選擇中率先提出了這一理論，該論文於1952年發表在《金融雜誌》上，他後來因其在現代投資組合理論方面的工作而獲得諾貝爾獎，MPT理論的一個關鍵組成部分是多樣化，大多數投資要麼是高風險高報酬，要麼是低風險低迴報，Markowitz認為，投資者可以通過基於對個人風險承受能力的評估選擇兩者的最佳組合來獲得最佳結果。

關鍵要點

- 現代投資組合理論(MPT)是一種可以被規避風險的投資者用來構建多元化投資組合的方法，該投資組合在沒有不可接受的風險水準的情況下最大化其報酬。
- 現代投資組合理論對試圖使用ETF構建高效和多元化投資組合的投資者很有用。
- 更關注下行風險的投資者可能更喜歡後現代投資組合理論。

現代投資組合理論認為，任何給定投資的風險和報酬特徵不應單獨看待，而應通過它如何影響整體投資組合的風險和報酬來評估，也就是說，投資者可以構建由多種資產組成的投資組合，從而在沒有更高風險的情況下獲得更大的報酬。

可接受的風險

MPT假設投資者厭惡風險，這意味著對於給定的報酬水準，他們更喜歡風險較小的投資組合而不是風險較高的投資組合，實際上，風險規避意味著大多數人應該投資於多種資產類別，投資組合的預期報酬計算為單個資產報酬的加權和。

投資組合的風險是每個資產的變異數和每對資產的相關性的函數，為了計算四資產組合的風險，投資者需要四種資產的變異數和六個相關值中的每一個，因為有四種資產的六種可能的兩種資產組合，由於資產相關性，總投資組合風險或標準差低於加權和計算的值。

MPT的好處

　　MPT對於試圖建立多元化投資組合的投資者來說是一個有用的工具，事實上，指數型股票基金指數股票型基金(ETF)的增長通過讓投資者更容易獲得更廣泛的資產類別，使MPT更具相關性，例如，股票投資者可以通過將部分投資組合投入政府債券ETF來降低風險，由於政府債券與股票呈負相關，因此投資組合的變異數將顯著降低，由於這種減少損失的效果，在股票投資組合中添加少量的國債投資不會對預期收益產生很大影響。

尋找負相關

　　同樣，MPT可用於通過將10%的資金投入小型價值指數基金或ETF來降低美國國債投資組合的波動性，儘管小型價值股票本身的風險遠高於美國國債，但它們通常在高通脹時期表現良好，而債券表現不佳，因此，投資組合的整體波動性低於完全由政府債券組成的情況，此外，預期報酬更高。

　　現代投資組合理論允許投資者構建更有效的投資組合，每個可能的資產組合都可以繪製在圖表上，X軸為投資組合的風險，Y軸為預期報酬，揭示了投資組合最理想的組合，例如，假設投資組合A的預期報酬率為8.5%，標準差為8%，假設投資組合B的預期報酬率為8.5%，標準差為9.5%，投資組合A將被認為更有效，因為它具有相同的預期報酬但風險較低，可以繪製一條向上傾斜的曲線來連接所有最有效的投資組合，這條曲線稱為有效前沿，投資於曲線下方的投資組合是不可取的，因為它不會在給定的風險水準下最大化報酬。

對MPT的批評

　　也許對MPT最嚴重的批評是它基於變異數而不是下行風險來評估投資組合，也就是說，在現代投資組合理論下，兩個具有相同變異數和報酬水準的投資組合被認為是同樣可取的，由於經常出現小額虧損，一個投資組合可能會出現這種差異，由於罕見但驚人的下降，另一個可能會出現這種差異，大多數投資者更喜歡經常出現小額虧損，這樣更容易忍受，後現代投資組合理論(PMPT)試圖通過最小化下行風險而不是變異數來改進現代投資組合理論。

經常問的問題

現代投資組合理論與後現代投資組合理論有什麼區別？現代投資組合理論（MPT）是個人投資的一個突破，它表明，保守的投資者可以通過選擇低風險和高風險投資的組合來做得更好，而不是完全選擇低風險的選擇，更重要的是，它表明更有價值的選擇不會增加額外的整體風險，這是投資組合多元化的關鍵屬性，後現代投資組合理論（PMPT）與這些基本假設並不矛盾，但是，它改變了評估投資風險的公式，以糾正其開發人員認為的原始缺陷，這兩種理論的追隨者使用依賴於MPT或PMPT的軟件來構建與他們所尋求的風險水準相匹配的投資組合。

現代投資組合理論有什麼好處？

現代投資組合理論可用於使投資組合多樣化，以便在沒有更大風險的情況下獲得更好的整體報酬，現代投資組合理論（和多元化）的另一個好處是它可以降低波動性，最好的方法是選擇具有負相關性的資產，例如美國國債和小型股，歸根結底，現代投資組合理論的目標是盡可能創建最有效的投資組合。

MPT中有效邊界的重要性是什麼？

有效邊界是現代投資組合理論的基石，這條線表明投資組合將以最低的風險提供最高水準的報酬，當投資組合落在有效邊界的右側時，相對於

Investments

其預期收益，它具有更大的風險，當它低於有效邊界的斜率時，它提供了相對於風險較低的報酬水準。

現代投資組合理論認為，僅僅關注一支特定股票的預期風險和報酬是不夠的，通過投資不止一支股票，投資者可以獲得多元化的好處其中最主要的是降低了投資組合的風險，MPT量化了多樣化的好處，或者不把所有的雞蛋放在一個籃子裡，對於大多數投資者來說，他們購買股票時所承擔的風險是報酬率會低於預期，換句話說，就是與平均報酬的偏差，每支股票都有自己的均值標準差，現代投資組合理論稱之為風險。

如果各種股票的風險不直接相關，則由不同個股組成的投資組合的風險將低於持有任何一支個股的固有風險，考慮一個持有兩支高風險股票的投資組合：一支在下雨時有報酬，另一種在不下雨時有報酬，無論風雨無阻，包含兩種資產的投資組合總能獲得報酬，將一種風險資產添加到另一種風險資產可以降低全天候投資組合的整體風險，換句話說，馬科維茨表明，投資不僅僅是挑選股票，而是選擇正確的股票組合來分配自己的積蓄。

風險種類

現代投資組合理論指出，個股收益的風險有兩個組成部分：系統性風險：這些是無法分散的市場風險，利率、衰退和戰爭都是系統性風險的例子，非系統性風險：也稱為特定風險，這種風險特定於個股，例如管理層變動或運營下滑，隨著投資組合中股票數量的增加，這種風險可以分散，它代表股票報酬中與一般市場走勢無關的部分，對於一個分散良好的投資組合，每支股票的風險或平均偏差對投資組合風險的貢獻很小，相反，決定整體投資組合風險的是個股風險水準之間的差異或協變異數，因此，投資者受益於持有多元化投資組合而不是個股。

高效前沿

既然我們瞭解了多元化的好處，那麼如何確定最佳多元化水準的問題就出現了，進入有效前沿，對於每一個報酬水準，都有一個投資組合提供盡可能低的風險，對於每一個風險水準，都有一個投資組合提供最高報酬，這些組合可以繪製在圖表上，結果線是有效邊界，下圖僅顯示了兩支股票的有效邊界高風險/高報酬的科技股（如GoogleGoogle）和低風險/低迴報的消費股（如可口可樂）。

位於曲線上部的任何投資組合都是有效的：它給出了給定風險水準的最大預期報酬，理性的投資者只會持有位於有效邊界某處的投資組合，投資者將承擔的最大風險水準決定了投資組合在線上的位置，現代投資組合理論將這個想法更進一步，它表明，將位於有效前沿的股票投資組合與無風險資產（通過借貸融資購買）相結合，實際上可以增加有效前沿之外的報酬，換句話說，如果投資人要買入一支無風險股票，那麼剩餘的股票投資組合可能具有更高的風險，因此報酬率可能高於投資人可能選擇的報酬。

MPT對投資人意味著什麼？

現代投資組合理論對投資者如何看待風險、報酬和投資組合管理產生了顯著影響，該理論表明，投資組合多樣化可以降低投資風險，事實上，現代基金經理通常會遵循它的規則，被動投資也包含MPT，因為投資者選擇低成本且多元化的指數基金，由於多元化，任何個股的損失都不足以損害業績，被動投資的成功和普遍性表明現代投資組合理論無處不在。

MPT的缺點

儘管MPT可能無處不在，但它在現實世界中仍然存在一些缺點，首先，它通常要求投資者重新考慮風險概念，有時它要求投資者進行感知風險投資（例如期貨），以降低整體風險，對於不熟悉複雜投資組合管理技術的好處的投資者來說，這可能是一個艱難的賣點。

此外，MPT假設可以選擇其個人表現獨立於投資組合中其他投資的股票，但市場歷史學家已經表明，不存在這樣的工具，在市場壓力時期，看似獨立的投資確實表現得好像它們是相關的。

同樣，借錢持有無風險資產並增加投資人的投資組合報酬是合乎邏輯的，但找到真正無風險的資產是另一回事，政府支持的債券被認為是無風險的，但實際上並非如此，金邊債券和美國國債等證券沒有違約風險，但對通脹上升和利率變化的預期都會影響它們的價值。

然後是多元化所需的股票數量問題，多少才夠？共同基金可以包含幾十支股票，投資大師威廉·伯恩斯坦（William J. Bernstein）表示，即使是100支股票也不足以分散非系統性風險。

相比之下，Edwin J. Elton和Martin J. Gruber在他們的《現代投資組合理論與投資分析》（1981年）一書中得出結論，在添加第20支股票後，投資人將非常接近實現最佳多樣性。

投資組合是金融投資的集合，如股票、債券、商品、現金和現金等價物，包括封閉式基金和指數股票型基金(ETF)，人們普遍認為股票、債券和現金構成了投資組合的核心，雖然這種情況經常發生，但它不需要成為規則，投資組合可能包含廣泛的資產，包括房地產、藝術品和私人投資，投資人可以選擇自己持有和管理投資人的投資組合，也可以讓資金經理、財務顧問或其他金融專業人士管理投資人的投資組合。

- 投資組合是金融投資的集合，如股票、債券、商品、現金和現金等價物，以及它們的基金對應物。

- 股票和債券通常被認為是投資組合的核心組成部分，儘管投資人可以用許多不同類型的資產來發展投資組合，包括房地產、黃金、繪畫和其他藝術收藏品。

- 多元化是投資組合管理中的一個關鍵概念。

- 一個人的風險承受能力、投資目標和時間範圍都是組合和調整投資組合時的關鍵因素。

- 投資組合管理是主動投資的一項重要財務技能。

瞭解金融投資組合

投資組合管理的關鍵概念之一是多元化的智慧，這僅僅意味著不要把所有的雞蛋都放在一個籃子裡，多元化試圖通過在各種金融工具、行業和其他類別之間分配投資來降低風險，它旨在通過投資於對同一事件做出不同反應的不同領域來最大化報酬，多樣化的方法有很多。

如何選擇由投資人決定，投資人對未來的目標、投資人的風險偏好和投資人的個性都是決定如何建立投資人的投資組合的因素，無論投資人的投資組合的資產組合如何，所有投資組合都應包含一定程度的多元化，並反映投資者對風險、報酬目標、時間範圍和其他相關限制的承受能力，包括稅收狀況、流動性需求、法律情況和獨特情況，股票和債券證書曾經僅以紙質形式發行，並沿用了該術語，出於類似的原因，作品集也用於描述藝術家的作品收藏，管理投資組合投資人可能會將投資組合視為一個被分成不同楔形大小的餡餅，每塊代表不同的資產類別和/或投資類型。

投資者的目標是構建一個多元化的投資組合，以實現適合其風險承受水準的風險報酬投資組合配置，儘管股票、債券和現金通常被視為投資組合的核心組成部分，但投資人可以用許多不同類型的資產來發展投資組合包括房地產、黃金股票、各種類型的債券、繪畫和其他藝術收藏品，50%的債券、20%的股票和30%的短期投資是保守投資組合的一個例子。

例如投資組合分配適用於風險承受能力低的投資者，一般來說，保守策略試圖通過投資低風險證券來保護投資組合的價值，在該示例中，投資人會看到整整50%分配給債券，其中可能包含高等級公司和政府債券，包括市政債券，20%的股票配置可能包括藍籌股或大型股，30%的短期投資可能包括現金、存款證(CD)和高收益儲蓄帳戶，大多數投資專業人士都同意，儘管不能保證不會出現損失，但多元化是實現長期財務目標同時將風險降至最低的關鍵組成部分。

投資組合類型

有多少投資者和基金經理，就有多少不同類型的投資組合和投資組合策略，投資人還可以選擇擁有多個投資組合，其內容可以反映不同的策略或投資方案，針對不同的需求進行構建。

混合投資組合

混合投資組合方法使資產類別多樣化，建立混合投資組合需要在股票以及債券、商品、房地產甚至藝術品中持有部位，一般來說，混合投資組合需要相對固定比例的股票、債券和另類投資，這是有益的，因為從歷史上看，股票、債券和替代品之間的相關性並不完美。

組合投資

當投資人將投資組合用於投資目的時，投資人期望股票、債券或其他金融資產會隨著時間的推移獲得報酬或價值增長，或兩者兼而有之，證券投資可能是戰略性的，投資人購買金融資產是為了長期持有這些資產；或戰術，投資人積極買賣資產，希望獲得短期收益。

激進的、以股票為中心的投資組合

激進投資組合中的標的資產通常會承擔巨大的風險以尋求巨大的報酬，激進的投資者會尋找處於成長初期並具有獨特價值主張的公司，他們中的大多數還不是家喻戶曉的名字。

以股票為中心的防禦性投資組合

防禦性的投資組合往往會專注於不受經濟衰退影響的消費必需品，防禦性股票在糟糕時期和好時期都表現良好，無論特定時期的經濟有多糟糕，生產日常生活必需產品的公司都會生存下來。

以收入為中心的股票投資組合

這種類型的投資組合通過支付股息的股票或其他類型的分配給利益相關者來賺錢，收入投資組合中的一些股票也可能適合防禦性投資組合，但在這裡選擇它們主要是因為它們的高收益，收入組合應產生正現金流，不動產投資信託（REITs）是創收投資的例子。

以股票為中心的投機性投資組合

投機性投資組合最適合具有高風險承受能力的投資者，投機行為可能包括首次公開發行(IPO)或傳聞成為收購目標的股票，正在開發單一突破性產品的技術或醫療保健公司也屬於這一類。

風險承受能力對投資組合配置的影響

儘管財務顧問可以為個人創建通用的投資組合模型，但投資者的風險承受能力應顯著反映投資組合的內容。

相比之下，風險承受能力強的投資者可能會在激進的大盤成長股部位

Investments

中增加一些小型成長股，承擔一些高收益債券缺口，並為其投資組合尋找房地產、國際和另類投資機會，一般來說，投資者應盡量減少對波動性使他們感到不舒服的證券或資產類別的缺口。

時間範圍和投資組合分配

與風險承受能力類似，投資者在建立投資組合時應該考慮他們需要投資多長時間，一般來說，隨著目標日期的臨近，投資者應該轉向保守的資產配置，以保護投資組合的收益，例如，保守的投資者可能會青睞包含大盤價值股票、基礎廣泛的市場指數基金、投資級債券以及流動性高的現金等價物部位的投資組合。

舉個例子，一個為退休儲蓄的投資者，他計劃在五年內離開勞動力市場，即使該投資者樂於投資股票和風險更高的證券，他們也可能希望將投資組合的大部分投資於債券和現金等更保守的資產，以幫助保護已經保存的資產，相反，剛進入勞動力市場的個人可能希望將其整個投資組合投資於股票，因為他們可能有數十年的投資時間，並且有能力抵禦一些市場的短期波動。

投資人如何創建金融投資組合？

與被動的指數投資方法相比，建立投資組合需要更多的努力，首先，投資人需要確定投資人的目標、風險承受能力和時間範圍，然後，研究並選擇符合這些參數的股票或其他投資，通常需要定期監控和更新，以及每個位置的入口和出口點，再平衡需要出售一些持股併購買更多其他持股，以便投資人的投資組合的資產配置在大多數情況下與投資人的策略、風險承受能力和期望的報酬水準相匹配，儘管需要付出額外的努力，但定義和建立投資組合可以增強投資人的投資信心並讓投資人控制自己的財務狀況。

好的投資組合是什麼樣的？

一個好的投資組合將取決於投資人的投資風格、目標、風險承受能力和時間範圍，一般而言，無論投資組合類型如何，都建議進行良好的多元化，以免將所有雞蛋都放在一個籃子裡。

投資人如何衡量投資組合的風險？

投資組合的收益標準差（或變異數）通常用作整體投資組合風險的代表，標準差的計算不僅僅是單個資產標準差的加權平均值，它還必須考慮不同資產之間的共變數，對於2種資產的投資組合，標準差計算為：

$$\sigma_p = (w_{12}\sigma_{12} + w_{22}\sigma_{22} + 2w_1w_2Cov_{12})\,1/2$$

隨著時間的推移，許多投資研究分析師經常變成投資組合經理，畢竟，幾乎所有投資分析的目標都是做出投資決定或建議某人做出決定，分析股票和管理股票投資組合密切相關：這就是為什麼大多數分析師在股票分析和現代投資組合理論(MPT)等學科方面都擁有良好的教育背景。

然而，在金融領域就像在許多職業中一樣理論或學術概念的實際應用可能涉及超出個人專業和培訓的思考，運行一組股票投資組合需要關注細節、軟件技能和管理效率，簡而言之，投資人需要瞭解股票投資組合管理的機制，以創建和處理一組不同的投資組合，確保它們不僅表現良好，而且作為同質元素發揮作用。

- 在實際構建和運行股票投資組合之前，必須學習投資組合管理的某些基本要素。
- 投資組合經理可能會受到他們工作的投資公司的風格、價值觀和方法的限制。

- 隨著時間的推移，瞭解投資組合管理活動的稅務後果對於構建和管理投資組合至關重要。
- 投資組合建模是將一組關鍵股票的分析和評估應用於一組或風格的一組投資組合的好方法。
- 投資組合建模可以成為股票分析和投資組合管理之間的有效鏈接。

投資組合經理的限制

為投資管理公司工作的專業投資組合經理通常無法選擇支配他們管理的投資組合的一般投資理念，投資公司可能有嚴格定義的選股和資產管理參數，例如，一家公司可能將自己定義為具有價值投資選擇風格，並使用某些交易指南來遵循這種風格，此外，投資組合經理通常受到市值準則的限制，小型經理可能僅限於選擇市值在2.5億至10億美元之間的股票。

相對於經濟趨勢的選擇也可能存在不同風格，一些投資組合經理使用自下而上的方法，通過選擇股票來做出投資決策，而不考慮行業或經濟預測，其他的則是自上而下的，使用整個行業或宏觀經濟趨勢作為分析和選股的起點，許多樣式使用這些方法的組合。

當然，個別管理者自己的觀點、投入、意見、哲學、技術和信念也有一定的影響，這就是為什麼它們是投資行業中收入最高的工作之一，然而，投資組合管理的第一步是瞭解他們特定組織的投資範圍和信條並遵守它。

投資組合經理和稅務考慮

隨著時間的推移，瞭解投資組合管理活動的稅務後果對於構建和運行投資組合至關重要，許多機構投資組合，例如退休基金或養老基金的投資組合，每年都不會產生稅收，他們的避稅身份為他們的投資組合經理提供了比應稅投資組合更大的靈活性。

與應稅投資組合相比，非應稅投資組合可以讓自己獲得更大的股息收入和短期資本收益，應稅投資組合的經理可能需要特別注意股票持有期、稅收手數、短期資本收益、資本損失、稅收出售以及他們持有的股票產生的股息收入，他們可能會保持較低的投資組合周轉率（與非應稅投資組合相比）以避免應稅事件。

建立投資組合模型

無論經理是在單一股權投資產品或風格中運行一個投資組合還是1000個投資組合，建立和維護投資組合模型是股權投資組合管理的一個常見方面，投資組合模型是匹配單個投資組合的標準，一般來說，投資組合經理會為投資組合模型中的每支股票分配一個百分比權重，然後，修改個人投資組合以匹配此加權組合。

投資組合模型通常使用專門的投資管理軟件創建，但Microsoft Excel等通用程式也可以工作，例如，在混合了公司分析、行業分析和宏觀經濟分析之後，投資組合經理可能會決定它需要相對較大權重的特定股票，在這種投資組合經理的風格中，相對較大的權重是投資組合總價值的4%，通過降低模型中其他股票的權重，或通過降低整體現金權重，投資組合經理將能夠在所有投資組合中購買足夠的特定公司股票，以匹配4%的模型權重。

所有投資組合看起來彼此相似，並且類似於投資組合模型，至少在該特定股票的4%權重方面，通過這種方式，投資組合經理可以在給定投資組合組規定的特定風格的情況下以相似或相同的方式運行所有投資組合，相對於彼此，所有投資組合都可以預期以標準化的方式產生報酬，它們在風險/報酬方面也將彼此相似，實際上，投資組合經理所做的所有分析和安全評估都是在一個模型上運行的，而不是在單個投資組合上運行的。

隨著個別股票的前景隨著時間的推移而改善或惡化，投資組合經理只需改變投資組合模型中這些股票的權重，以優化其涵蓋的所有實際投資組合的報酬。

投資組合建模的效率

建模允許顯著的分析效率，投資組合經理只需要瞭解所有投資組合中擁有相似比例的30或40支股票，而不是許多帳戶中不同比例擁有的100或200支股票，通過隨時間改變投資組合模型中的模型權重，可以輕鬆地將這30或40支股票的變化應用於所有投資組合，由於個別股票的前景會隨著時間而變化，投資組合經理只需要改變他或她的模型權重即可同時觸發所有投資組合的投資決策。

投資組合模型還可用於處理單個投資組合級別的所有日常交易，只需根據模型購買即可快速有效地設置新帳戶，現金存款和取款可以以類似的方式處理，如果投資組合足夠大，則只需將模型應用於資產規模的變化，即可構建反映投資組合模型的投資組合，較小的投資組合可能會受到股票手數限制，這可能會影響投資組合經理準確買入或賣出某些百分比權重的能力。

*預期投資組合報酬

作為一個消息靈通的投資者，投資人自然想知道投資人的投資組合的預期報酬－其預期表現以及它正在積累的整體利潤或損失，預期報酬只是：預期，它不能保證，因為它基於歷史報酬並用於產生預期，但它不是預測，投資組合的預期報酬將取決於投資組合中個別證券在加權平均基礎上的預期報酬，因此，一個多元化的投資組合需要考慮幾種資產的預期報酬。

關鍵要點

- 為了計算投資組合的預期報酬，投資者需要計算其每個持股的預期報酬，以及每個持股的總體權重。
- 基本的預期報酬公式涉及將每種資產在投資組合中的權重乘以其預期報酬，然後將所有這些數據相加。
- 換句話說，投資組合的預期報酬是其各個組成部分報酬的加權平均值。
- 預期報酬通常基於歷史數據，因此不能保證。
- 投資組合的標準差或風險並不像其預期報酬那樣簡單。

如何計算預期報酬

為了計算投資組合的預期報酬，投資者需要知道其投資組合中每支證券的預期報酬以及投資組合中每種證券的總體權重，這意味著投資者需要將每種證券的預期報酬率（RoR）的加權平均值相加，投資者對證券預期報酬的估計基於以下假設：過去被證明是正確的，將來將繼續被證明是正確的，投資者不使用市場結構視圖來計算預期報酬，相反，他們通過獲取每支證券的價值並將其除以證券的總價值來找到投資組合中每種證券的權重，一旦知道每支證券的預期報酬並計算出每支證券的權重，投資者只需將每支證券的預期報酬乘以相同證券的權重，然後將每種證券的乘積相加。

預期報酬公式

假設投資人的投資組合包含三種證券，其預期報酬的等式如下：

$Ep = w_1E_1 + w_2E_2 + w_3E_3$

其中：**wn是指每項資產的投資組合權重，En是其預期收益。**

投資組合的預期報酬及其標準差（即風險）在現代投資組合理論（MPT）中一起使用，特別是，它使用均值變異數優化（MVO）過程來提供最佳的資產配置，以最大化給定風險水準的預期報酬（或者，最小化給定預期報酬的風險）。

預期報酬的限制

由於市場波動且不可預測，因此計算證券的預期報酬更多的是猜測而不是確定的，因此，它可能導致整個投資組合的預期報酬不準確，預期報酬並不能描繪出一幅完整的畫面，因此僅根據它們做出投資決策可能是危險的，例如，預期報酬率沒有考慮到波動性，年復一年從高收益到虧損的證券，其預期報酬可能與保持在較低幅度的穩定證券相同，由於預期報酬是向後看的，它們沒有考慮當前的市場狀況、政治和經濟環境、法律和監管變化以及其他因素。

如何計算投資組合的標準差？

投資組合的標準差是其風險水準的代理，與投資組合預期報酬的直接加權平均計算不同，投資組合標準差必須考慮每個資產類別之間的相關性，這意味著，在投資組合中添加不相關的資產可以帶來更高的預期報酬，同時降低投資組合風險，因此，隨著添加更多資產，計算可能會很快變得複雜和繁瑣，對於雙資產投資組合，其標準差的公式為：

$\sigma = (w_1^2\sigma_1^2 + w_2^2\sigma_2^2 + 2w_1w_2Cov_{1,2})^{1/2}$

其中：**wn是任一資產的投資組合權重．σ_n^2的變異數，Cov$_{1,2}$是兩種資產之間的共變數。**

如何找到投資組合的預期報酬？

　　一些在線經理人或某些財務顧問可能能夠一目了然地為投資人提供投資組合的標準差，因為它是通過後台的軟體自動計算的，要手動計算，投資人只需要計算出每個持倉的預期報酬的加權平均值。

＊投資組合中的數量

　　投資組合中的理想股票數量是多少？雖然似乎許多消息來源對投資組合中「正確」數量的股票有看法，但這個問題確實沒有一個正確的答案，在投資人的投資組合中持有的正確股票數量取決於幾個因素，例如投資人的居住國和投資國，投資人的投資時間範圍，市場狀況以及投資人閱讀市場新聞和保持最新持股的傾向。

關鍵要點

- 雖然許多消息來源對擁有「正確」數量的股票有看法，但這個問題確實沒有一個正確的答案。

- 正確的股票數量取決於許多因素，例如投資人的投資時間範圍，市場狀況以及投資人保持最新持有的傾向。

- 雖然沒有共識答案，但人們普遍認為，多元化絕對是長期報酬的關鍵。

- 多元化的投資組合可減少非系統性風險缺口，即與特定公司或行業相關的風險。

- 然而，考慮持有越來越多的股票的交易成本，通常，最好持有有效消除其非系統性風險缺口所需的最小數量的股票。

瞭解投資組合中的理想股票數量

Investments

投資者將資金分散到許多不同的投資工具中，其主要原因是為了最大限度地降低風險缺口，具體而言，多元化允許投資者減少對所謂的非系統性風險的缺口，這種風險可以定義為與特定公司或行業相關的風險，投資者無法分散系統性風險，例如經濟衰退拖累整個股市的風險，但現代投資組合理論領域的學術研究表明，多元化的股票投資組合可以有效地將非系統性風險降低到接近零的水準，同時仍保持與風險過高的投資組合相同的預期報酬水準。

換句話說，雖然投資者必須接受更大的系統性風險，以獲得潛在更高的報酬（稱為風險-報酬的糾易），但他們通常不會因承擔非系統性風險而享有更高的報酬潛力，投資人在投資組合中持有的股票越多，投資人的非系統性風險缺口就越低，由10支或更多股票組成的投資組合，特別是跨不同行業或行業的投資組合，比只有兩支股票的投資組合風險要小得多。

考慮交易費用

當然，持有更多股票的交易成本可能會增加，因此通常最好持有有效消除其非系統性風險缺口所需的最小數量的股票，這個數據是多少？沒有共識答案，但有一個合理的範圍，多元化的股票投資組合可以有效地將非系統性風險降低到接近零的水準，同時仍保持與具有超額風險的投資組合相同的預期報酬水準。

最近的研究表明，投資者利用在線經紀商提供的低交易成本，可以通過持有任意數量的股票來最好地優化其投資組合，然而，存在一個時間成本謬誤，大多數投資者發現，通過選擇基於指數的證券，他們的投資組合可以表現得同樣好，如果不是更好的話，這些被稱為指數型股票基金指數股票型基金（ETF）。

　　如果投資人被必須研究，選擇和保持對許多不同個股的認識的想法所嚇倒，投資人可能希望考慮使用指數基金或ETF在不同行業和市值組中提供快速簡便的多樣化，因為這些投資工具有效地讓投資人通過一次交易購買一籃子股票。

多元化投資組合應持有多少支股票？

　　人們普遍認為，投資者應該將他們的投資組合分散到他們想要接觸的行業，同時保持固定收益工具的健康配置，以對沖個別公司或行業的低迷。

投資組合中應該有多少支股票和債券？

　　答案取決於投資人在資產配置中採用的方法，如果投資人採取超激進的方法，投資人可以將100%的投資組合分配給股票，適度攻擊性，將80%的投資組合轉移到股票上，將20%轉移到現金和債券上，如果投資人希望適度增長，請將60%的投資組合保留在股票中，40%保留現金和債券，最後，採取保守的方法，如果投資人想保全投資人的資本而不是獲得更高的報酬，那麼在股票上的投資不超過50%。

　　一個好的經驗法則是減少股票的百分比，並隨著年齡的增長增加高品質的債券，以便更好地保護投資人免受潛在市場低迷的影響，例如，一個30歲的投資者將持有70%的股票和30%的債券，而一個60歲的投資者將持有40%的股票和60%的債券。

＊衡量投資組合風險

　　投資組合變異數是衡量投資組合報酬離散度的指標，它是給定投資組合在設定時間段內的實際報酬的總和，投資組合差異是使用投資組合中每

Investments

種證券的標準差和投資組合中證券之間的相關性來計算的，現代投資組合理論（MPT）指出，通過選擇具有低相關性或負相關性的證券（如股票和債券）可以減少投資組合差異。

關鍵要點

- 投資組合變異數本質上是風險的衡量標準。
- 該公式有助於確定投資組合是否具有適當的風險水準。
- 現代投資組合理論指出，投資組合變異數可以通過選擇具有低相關性或負相關性的資產組合來減少。

計算證券的投資組合差異

要計算投資組合中證券的投資組合變異數，請將每種證券的平方權重乘以證券的相應變異數，然後將2乘以證券的加權平均值乘以證券之間的共變數，要計算具有兩種資產的投資組合的差異，請將第一個資產的權重平方乘以資產的差異，並將其與第二個資產的權重乘以第二個資產的差異的平方，接下來，將結果值相加2乘以第一個和第二個資產的權重乘以兩個資產的共變數。

一般公式為

投資組合變異數$= w_{12}\sigma_{12} + w_{22}\sigma_{22} + 2w_1w_2\text{Cov}_{12}$

其中

w_1=**第一個資產的投資組合權重**

w_2=**第二資產的投資組合權重**

σ_1=**第一個資產的標準差**

σ_2=**第二個資產的標準差**

Cov_{12}=**兩個資產的共變數，因此可以表示為**$p_{12}\sigma_1\sigma_2$

其中r_{12}是兩個資產之間的相關係數

投資組合變異數與現代投資組合理論

現代投資組合理論（MPT）是構建投資組合的框架，MPT的核心前提是理性投資者希望在最小化風險的同時實現報酬最大化，有時使用波動性來衡量，因此，投資者尋求所謂的有效邊界，或可以實現目標報酬的最低風險和波動水準。

衡量風險

在MPT之後，可以通過投資非相關資產來降低投資組合中的風險，也就是說，可能被認為本身有風險的投資實際上可以降低投資組合的整體風險，因為當其他投資下跌時，它往往會上升，這種減少的相關性可以減少理論投資組合的變異數，從這個意義上說，就風險、報酬和多樣化而言，單個投資的報酬不如其對投資組合的總體貢獻重要，投資組合中的風險水準通常使用標準差來衡量，標準差計算為變異數的平方根，如果數據點遠離平均值，則變異數較高，投資組合中的整體風險水準也較高，標準差是投資組合經理、財務顧問和機構投資者使用的風險關鍵衡量標準，資產管理公司通常會在其績效報告中包括標準差。

衡量投資組合績效

許多投資者錯誤地將其投資組合的成功僅僅建立在報酬之上，很少有投資者會考慮實現這些報酬所涉及的風險，自1960年代以來，投資者已經知道如何通過報酬的可變性來量化和衡量風險，但實際上沒有一個單一的衡量標準可以同時考慮風險和報酬，今天，有三套績效衡量工具可以幫助進行投資組合評估，Treynor、Sharpe和Jensen比率將風險和報酬表現結合為一個值，但每個都略有不同，哪個最好？或許，三者兼而有之。

Investments

投資組合績效指標是投資決策的關鍵因素。

有三套績效衡量工具可幫助進行投資組合評估，Treynor、夏普和詹森比率。

投資組合報酬只是故事的一部分，如果不評估風險調整後的報酬，投資者不可能看到整個投資前景。

Treynor測量

Jack L. Treynor是第一個為投資者提供投資組合績效的綜合衡量標準，其中也包括風險，Treynor的目標是找到一種適用於所有投資者的績效衡量標準，無論他們的個人風險偏好如何，Treynor認為風險實際上有兩個組成部分：股票市場波動產生的風險和個別證券波動產生的風險。

Treynor引入了證券市場線的概念，它定義了投資組合收益和市場收益率之間的關係，其中線的斜率衡量了投資組合和市場之間的相對波動性（以beta表示），Beta係數是股票投資組合對市場本身的波動性度量，線的斜率越大，風險收益權衡就越好，Treynor度量，也稱為報酬波動率，定義為：

Treynor Measure=(PR-RFR)/β

其中：

PR=投組報酬

RFR=無風險利率

β=斜率

分子標識風險溢價，分母對應於投資組合風險，結果值代表投資組合的每單位風險報酬，由於該度量僅使用系統風險，它假設投資者已經擁有充分分散的投資組合，因此不考慮非系統風險（也稱為可分散風險），因此，這一績效衡量標準最適用於持有多元化投資組合的投資者。

夏普比率

夏普比率與Treynor測度幾乎相同，只是風險測度是投資組合的標準差，而不是僅考慮由Beta表示的系統風險，由Bill Sharpe構想，該衡量標準緊跟他在資本資產定價模型(CAPM)方面的工作，並且通過擴展，使用總風險將投資組合與資本市場線進行比較，夏普比率定義為：

Sharpe ratio=（PR-RFR）/SD

其中：

PR=投組報酬

RFR=無風險利率

SD=標準差

與Treynor度量不同，夏普比率根據報酬率和多樣化來評估投資組合經理（它認為總投資組合風險是通過其分母中的標準差來衡量的），因此，夏普比率更適合多元化的投資組合，因為它更準確地考慮了投資組合的風險。

詹森測量

與之前討論的性能度量類似，Jensen度量是使用CAPM計算的，Jensen度量以其創建者Michael C. Jensen的名字命名，計算投資組合產生的超額收益超過其預期收益，這種報酬衡量標準也稱為alpha。

詹森比率衡量投資組合的報酬率在多大程度上歸因於經理提供高於平均水準的報酬的能力，並根據市場風險進行了調整，該比率越高，風險調整後的報酬就越好，超額收益始終為正的投資組合的alpha為正，而超額收益始終為負的投資組合的alpha為負，公式分解如下：

Jenson's alpha=PR-CAPM

其中：

PR=投組報酬

CAPM=risk-free rate+β(return of market risk-free rate of return)

如果我們假設無風險利率為5%，市場報酬率為10%，那麼以下基金的alpha值是多少？

證券（或投資組合）的報酬率和風險都會因時間段而異，Jensen度量要求對每個時間間隔使用不同的無風險收益率，要使用年度間隔評估基金經理五年期間的業績，還需要檢查基金的年度報酬減去每年的無風險報酬，並將其與市場投資組合的年度報酬減去相同的風險-免費率。

相反，Treynor和夏普比率檢查公式中所有變量（投資組合、市場和無風險資產）在整個期間的平均報酬，然而，與Treynor度量類似，Jensen的alpha以beta（系統性、不可分散風險）計算風險溢價，因此假設投資組合已經充分分散，因此，該比率最適用於共同基金等投資。

標準差在投資組合中的測量

當投資分析師想要瞭解與共同基金或對沖基金相關的風險時，他們首先要考慮其標準差，這種平均變異數的測量在與統計學，經濟學，會計學和金融學相關的許多領域中佔有突出地位，對於給定的數據集，標準差測量數據與平均值的分佈程度，通過衡量投資組合年報酬率的標準差，分析師可以看到報酬隨時間推移的一致性，具有長期持續報酬記錄的共同基金將顯示較低的標準差，以增長為導向的基金或新興市場基金可能具有更大的波動性，並將具有更高的標準差，因此，它本身風險更大。

- 標準差可以顯示投資報酬隨時間推移的一致性。
- 具有高標準差的基金顯示價格波動。
- 標準差較低的基金往往更具可預測性。
- 標準差是通過取變異數的平方根來計算的，變異數本身就是均值平變異數的平均值。

瞭解標準差

標準差測量廣泛流行的原因之一是其一致性，與平均值的標準差表示相同的內容，無論投資人是查看國內生產總值（GDP），作物產量還是各種品種的狗的身高，此外，它始終以與數據集相同的單位進行計算，投資人不必解釋公式產生的其他度量單位。

標準差測量示例

例如，假設一個共同基金在五年內實現了以下年報酬率：4%、6%、8.5%、2%和4%，平均值或平均值為4.9%，標準差為2.46%，每個值都以百分比表示，因此更容易比較幾個共同基金的相對波動性，由於其一致的數學屬性，任何數據集中68%的值位於平均值的一個標準差內，95%位於平均值的兩個標準差內，或者，投資人可以95%的確定性估計年報酬率不超過均值的兩個標準差內創建的範圍。

其他需要考慮的數據

雖然標準差很重要，但不應被視為對單個投資或投資組合價值的最終衡量標準，例如，每年報酬率在5%至7%之間的共同基金的標準差低於每年報酬率在6%至16%之間的競爭基金，但這並不能使其成為更好的選擇，值得注意的是，標準差只能顯示共同基金年度報酬的離散度，這並不一定意味著未來與此衡量標準保持一致，利率變化等經濟因素總是會影響共同

基金的表現。

標準差測量的缺點

　　即使作為對與共同基金相關的風險的評估，標準差也不是一個獨立的答案，例如，標準差僅顯示基金報酬的一致性（或不一致性），它沒有顯示該基金相對於其基準的表現如何，基準以Beta係數來衡量，依賴標準差的另一個潛在缺點是，它假定數據值呈鍾形分佈，這意味著該等式表明，實現高於均值或低於均值的值存在相同的概率，許多投資組合沒有表現出這種趨勢，特別是對沖基金傾向於向一個方向或另一個方向傾斜，投資組合中持有的證券越多，證券種類越多，每支證券及其標準差對整個投資組合的影響就越小。

變異數在投資組合中的測量

　　投資組合變異數是衡量投資組合收益分散程度的指標，它是給定投資組合在一定時期內的實際報酬的總和，投資組合變異數是使用投資組合中每種證券的標準差和投資組合中證券之間的相關性計算的，現代投資組合理論(MPT)指出，通過選擇具有低或負相關性的證券進行投資，例如股票和債券，可以減少投資組合的差異。

- 投資組合變異數本質上是對風險的衡量。
- 該公式有助於確定投資組合是否具有適當的風險水準。
- 現代投資組合理論指出，可以通過選擇具有低或負相關性的資產組合來減少投資組合變異數。

計算證券的投資組合變異數

　　要計算投資組合中證券的投資組合變異數，請將每個證券的平方權重乘以證券的相應變異數，然後加上兩個乘以證券的加權平均值乘以證券之間的共變數，要計算具有兩種資產的投資組合的變異數，請將第一個資產的權重的平方乘以該資產的變異數，然後將其添加到第二個資產的權重乘以第二個資產的變異數的平方，接下來，將結果值加到2乘以第一個和第二個資產的權重乘以這兩個資產的共變數，一般公式是投資組合變異數

$$= w_{12} \sigma_{12} + w_{22} \sigma_{22} + 2w_1 w_2 Cov_{12}$$

其中：

w_1=第一項資產的投資組合權重

w_2=第二個資產的投資組合權重

σ_1=第一個資產的標準差

σ_2=第二個資產的標準差

Cov_{12}=兩種資產的共變數，因此可以表示為$p_{12} \sigma_1 \sigma_2$，其中p_{12}是兩種資產之間的相關係數

投資組合變異數和現代投資組合理論

現代投資組合理論（MPT）是構建投資組合的框架，MPT的核心前提是理性投資者希望在最大限度地降低風險的同時最大限度地提高報酬，有時使用波動率來衡量，因此，投資者尋求所謂的有效邊界，即可以實現目標報酬的最低風險和波動水準。

衡量風險

在MPT之後，可以通過投資非相關資產來降低投資組合中的風險，也就是說，一項本身可能被認為有風險的投資實際上可以降低投資組合的整體風險，因為當其他投資下降時，它往往會上升，這種降低的相關性可以減少理論投資組合的變異數，從這個意義上說，就風險、報酬和多樣化而言，單個投資的報酬不如其對投資組合的整體貢獻重要，投資組合中的風

險水準通常使用標準差來衡量，標準差計算為變異數的平方根，如果數據點遠離均值，則變異數很高，投資組合中的整體風險水準也很高，標準差是投資組合經理、財務顧問和機構投資者用來衡量風險的關鍵指標，資產管理公司通常會在其業績報告中包含標準差。

共數數在投資組合中的測量

共變數衡量兩種資產報酬之間的方向關係，正共變數意味著資產收益一起移動，而負共變數意味著它們反向移動，共變數是通過分析報酬意外（與預期報酬的標準差）或通過將兩個隨機變量之間的相關性乘以每個變量的標準差來計算的。

- 共變數是一種統計工具，用於確定兩個隨機變量的運動之間的關係。
- 當兩支股票傾向於一起移動時，它們被視為具有正共變數；當它們反向移動時，共變數為負。
- 共變數與相關係數不同，相關係數是相關關係強度的度量。
- 共變數是現代投資組合理論中的一個重要工具，用於確定將哪些證券放入投資組合。
- 通過將具有負共變數的資產配對，可以降低投資組合中的風險和波動性。

共變數評估兩個隨機變量的平均值如何一起移動，如果當股票B的收益上漲時股票A的收益上漲，並且當每支股票的收益下降時發現相同的關係，則稱這些股票具有正共變數，在金融領域，計算共變數以幫助分散證券持有量。

共變數是衡量兩種資產如何相互關聯的統計量度，它提供多樣化並降低投資組合的整體波動性，正共變數表明兩種資產同步移動，負共變數表示兩種資產的移動方向相反。

在構建投資組合時，重要的是要努力降低整體風險和波動性，同時爭取正報酬率，分析師使用歷史價格數據來確定投資組合中包含哪些資產，通過包含顯示負共變數的資產，投資組合的整體波動性將降低。

兩種特定資產的共變數由一個公式計算得出，該公式包括作為自變量和因變量的歷史資產收益，以及每種資產在相似數量的交易期間內每種資產價格的歷史平均值，該公式將每日報酬減去每項資產的平均報酬，然後乘以彼此，然後除以所測量的各個時間範圍內的交易期數，共變數公式為：

$$Cov_{12} = p_{(12)} * \sigma_1 * \sigma_2$$

共變數作為多元化工具

共變數可以最大化資產組合的多樣化，將具有負共變數的資產添加到投資組合中可以降低整體風險，起初，這種風險會迅速下降，隨著額外資產的添加，它會緩慢下降，除了在投資組合中包含25種不同的股票外，無法顯著降低可分散風險，然而，包含更多具有負共變數的資產意味著風險下降得更快。

共變數有一些限制，雖然共變數可以顯示兩種資產之間的方向，但它不能用於計算價格之間關係的強度，確定資產之間的相關係數是衡量關係強度的更好方法，使用共變數的另一個缺點是測量會因基礎數據中存在異常值而產生偏差，因此，較大的單週期價格變動可能會扭曲價格序列的整體波動性，並提供對資產之間方向性質的不可靠統計測量。

現代投資組合理論對共變數的使用

現代投資組合理論(MPT)使用共變數作為構建投資組合的重要元素，

Investments

MPT假設投資者厭惡風險，但仍尋求可能的最佳報酬，因此，MPT試圖確定一個有效的邊界對於投資組合中的資產組合，或風險與報酬之間的關係最有利的最佳點，有效邊界計算投資組合的最大報酬與基礎資產組合的風險量，目標是創建一組總體標準差小於單個證券的資產，有效邊界圖是彎曲的，表明如何將高波動性資產與低波動性資產混合，以最大限度地提高報酬，同時減少大幅價格波動的影響，通過使投資組合中的資產多樣化，投資者可以降低風險，同時獲得投資報酬。

＊投資組合保護策略

沃倫巴菲特，可以說是世界上最偉大的選股者，在投資時有一條規則：永遠不要賠錢，這並不意味著投資人應該在他們開始下跌的那一刻就賣掉投資人的投資資產，但是投資人應該保持敏銳地意識到他們的動作和投資人願意忍受的損失，雖然我們都希望我們的資產富有成效並倍增，但成功長期投資的關鍵是保本，雖然在投資市場時不可能完全避免風險，但這六種策略可以幫助保護投資人的投資組合。

關鍵要點

- 投資的基本規則是：保護和保存投資人的本金。
- 資本保全技術包括分散對不同資產類別的持股，並選擇不相關的資產（即它們相互之間呈反向關係）。
- 當投資人的投資價格開始下跌時，看跌期權和止損單可以阻止權益繼續下跌。
- 通過增加投資人的整體報酬來支持投資組合。
- 保本票據保護可以於對固定收益工具的投資。

1. 多元化

現代投資組合理論（MPT）的基石之一是多元化，在市場低迷時期，MPT的追隨者認為，多元化的投資組合將優於集中的投資組合，投資者通過在不止一種資產類別中擁有大量投資來創建更深入、更廣泛的多元化投資組合，從而降低非系統性風險，這是投資於特定公司的風險，一些金融專家表示，包括12、18甚至30支股票的股票投資組合可以消除大部分（如果不是全部）非系統性風險。

2. 非關聯資產

與非系統性風險相反的是系統性風險，這是與一般市場投資相關的風險，不幸的是，系統性風險始終存在，但是，有一種方法可以減少它，方法是在投資人的投資組合中添加不相關的資產類別，例如債券、商品、貨幣和房地產，與股票相比，非相關資產對市場變化的反應不同，事實上，它們通常以相反的方式移動，當一種資產下跌時，另一種資產就會上漲，因此，它們可以消除投資人投資組合整體價值的波動性，最終，使用非關聯資產消除了業績的高低，提供了更平衡的報酬，至少理論是這樣的，近年來，這一戰略變得越來越難以實施，在2008年金融危機之後，曾經不相關的資產現在往往會相互模仿，並隨著股市的變化而變化。

3. 看跌期權

從1926年到2009年，標準普爾500指數下跌了84年中的24年，或者超過25%的時間，投資者通常通過獲利回吐來保護上行收益，有時這是一個明智的選擇，然而，通常情況下，獲勝的股票只是在繼續走高之前休息一下，在這種情況下，投資人不想出售，但投資人確實想鎖定一些收益，如何做到這一點？有幾種方法可用，最常見的是購買看跌期權，這是對標的股票價格下跌的押注，與做空股票不同，看跌期權為投資人提供了在未來特定時間以特定價格出售的選擇權。

例如，假設投資人擁有A公司的100股股票，該公司在一年內上漲了80%，現在交易價格為100美元，投資人確信它的未來是美好的，但股票上漲得太快，並且很可能在短期內貶值，為保護投資人的利潤，投資人以105美元的執行價格或略微實價買入一份A公司的看跌期權，其到期日為6個月後，購買此期權的成本為600美元或每股6美元，這使投資人有權在六個月到期前的某個時間以105美元的價格出售A公司的100股股票。

如果股價跌至90美元，購買看跌期權的成本將大幅上升，此時，投資人賣出期權以獲取利潤以抵消股價下跌，尋求長期保護的投資者可以購買期限長達三年的長期股權預期證券(LEAPS)，重要的是要記住，投資人不一定要從期權中賺錢，而是要確保投資人的未實現利潤不會變成損失。

4. 止損

止損訂單可防止股價下跌，投資人可以使用多種類型的停止，硬止損涉及觸發以不變的固定價格出售股票，例如，當投資人以每股10美元的價格買入A公司的股票時，硬停價為9美元，如果價格跌至9美元，該股票將自動賣出，追蹤止損的不同之處在於它隨股票價格移動，並且可以以美元或百分比來設置，使用前面的示例，假設投資人設置了10%的追蹤止損，如果股票升值2美元，追蹤止損將從最初的9美元移動到10.80美元，如果股票隨後跌至10.50美元，使用9美元的硬止損，投資人仍將擁有該股票，在追蹤止損的情況下，投資人的股票將以10.80美元的價格出售，接下來發生的事情決定了哪個更有利，如果股價隨後從10.50美元跌至9美元，則追蹤止損為贏家，但是，如果它升至15美元，那麼硬止損是更好的選擇，止損的支持者認為它們可以保護投資人免受快速變化的市場的影響，反對者認為，硬止損和追蹤止損都會使暫時的損失永久化，正是出於這個原因，任何形式的停車都需要精心策劃。

5. 股息

投資派息股票可能是保護投資人的投資組合最不為人知的方式，從歷史上看，股息佔股票總報酬的很大一部分，在某些情況下，它可以代表全部金額，擁有支付股息的穩定公司是提供高於平均水準的報酬的一種行之有效的方法，除了投資收益，研究表明，支付豐厚股息的公司往往比不支付股息的公司增長得更快，更快的增長通常會導致更高的股價，進而產生更高的資本收益，那麼，這如何保護投資人的投資組合呢？基本上，通過增加投資人的整體報酬，當股價下跌時，提供的緩衝股息對規避風險的投資者很重要，通常會導致波動性降低，除了在低迷的市場中提供緩衝外，股息也是對沖通脹的好方法，通過投資於既能支付股息又擁有定價權的藍籌公司，投資人可以為投資人的投資組合提供固定收益投資（國債通脹保值證券(TIPS)除外）無法比擬的保護。

此外，如果投資人投資於連續25年增加股息的公司，投資人幾乎可以肯定這些公司將提高年度派息率，而債券派息率保持不變，如果投資人即將退休，投資人最不需要的就是一段高通脹來摧毀投資人的購買力。

通貨膨脹和通貨緊縮時確保投資組合安全

通貨膨脹和通貨緊縮是投資者在規劃和管理其投資組合時必須考慮的經濟因素，這兩種趨勢是同一枚硬幣的兩面：通貨膨脹被定義為商品和服務價格上漲的速度;通貨緊縮是衡量商品和服務價格普遍下降的指標，無論趨勢如何，投資者可以採取的保護措施是明確的，儘管經濟可以迅速從一個趨勢轉移到另一個趨勢，這使得適當的步驟更難辨別。

- 投資者需要採取措施防止其投資組合通脹或通貨緊縮，也就是說，無論商品和服務價格是上漲還是下跌，都要保護他們的持股。
- 通脹對沖包括成長股、黃金和其他大宗商品，以及（對於以收入為導向的投資者）外國債券和國債通脹保值證券。
- 通貨緊縮對沖包括投資級債券、防禦性股票（消費品公司的股票）、派息股票和現金。
- 無論經濟中發生什麼，包括兩種投資的多元化投資組合都可以提供一定程度的保護。

通貨膨脹時期會發生什麼

隨著時間的推移，價格往往會上漲，從一條麵包到理髮再到房子，應有盡有，當這些增長變得過度時，消費者和投資者可能會面臨困難，因為他們的購買力將迅速下降，一美元購買更少;這意味著它本質上價值更低，通貨膨脹飆升的一個明顯例子發生在1970年代的美國，這十年開始時，通貨膨脹率處於個位數中位數，到1974年，它已經上升到12%以上，它在1979年達到13%以上的峰值，由於投資者的股票報酬率達到中等個位數，而通貨膨脹率是這個數據的兩倍，在市場上賺錢是一個艱難的命題。

保護投資者的投資組合免受通貨膨脹的影響

有幾種流行的策略可以保護投資者的投資組合免受通貨膨脹的破壞，首先是股市，價格上漲對股市來說往往是個好消息，成長型股票隨著經濟膨脹而增長，對於尋求與價格上漲保持同步的收入來源的固定收益投資者來說，國債通脹保值證券（TIPS）是一個常見的選擇，這些政府發行的債券保證其面值將隨著通貨膨脹而上升，以消費者價格指數衡量，而其利率將保持不變，TIPS的利息每半年支付一次，最低投資額為100美元，期限為5年、10年和30年，國際債券也提供了一種創收方式，它們也提供多元化，使投資者能夠進入可能沒有經歷通貨膨脹的國家。

黃金是另一種流行的通脹對沖工具，因為它傾向於在通脹時期保持或增加其價值，其他大宗商品也可以屬於這一類，房地產也是如此，因為當通貨膨脹上升時，這些投資的價值往往會上升，在大宗商品方面，新興市場國家通常從大宗商品出口中獲得可觀的收入，因此將這些國家的股票添加到投資者的投資組合中是打大宗商品牌的另一種方式。

通貨緊縮時期會發生什麼

通貨緊縮比通貨膨脹更不常見，它可以反映市場上商品或服務的過剩，當經濟中較低的需求水準導致價格過度下跌時，也會發生這種情況：高失業率和經濟蕭條時期往往與通貨緊縮同時發生，日本失去的十年（1991年至2001年）凸顯了通貨緊縮的破壞，這個時代始於股票市場和房地產市場的崩潰，這種經濟崩潰導致工資下降，工資下降導致需求下降，從而導致物價下跌，較低的價格導致價格將繼續下降的預期，因此消費者推遲購買，需求不足導致價格進一步下跌，螺旋式下降仍在繼續，再加上徘徊在零附近的利率和日元貶值，經濟擴張戛然而止。

保護投資者的投資組合免受通貨緊縮的影響

當通貨緊縮是一種威脅時，投資者會通過偏愛債券來防禦，在通貨緊縮時期，高品質的債券往往比股票表現更好，這預示著政府發行的債券和AAA級公司債券的普及，在股權方面，生產人們無論如何都必須購買的消費品的公司（想想衛生紙、食品、藥品）往往比其他公司表現得更好，這些通常被稱為防禦性股票，派息股票是股票領域的另一個考慮因素。

現金也成為更受歡迎的持股，除了普通的舊儲蓄帳戶和計息支票帳戶外，還有現金等價物：存款證（CD）和貨幣市場帳戶-具有高度流動性的持股，投資者可以通過多種方法防止投資組合的通貨膨脹或通貨緊縮，雖然逐個證券構建它始終是一種選擇，但如果投資者沒有時間、技能或耐心進行安全級別分析，投資共同基金或指數型股票基金提供了一種方便的策略。

規劃通貨膨脹和通貨緊縮

有時很難判斷通貨膨脹還是通貨緊縮是更大的威脅，當投資者不知道該做什麼時，請同時計劃兩者，多元化的投資組合，包括在通貨膨脹時期蓬勃發展的投資和在通貨緊縮時期蓬勃發展的投資，可以提供一定程度的保護，無論經濟中發生什麼，當投資者不想嘗試正確安排通貨膨脹/通貨緊縮週期時，多元化是關鍵，藍籌股公司往往有能力抵禦通貨緊縮並支付股息，這有助於通脹上升到估值停滯不前的程度。

海外多元化是另一種策略，因為新興市場通常是需求大宗商品的出口國（對沖通貨膨脹），與國內經濟沒有完全聯繫（防止通貨緊縮），優質債券和上述TIPS是固定收益方面的合理選擇，使用TIPS，投資者可以保證至少收回原始投資的價值，時間範圍也起著重要作用，如果投資人有20年的投資時間，投資人可能有時間經受住任何種類的經濟衰退，如果投資者接近退休或靠投資組合產生的收入為生，投資者可能沒有選擇等待復甦的選擇，別無選擇，只能立即採取行動調整投資者的投資組合。

◆ 第三節 定量分析

　　定量分析是財務分析的一個分支，專注於使用數據和數學技術為投資決策提供資訊，Harry Markowitz在1950年代初期引入了現代投資組合理論，開創了現代定量分析的先河，定量分析(QA)是一種使用數學和統計建模、測量和研究來理解行為的技術，定量分析師用數值表示給定的現實，定量分析應用於金融工具的測量、績效評估、估值，以及預測現實世界的事件，例如國家國內生產總值(GDP)的變化。

關鍵要點

- 定量分析(QA)是一種使用數學和統計建模、測量和研究來理解行為的技術。
- Quantitative以數值的形式呈現現實，定量分析用於評估金融工具和預測現實世界的事件，例如GDP的變化。

瞭解定量分析(QA)

　　定量分析為分析師提供了檢查和分析過去、當前和預期未來事件的工具，任何涉及數字的主題都可以量化；因此，QA被用於許多領域，包括金融分析、經濟分析和社會科學等等。

　　政府依靠質量保證來做出貨幣和其他經濟政策決定，作為QA的一個組成部分，政府和中央銀行通常會跟蹤和評估GDP和就業數據等統計數據，在金融服務行業，QA用於分析投資機會，例如何時購買或出售證券，投資者在其投資決策過程（例如，是否購買公司股票）中使用關鍵財務比率（例如市盈率(P/E)或每股收益(EPS)）時執行QA，QA的範圍從檢查簡單的統計數據（例如，收入）到複雜的計算（例如，貼現現金流或期權

定價）。

定量分析與定性分析

雖然QA是一種有用的評估工具，但它通常與補充研究和評估工具定性分析相結合，公司通常使用定量分析來評估銷售收入、利潤率或資產報酬率(ROA)等數據。

但是，為了更好地瞭解公司的業績，分析師還會評估不易量化或簡化為數值的資訊，例如聲譽或員工士氣，定性分析側重於意義，涉及對上下文的敏感性而不是獲得普遍概括的願望，並建立豐富的描述而不是可量化的指標，定性分析旨在回答人類行為的為什麼和如何。

在定性和定量分析相結合的項目中，公司、分析師或投資者可能希望評估產品的強度，用於該項目的定性工具可以包括客戶調查和小組討論，產品的定量分析也可以通過檢查有關回頭客數量、客戶投訴和給定期間保修索賠數量的數據來啟動。

QA不是定性分析的對立面；它們只是不同的哲學，它們一起使用，可為促進更美好社會、改善財務狀況和增強業務運營的明智決策提供有用的資訊，金融中的定量分析(QA)是一種強調數學和統計分析以幫助確定金融資產（例如股票或期權）價值的方法，量化交易分析師（也稱為quants）使用各種數據（包括歷史投資和股票市場數據）來開發交易演算法和計算機模型。

這些計算機模型生成的資訊有助於投資者分析投資機會並製定他們認為會成功的交易策略，通常，這種交易策略將包括非常具體的關於進場和出場點、交易的預期風險和預期報酬的信息，財務量化分析的最終目標是使用可量化的統計數據和指標來幫助投資者做出有利可圖的投資決策，在本文中，我們回顧了量化投資的歷史，將其與定性分析進行了比較，並提供了一個基於量化策略的實例。

- 定量分析源於計算機時代的興起，這使得在短時間內分析大量數據變得比以往任何時候都容易。
- 量化交易分析師（quants）識別交易模式，建立模型來評估這些模式，並使用這些資訊來預測證券的價格和方向。
- 一旦建立了模型並收集了資訊，量化分析師就會使用這些數據來設置證券的自動交易。
- 定量分析不同於定性分析，後者著眼於公司的結構、管理團隊的構成以及優勢和劣勢等因素。

輸入數量

諾貝爾獎獲得者經濟學家哈裡·馬科維茨（Harry Markowitz）於1952年3月在《金融雜誌》上發表了投資組合選擇一文，被普遍認為開創了量化投資運動。

馬科維茨介紹了現代投資組合理論（MPT），它向投資者展示瞭如何構建能夠在各種風險水準下實現收益最大化的多元化資產組合，Markowitz使用數學來量化多元化，並被認為是數學模型可以應用於投資這一概念的早期採用者，現代金融理論的先驅羅伯特·默頓因研究衍生品定價的數學方法而獲得諾貝爾獎，馬科維茨和默頓的工作為量化（quant）投資方法奠定了基礎。

定量與定性分析

與傳統的定性投資分析師不同，寬客不會訪問公司、會見管理團隊或研究公司銷售的產品來確定競爭優勢，他們通常不瞭解或不關心他們投資的公司的質量或這些公司提供的產品或服務，相反，他們純粹依靠數學來做出投資決策，Quants，他們經常擁有科學背景和統計學或數學學位，將利用他們對計算機和編程語言的瞭解來構建定制的交易系統，使交易過程自動化，他們項目的輸入可能從關鍵財務比率（例如市盈率）到更複雜的計算，例如貼現現金流(DCF)估值。

量化分析師做什麼的？

對沖基金經理接受了這種方法，計算技術的進步進一步推動了該領域的發展，因為可以在眨眼之間計算出複雜的演算法，從而創建自動交易策略，該領域在網絡泡沫繁榮和蕭條期間蓬勃發展，量化策略在大蕭條中跌跌撞撞，因為它們未能考慮到抵押貸款支持證券對市場和整個經濟的影響，然而，量化策略至今仍在使用，並因其在依賴數學做出交易決策的高頻交易(HFT)中的作用而備受關注，量化投資也作為一門獨立的學科被廣泛實踐，並與傳統的定性分析相結合，以提高報酬和降低風險，量化分析師與定性分析師非常不同，因為他們主要根據數學方程和模型做出決策。

數據，無處不在的數據

計算機時代的興起使得在極短的時間內處理大量數據成為可能，這導致了越來越複雜的量化交易策略，因為交易者尋求識別一致的模式，對這些模式進行建模，並使用它們來預測證券的價格走勢。

例如，基於交易量模式的交易策略可能已經確定了交易量和價格之間的相關性，因此，如果特定股票的交易量在股價達到每股25美元時上升，而在股價達到30美元時下降，量化分析師可能會在25.50美元時自動買入，在29.50美元時自動賣出。

類似的策略可以基於收益、收益預測、收益意外和許多其他因素，在每種情況下，純粹的量化交易者都不關心公司的銷售前景、管理團隊、產品質量或業務的任何其他方面，他們嚴格根據他們所識別的模式中的數字來下訂單進行買賣，定量分析可用於通過創建計算機模型來降低風險，該模型可識別相對於首選風險水準提供最佳報酬水準的投資。

識別模式以降低風險

定量分析可用於識別可能有助於盈利證券交易的模式，但這不是它的唯一價值，雖然賺錢是每位投資者都能理解的目標，但量化分析也可以用來降低風險，追求所謂的風險調整報酬涉及比較風險衡量指標，例如alpha、beta、R平方、標準差和夏普比率，以確定在給定水準下將提供最高報酬水準的投資，風險，這個想法是，投資者不應該承擔超過實現目標報酬水準所需的風險。

因此，如果數據顯示兩種投資可能產生相似的報酬，但其中一種在價格波動方面的波動性明顯更大，那麼量化分析師（和常識）會推薦風險較小的投資，同樣，量化分析師並不關心誰來管理投資、資產負債表是什麼樣子、什麼產品可以幫助它賺錢，或者任何其他定性因素，他們完全專注於數字並選擇（從數學上講）提供最低風險的投資。

風險平價投資組合是基於量化的策略的一個例子，基本概念涉及根據市場波動做出資產配置決策，當波動性下降時，投資組合中的風險承擔水準就會上升，當波動性增加時，投資組合中的風險承擔水準就會下降。

定量分析示例

為了讓這個例子更真實一點，考慮一個將其資產分為現金和標準普爾500指數基金的投資組合，使用芝加哥期權交易所波動率指數(VIX)作為股市波動率的代表，當波動率上升時，我們假設的投資組合會將其資產轉向現金,當波動性下降時,我們的投資組合會將資產轉移到標準普爾500指數基金,模型可能比我們在這裡引用的模型複雜得多,可能包括股票、債券、商品、貨幣和其他投資,但概念保持不變。

量化交易的好處

量化交易是一個冷靜的決策過程,模式和數字都很重要,這是一種有效的買賣紀律,因為它可以始終如一地執行,不受通常與財務決策相關的情緒的阻礙,這也是一種具有成本效益的策略,由於計算機可以完成這項工作,因此依賴量化策略的公司不需要聘請龐大、昂貴的分析師和投資組合經理團隊,他們也不需要環遊全國或世界各地檢查公司並與管理層會面以評估潛在投資,他們使用計算機分析數據並執行交易。

有什麼風險?

謊言,該死的謊言和統計數據是經常用來描述可以操縱數據的無數方式的引語,雖然定量分析師試圖識別模式,但這個過程絕不是萬無一失的,分析涉及從大量數據中剔除,選擇正確的數據絕不是保證,就像似乎暗示某些結果的交易模式可能會完美運行,直到它們不起作用,即使一種模式看起來有效,驗證模式也可能是一個挑戰,每位投資者都知道,沒有確定的賭注。

例如2008-09年的股市低迷,對這些策略來說可能是強硬的,因為模式可能會突然改變,同樣重要的是要記住,數據並不總是能說明整個故事,人類可以看到正在發展的醜聞或管理變化,而純粹的數學方法不一定能做到這一點,此外,隨著越來越多的投資者試圖採用該策略,該策略的有效性也會降低,隨著越來越多的投資者試圖從中獲利,行之有效的模式將變得不那麼有效。

＊Alpha和Beta

在談論投資時，我們經常聽到Alpha和Beta這兩個詞，這是兩個不同的度量，它們是從線性回歸導出的同一方程的一部分，如果這聽起來太複雜，請不要擔心，我們將在本文中進行解釋。

關鍵要點

- Alpha和Beta是用於解釋股票和投資基金表現的等式的兩個不同部分。
- Beta是衡量相對於基準（例如標準普爾500指數）波動性的指標。
- Alpha是在調整與市場相關的波動性和隨機波動後的投資超額報酬。
- Alpha和Beta都是用於比較和預測報酬的度量。

方程

如果方程式讓投資人眼花繚亂，投資人可以跳過這部分，另一方面，如果投資人知道一些代數或者曾經在大學裡上過涉及回歸的課程，我們可以直接進入方程，基本模型由下式給出：

$y=a+bx+u$

其中：

y是股票或基金的表現。

a為alpha，即股票或基金的超額收益。

b是beta，它是相對於基準的波動率。

x是觀察值的表現，通常是標準普爾500指數。

u是殘差，它是給定年份性能中無法解釋的隨機部分。

定義Beta

Beta是衡量相對於基準的波動性的指標，實際上首先討論Beta更容易，與標準普爾500指數等指數相比，它衡量證券或投資組合的系統性風險，許多成長型股票的Beta係數超過1，可能要高得多，國庫券的Beta係數接近於零，因為它的價格相對於整個市場幾乎沒有變動。

Beta是一個乘法因數，在設計上，相對於標準普爾500指數，2倍槓桿標準普爾500 ETF的Beta係數非常接近2，它在給定時間段內上漲或下跌的幅度是指數的兩倍，如果Beta為-2，則投資在指數的相反方向上移動兩倍，大多數具有負Beta的投資是反向ETF或持有國債，Beta還告訴投資人什麼時候風險不能分散，如果投資者查看典型共同基金的Beta係數，它本質上是在告訴投資者承擔了多少市場風險。

意識到高或低的Beta值經常導致市場表現優異，這一點至關重要，擁有大量成長型股票和高Beta值的基金通常會在股票表現好的年份跑贏大市，同樣，持有債券的保守型基金的Beta係數較低，並且在市場表現不佳的年份通常會跑贏標準普爾500指數，如果一支股票或基金在一年內跑贏大市，那可能是因為beta或隨機運氣而不是Alpha。

定義Alpha

Alpha是在調整與市場相關的波動性和隨機波動後的投資超額報酬，Alpha是共同基金、股票和債券的五個主要風險管理指標之一，從某種意義上說，它告訴投資者一項資產的表現是否始終比其Beta預測的更好或更差，Alpha也是風險的衡量標準，-15的Alpha意味著考慮到報酬，投資風險太大，Alpha為0表明資產已獲得與風險相稱的報酬，大於0的Alpha表示投資在調整波動性後表現出色，當對沖基金經理談論高alpha時，他們通常會說他們的經理足夠優秀，可以跑贏市場，但這提出了另一個重要問題：當Alpha是指數的超額報酬時，投資者使用的是什麼指數？

　　例如，基金經理可能會吹噓他們的基金在標準普爾指數報酬率為11%時產生了13%的報酬率，但是標準普爾指數是一個合適的指數嗎？經理可能投資於小型價值股，根據Fama-French三因數模型，這些股票的報酬率高於標準普爾500指數，在這種情況下，小型價值指數可能是比標準普爾500指數更好的基準。

　　基金經理也有可能只是運氣好，而不是真正的Alpha，假設經理在基金的前三年平均跑贏市場2%，而沒有任何與市場相關的額外波動，在這種情況下，Beta等於1，看起來Alpha可能是2%，然而，假設基金經理在接下來的三年中的表現落後於市場2%，現在看起來Alpha等於零，Alpha最初的出現是由於忽略了樣本量。

　　很少有投資者擁有真正的Alpha，通常需要十年或更長時間才能確定，沃倫巴菲特通常被認為具有Alpha，巴菲特在其職業生涯中專注於價值投資、股息增長和以合理價格增長(GARP)策略，對巴菲特Alpha的研究發現，他傾向於對高質量和低Beta股票使用槓桿。

＊CAPM模型

　　資本資產定價模型(CAPM)是一種金融理論，它在投資的要求報酬率和風險之間建立線性關係，該模型基於資產的Beta、無風險利率（通常是國庫券利率）和股票風險溢價之間的關係，即市場預期報酬減去無風險利率。

$E(r_i) = R_f + \beta_i (E(r_m) - R_f)$

其中：

$E(r_i)$＝金融資產i要求的報酬

R_f=無風險收益率

β_i=金融資產 i 的Beta

$E(r_m)$=資本市場的平均報酬

該模型的核心是其基本假設，許多人批評這些假設不切實際，並且可能為其一些主要缺點提供基礎，沒有一個模型是完美的，但每個模型都應該具有一些使其有用和適用的特徵。

CAPM模型的優點

應用CAPM有許多優點，包括使用方便，CAPM是一種簡單的計算方法，可以輕鬆地進行壓力測試以得出一系列可能的結果，從而為所需的報酬率提供信心。

- CAPM是一種廣泛使用的報酬模型，易於計算和壓力測試。
- 它因其不切實際的假設而受到批評。
- 儘管有這些批評，但在許多情況下，CAPM提供了比DDM或WACC模型更有用的結果。
- 多元化的投資組合假設投資者持有類似於市場投資組合的多元化投資組合，消除了非系統性（特定）風險。

系統性風險

CAPM考慮了系統風險(Beta)，而其他收益模型（例如股息貼現模型(DDM)）則忽略了該風險，系統性或市場風險是一個重要的變量，因為它是不可預見的，因此通常無法完全減輕。

商業和金融風險可變性，當企業調查機會時，如果業務組合和融資與當前業務不同，則不能使用其他所需的報酬計算，如加權平均資本成本(WACC)，但是，CAPM可以，當與投資組合的其他方面結合使用時，

CAPM可以提供無與倫比的收益數據，可以支援或消除潛在投資。

CAPM模型的缺點，與許多科學模型一樣，CAPM也有其缺點，主要缺點反映在模型的輸入和假設中，包括：

無風險利率 (RF)

用作RF的普遍接受的利率是短期政府證券的收益率，使用此輸入的問題是收益率每天都在變化，從而產生波動。

市場報酬率 (RM)

市場報酬可以描述為資本收益和市場紅利的總和，當在任何給定時間市場報酬可能為負時，就會出現問題，因此，利用長期市場報酬來平滑報酬，另一個問題是這些報酬是回顧性的，可能不能代表未來的市場報酬。

以無風險利率借款的能力

CAPM建立在四個主要假設之上，其中一個假設反映了不切實際的現實世界，這種假設，投資者可以以無風險利率借貸，在現實中是無法實現的，個人投資者無法以與美國政府相同的利率借貸（或借貸），因此，所需的最低迴報線實際上可能比模型計算的陡峭（提供更低的報酬）。

確定項目代理Beta

使用CAPM評估投資的企業需要找到反映項目或投資的Beta值，通常，代理測試版是必要的，但是，準確地確定一個來正確評估項目是困難的，並且會影響結果的可靠性。

＊套利定價理論 (APT)

套利定價理論(APT)是一種多因素資產定價模型，它基於這樣一種思想，即可以使用資產的預期收益與捕捉系統風險的許多宏觀經濟變量之間的線性關係來預測資產的收益，它是從價值投資角度分析投資組合的有用工具，以識別可能暫時錯誤定價的證券，APT模型中的Beta係數是使用線性回歸估計的，一般而言，歷史證券收益會根據該因數回歸以估計其Beta值，套利定價理論模型的公式是：

$$E(R)_i = E(R)_z + (E(I) - E(R)_z) \times \beta_n$$

其中：$E(R)_i$=**資產的預期報酬**

R_z=**無風險報酬率**

β_n=**資產價格對總體經濟的敏感性**

E_i=**因數$_i$的風險溢酬**

套利定價理論如何運作

套利定價理論由經濟學家斯蒂芬羅斯於1976年提出，作為資本資產定價模型(CAPM)的替代方案，與假設市場完全有效的CAPM不同，APT假設市場有時會在市場最終糾正且證券回到公允價值之前錯誤地定價證券，使用APT，套利者希望利用任何與公平市場價值的偏差，然而，這並不是套利經典意義上的無風險操作，因為投資者假設模型是正確的並進行定向交易，而不是鎖定無風險利潤。

APT的數學模型

雖然APT比CAPM更靈活，但它更複雜，CAPM只考慮一個因素即市場風險，而APT公式有多個因素，要確定證券對各種宏觀經濟風險的敏感程度，需要進行大量研究，這些因素以及使用的數量是主觀選擇，這意味著投資者將根據他們的選擇獲得不同的結果，然而，四、五個因素通常可以解釋大部分證券的報酬。

APT因素是不能通過投資組合的多樣化來降低的系統性風險，已證明作為價格預測指標最可靠的宏觀經濟因素包括通脹、國民生產總值(GNP)、公司債券利差和收益率曲線變化的意外變化，其他常用的因素是國內生產總值(GDP)、商品價格、市場指數和匯率。

關鍵要點

- 套利定價理論(APT)是一種多因素資產定價模型，它基於這樣一種思想，即可以使用資產的預期收益與捕捉系統風險的許多宏觀經濟變量之間的線性關係來預測資產的收益。
- 與假設市場完全有效的CAPM不同，APT假設市場有時會在市場最終糾正且證券回到公允價值之前錯誤地定價證券。
- 使用APT，套利者希望利用任何與公平市場價值的偏差。

CAPM與套利定價理論有什麼區別？

在1960年代，Jack Treynor、William F. Sharpe、John Lintner和 Jan Mossin開發了資本資產定價模型(CAPM)，以確定在假定風險水準的情況下資產應返回的理論適當利率，此後，在1976年，經濟學家斯蒂芬羅斯開發了套利定價理論(APT)作為CAPM的替代方案，APT引入了一個框架，該框架將資產或投資組合的預期理論報酬率解釋為資產或投資組合風險的線性函數，相對於一組捕捉系統風險的因素。

資本資產定價模型

考慮到投資風險、無風險報酬率、預期市場報酬和資產或投資組合的Beta係數，CAPM允許投資者量化投資的預期報酬，使用的無風險收益率通常是聯邦基金利率或10年期政府債券收益率。

資產或投資組合的Beta衡量與整體市場相關的理論波動性，例如，如果投資組合相對於標準普爾500指數(S&P500)的Beta係數為1.25，則理論上

它的波動性比標準普爾500指數高25%，因此，如果指數上漲10%，投資組合就會上漲12.5%，如果指數下跌10%，投資組合就會下跌12.5%。

CAPM公式

CAPM中使用的公式是：$E(r_i) = r_f + \beta_i * (E(r_M) - r_f)$

其中r_f是無風險收益率，β_i是資產或投資組合相對於基準指數的Beta係數，$E(r_M)$是預期基準指數在特定時期內的報酬，而$E(r_i)$是在給定輸入的情況下資產應該報酬的理論適當利率。

套利定價理論

APT作為CAPM的替代方案，它使用的假設更少，並且可能比CAPM更難實施，羅斯在證券價格受多種因素驅動的基礎上開發了APT，這些因素可以分為宏觀經濟或公司特定因素，與CAPM不同的是，APT不指明風險因素的身份，甚至不指明風險因素的數量，相反，對於假設產生報酬的任何多因素模型，它遵循一個產生報酬的過程，該理論給出了資產預期報酬的相關表達式，CAPM公式需要輸入預期市場報酬，而APT公式使用資產的預期報酬率和多個宏觀經濟因素的風險溢價。

套利定價理論公式

在APT模型中，如果收益可以使用以下公式表示，則資產或投資組合的收益遵循因數強度結構：$r_i = a_i + \beta_{i1} * F_1 + \beta_{i2} * F_2 + ... + \beta_{kn} * F_n + \varepsilon_i$，其中$a_i$是資產的常數；F是系統因素，例如宏觀經濟或公司特定因素；β是資產或投資組合對指定因素的敏感度；ε_i是資產的異質隨機衝擊，預期均值為零，也稱為誤差項。

APT公式為$E(r_i) = r_f + \beta_{i1} * RP_1 + \beta_{i2} * RP_2 + ... + \beta_{kn} * RP_n$

其中rf是無風險收益率，β是資產或投資組合相對於指定因數，RP是指定因數的風險溢價。

主要差異

乍一看，CAPM和APT公式看起來相同，但CAPM只有一個因數和一個Beta，相反，APT公式有多個因素，包括非公司因素，這需要資產相對於每個單獨因素的Beta，然而，APT並沒有提供對這些因素可能是什麼的洞察，因此APT模型的用戶必須通過分析確定可能影響資產報酬的相關因素，另一方面，CAPM中使用的因數是預期市場收益率與無風險收益率之間的差值，由於CAPM是單因素模型且使用更簡單，投資者可能希望使用它來確定預期的理論適當收益率，而不是使用需要用戶量化多個因素的APT。

- CAPM讓投資者在給定風險、無風險報酬率、預期市場報酬和資產或投資組合的Beta值的情況下量化預期投資報酬。
- 套利定價理論是CAPM的替代方案，它使用較少的假設並且比CAPM更難實施。
- 雖然兩者都很有用，但許多投資者更喜歡使用CAPM，一種單因素模型，而不是更複雜的APT，後者需要用戶量化多個因素。

Investments

第四章 金融工具

Investments

股份是公司的股權單位，對於一些公司來說，股票作為一種金融資產存在，規定以股息的形式平均分配任何剩餘利潤（如果有的話），不支付股息的股票的股東不參與利潤分配，相反，他們預計隨著公司利潤的增加，參與股價的增長，股票代表公司的股權，兩種主要類型的股票是普通股和優先股，因此，股票和股票通常可以互換使用。

關鍵要點

- 股票代表公司或金融資產的股權擁有權，由投資者擁有，投資者交換資本以換取這些單位。
- 普通股通過價格升值和股息實現投票權和可能的報酬。
- 優先股可以以有吸引力的價格贖回並提供定期股息。
- 大多數公司都有股票，但只有上市公司的股票才能在證券交易所找到。

股票成立公司時，擁有者可以選擇向投資者發行普通股或優先股，公司向投資者發行股權以換取資本，用於發展和運營公司，與通過貸款或債券發行獲得的債務資本不同，股權沒有法律授權償還給投資者，股票雖然可以支付股息作為利潤分配，但不支付利息，幾乎所有公司，從小型合夥企業或有限責任公司到跨國公司，都發行某種形式的股票。

私人控股公司或合夥企業的股份歸創始人或合夥人所有，隨著小公司的發展，股票在一級市場出售給外部投資者，這些可能包括朋友或家人，然後是天使或風險投資（VC）投資者，如果公司繼續增長，它可能會通過首次公開募股（IPO）向公眾出售股票來尋求籌集額外的股本，首次公開募股後，公司的股票被稱為公開交易並在證券交易所上市。

　　大多數公司發行普通股，這些為股東提供了對公司及其利潤的剩餘要求，通過資本收益和股息提供潛在的投資增長，普通股還具有投票權，使股東對業務擁有更多控制權，這些權利允許公司登記在冊的股東對某些公司行為進行投票，選舉董事會成員，並批准發行新證券或支付股息，此外，某些普通股具有優先購買權，確保股東可以在公司發行新股時購買新股並保留其擁有權百分比。

　　相比之下，優先股通常不會在公司的價值或投票權方面提供太多的市場升值，然而，這種類型的股票通常有設定的支付標準，即定期支付的股息，使股票的風險低於普通股，由於如果企業申請破產並被迫償還貸方，優先股優先於普通股，因此優先股股東在普通股股東之前收到付款，但在債券持有人之後收到付款，由於優先股股東在破產時享有優先償款權，因此其風險低於普通股。

　　實物紙質股票證書已被股票的電子記錄所取代，公共和私人市場的股票發行和分配由美國證券交易委員會（SEC）監督，股票二級市場交易由SEC和FINRA監管，股份代表公司擁有者在償還所有義務和債務後對資產的剩餘債權。

授權及已發行股份

　　授權股份包括公司董事會可以發行的股份數量，已發行股份包括給予股東併為擁有權目的計算的股份數量，由於股東的擁有權受授權股份數量的影響，股東可以在他們認為適當的情況下限制該數量，當股東希望增加授權股份的數量時，他們會召開會議討論問題並達成協定，當股東同意增加授權股份數量時，通過提交修正案向國家提出正式請求。

股權，通常被稱為股東權益（或私人控股公司的所有者權益），代表如果所有資產被清算並且在清算時還清公司的所有債務，將返還給公司股東的金額，在收購的情況下，它是公司銷售的價值減去公司所欠的任何負債，而不是隨銷售轉移，此外，股東權益可以代表公司的帳面價值，股權有時可以作為實物支付提供，它還代表公司股份的按比例擁有權，權益可以在公司的資產負債表上找到，是分析師用來評估公司財務狀況的最常見數據之一。

股東權益如何運作？

通過比較反映公司擁有的一切和所欠一切的具體數據，資產減負債股東權益等式描繪了公司財務狀況的清晰圖景，投資者和分析師很容易解釋，股權用作公司籌集的資金，然後用於購買資產、投資專案和為運營提供資金，公司通常可以通過發行債務（以貸款或債券的形式）或股權（通過出售股票）來籌集資金，投資者通常會尋求股權投資，因為它提供了分享公司利潤和增長的更大機會。

股權很重要，因為它代表了投資者在公司中股份的價值，由其股份比例表示，擁有公司的股票使股東有可能獲得資本收益和股息，擁有股權還將賦予股東對公司行為和董事會選舉進行投票的權利，這些股權權益促進了股東對公司的持續興趣。

股東權益可以是負數，也可以是正數，如果為正，公司有足夠的資產來支付其負債，如果為負，則公司的負債超過其資產;如果延長，這將被視為資產負債表破產，通常，投資者將股東權益為負的公司視為有風險或不安全的投資，股東權益本身並不是公司財務狀況的明確指標;與其他工具和指標結合使用，投資者可以準確地分析組織的健康情況。

公式和如何計算股東權益？

以下公式和計算可用於確定公司的權益，該權益由會計等式推匯出：

股東權益=總資產-總負債，這些資訊可以在資產負債表上找到，應遵循以下四個步驟：

1. 在資產負債表上找到公司當期的總資產。

2. 找到總負債，應在資產負債表上單獨列出。

3. 從總資產中減去總負債以得出股東權益。

4. 請注意，總資產將等於負債和總權益的總和。

股東權益也可以表示為公司的股本和留存收益減去庫存股的價值，然而，這種方法不太常見，雖然這兩種方法都能得出確切的數據，但總資產和總負債的使用更能說明公司的財務狀況。

股東權益的組成部分是什麼？

留存收益是股東權益的一部分，是未作為股息支付給股東的淨收益的百分比，將留存收益視為儲蓄，因為它代表已保存並留存或保留以供將來使用的利潤的累計總和，留存收益隨著時間的推移而增長，因為公司繼續將其部分收入再投資，在某些時候，累計留存收益的金額可能會超過股東出資的股本金額，留存收益通常是經營多年的公司股東權益的最大組成部分。

庫存股或股票（不要與美國國庫券混淆）代表公司從現有股東那裡回購的股票，當管理層無法以可能帶來最佳報酬的方式部署所有可用股本時，公司可能會進行回購，公司回購的股票成為庫存股，美元價值記入稱為庫存股的帳戶中，該帳戶與投資者資本和留存收益帳戶的帳戶相反，當公司需要籌集資金時，公司可以將庫存股重新發行給股東，許多人認為股

東權益代表公司的淨資產，可以說，如果公司清算其所有資產並償還所有債務，其淨值將是股東將獲得的金額。

其他形式的股權

股權的概念不僅僅是評估公司，我們可以更普遍地將股權視為減去與該資產相關的所有債務後對任何資產的一定程度的擁有權。

以下是幾種常見的淨值變量：

1. 代表公司擁有權權益的股票或任何其他證券。

2. 在公司的資產負債表上，擁有者或股東出資的資金金額加上留存收益（或虧損），也可以稱之爲股東權益或股東權益。

3. 保證金帳戶中的證券價值減去帳戶持有人在保證金交易中從經紀公司借入的價值。

4. 在房地產中，這指的是房產當前的公允市場價值與業主仍欠抵押貸款的金額之間的差額，這是業主在出售房產並支付任何留置權後將收到的金額，也稱爲「不動產價值」。

5. 當企業破產並必須清算時，股權是企業償還債權人後剩餘的金額，這通常被稱爲擁有權權益，也稱爲風險資本或責任資本。

私募股權

當一項投資公開交易時，通過查看公司的股價和市值，股票的市場價值很容易獲得，對於私人實體來說，市場機制並不存在，因此必須進行其他估值形式來估計價值，私募股權通常是指對非公開交易公司的這種評估，如果資產負債表上規定的權益是從資產中減去負債，得出帳面價值估計值時剩餘的權益，則會計等式仍然適用，然後，私人控股公司可以通過直接在私募中出售股票來尋求投資者，這些私募股權投資者可以包括養老基金、大學捐贈基金、保險公司或經認可的個人等機構。

　　私募股權通常出售給專門從事私人公司直接投資或參與上市公司槓桿收購（LBO）的基金和投資者，在槓桿收購交易中，一家公司從一家私募股權公司獲得貸款，以資助收購另一家公司的一個部門，現金流或被收購公司的資產通常會確保貸款，夾層債務是一種私人貸款，通常由商業銀行或夾層風險投資公司提供，夾層交易通常涉及次級貸款或認股權證、普通股或優先股中的債務和股權混合。

　　私募股權在公司生命週期的不同階段發揮作用，通常，一家沒有收入或收益的年輕公司無力借款，因此必須從朋友和家人或個人天使投資者那裡獲得資金，當公司最終創造了其產品或服務並準備將其推向市場時，風險資本家就會進入畫面，科技領域一些最大、最成功的公司，如Google、Apple、Amazon和Facebook（或所謂的GAFAM），都是從風險投資開始的。

私募股權融資的類型

　　風險投資家（VC）提供大部分私募股權融資，以換取早期的少數股權，有時，風險投資家會在其投資組合公司的董事會中佔有一席之地，確保在指導公司方面發揮積極作用，風險資本家希望儘早大舉投資，並在五到七年內退出投資，槓桿收購是最常見的私募股權融資類型之一，可能會隨著公司的成熟而發生。

股本與股本報酬率

　　股本報酬率（ROE）是通過淨收入除以股東權益來衡量財務業績的指標，由於股東權益等於公司資產減去債務，因此ROE可以被視為淨資產報酬率，ROE被認為是衡量管理層如何有效地利用公司資產創造利潤的指標，正如我們所看到的，股權有多種含義，但通常代表資產或公司的擁有權，例如擁有公司股權的股東，ROE是一個財務指標，用於衡量公司股東權益產生多少利潤。

公平是金融中的一個重要概念，根據上下文具有不同的具體含義，也許最常見的股權類型是股東權益，它是通過將公司的總資產減去其總負債來計算的，因此，股東權益本質上是公司的淨資產，如果公司要清算，股東權益是理論上由其股東收到的金額。

有時用於描述此概念的其他術語包括股東權益、帳面價值和資產淨值，根據上下文的不同，這些術語的確切含義可能有所不同，但一般來說，它們指的是在償還與該投資相關的所有負債後剩餘的投資價值。

投資者如何使用股權？

股權對投資者來說是一個非常重要的概念，例如，在觀察一家公司時，投資者可能會使用股東權益作為基準來確定特定購買價格是否昂貴，例如，如果該公司歷來的交易價格與帳面價值之比為1.5，那麼投資者在支付超過該估值的價格之前可能會三思而後行，除非他們認為該公司的前景已經基本改善，另一方面，投資者可能會放心地購買相對疲軟的企業的股票，只要他們支付的價格相對於其股權足夠低，權益等於總資產減去其總負債，這些數據都可以在公司的公司資產負債表上找到。

股息

股息是公司收益向其股東的分配，由公司董事會決定，股息通常每季度分配一次，可以現金支付，也可以以額外股票再投資的形式支付，股息收益率是每股股息，以股息/價格表示為公司股價的百分比，例如2.5%，支付股息公司的普通股股東只要在除息日之前擁有股票，就有資格獲得分配。

1. 股息是將公司收益分配給符合條件的股東。

2. 股息支付和金額由公司董事會決定。

3. 股息收益率是每股股息，以公司股價的百分比表示。

4. 許多公司不支付股息，而是保留收益以投資回公司。

瞭解股息

股息必須由股東通過投票權批准，雖然現金股息很常見，但股息也可以作為股票發行，各種共同基金和交易所交易基金（ETF）也支付股息，股息是支付給股東投資公司股權的獎勵，通常來自公司的淨利潤，雖然利潤可以作為留存收益保留在公司內部，用於公司正在進行的和未來的商務活動，但剩餘部分可以作為股息分配給股東，即使公司沒有獲得適當的利潤來維持其既定的分配記錄，他們仍然可以支付股息。

董事會可以選擇在不同的時間範圍內以不同的派息率發行股息，股息可以按預定的頻率支付，例如每月、每季度或每年，例如，沃爾瑪公司（WMT）和聯合利華（UL）定期支付季度股息，公司還可以單獨或作為預定股息的補充發放非經常性特別股息，聯合銀行於2022年2月18日宣佈派發每股10美分的特別股息。

派息公司

利潤可預測的大型成熟公司通常是最佳股息支付者，以下行業部門保持定期股息支付記錄：

1. 基本材料

2. 石油和天然氣

3. 銀行和金融

4. 醫療保健和製藥

5. 公用事業

　　業主有限合夥企業（MLP）和房地產投資信託（REIT）組成的公司需要向股東指定分配，基金亦可按其投資目標的規定定期派發股息，初創公司，例如技術或生物技術領域的初創公司，可能不會提供定期股息，因為這些公司可能處於發展的早期階段，並保留用於研發、業務擴展和運營活動的收益。

重要股息日期

- 股息支付遵循事件的時間順序，相關日期對於確定哪些股東有資格獲得股息支付非常重要。
- 公告日期：股息由公司管理層在公告日（或宣佈日）公佈，必須經股東批准方可支付。
- 除息日：股息資格到期的日期稱為除息日或簡稱除息日，例如，如果股票的除息日為5月5日星期一，那麼在該日或之後購買股票的股東將沒有資格獲得股息，在除息日前、5月2日星期五或更早擁有該股票的股東有資格獲得分配。
- 記錄日期：記錄日期是截止日期，由公司確定，以確定哪些股東有資格獲得股息或分配。
- 支付日期：公司在支付日發放股息，即資金記入投資者帳戶的時間。

股息如何影響股票的股價？

　　股息支付會影響股價，價格可能會在公告時上漲大約宣佈的股息金額，然後在除息日的開盤時段下跌類似的金額，例如，一家以每股60美元交易的公司在公告日期宣佈2美元的股息，隨著消息的公開，股價可能會上漲2美元，達到62美元，如果股票在除息日前一個工作日的交易價格為63美元，在除息日，它調整了2美元，並在除息日的交易時段開始時以61美元開始交易，因為任何在除息日購買的人都不會收到股息，這不能保證，但價格通常會在除息日根據股息進行調整。

公司為什麼要支付股息？

股東通常期望股息作為他們對公司投資的獎勵，股息支付對公司產生積極影響，並有助於維持投資者的信任，高價值的股息聲明可以表明公司表現良好併產生了良好的利潤，但這也可能表明公司沒有合適的項目來產生更好的報酬，因此，它正在利用其現金向股東付款，而不是將其再投資於增長。

一家擁有長期股息支付歷史的公司宣布減少或取消股息金額，可能會向投資者發出公司陷入困境的信號，AT&T Inc.於2022年2月1日將其年度股息減半至1.11美元，當天股價下跌4%，然而，股息金額的減少或反對股息支付的決定不一定會轉化為公司的壞消息，公司管理層可能有一個投資資金的計劃，例如從長遠來看有可能放大股東報酬的高報酬專案。

基金分紅

債券或共同基金等基金支付的股息與公司支付的股息不同，基金採用資產淨值（NAV）原則，反映其持有的估值或基金在其投資組合中擁有的資產價格，定期派息不應被誤解為基金的出色表現，例如，債券投資基金可能每月支付股息，因為它每月收取計息持股的利息，而只是將利息收入全部或部分轉移給基金的投資者，股票投資基金從其投資組合中持有的許多股票中獲得的收益或通過出售一定份額的股票和分配資本收益來支付股息。

股息無關緊要嗎？

經濟學家默頓·米勒（Merton Miller）和佛朗哥·莫迪利亞尼（Franco Modigliani）認為，公司的股息政策無關緊要，對公司股票價格或資本成本沒有影響，股東可能對公司的股息政策無動於衷，例如在高股息支付的情況下，投資者可以使用收到的現金購買更多股票。

如果股息支付不足，投資者可以出售股票以產生所需的現金，在任何一種情況下，對公司的投資價值和他們持有的現金的組合將保持不變，因此，米勒和莫迪利亞尼得出結論，股息無關緊要，投資者不應該關心公司的股息政策，因為他們可以合成創造自己的股息政策，然而，股息仍然是一種有吸引力的投資激勵措施，股東可以獲得額外的收益。

如何購買派息投資？

尋求股息投資的投資者有多種選擇，包括股票、共同基金和交易所交易基金（ETF），股息貼現模型或戈登增長模型可以幫助選擇股票投資，這些技術依賴於預期的未來股息流來評估股票，要根據股息支付表現比較多隻股票，投資者可以使用股息收益率因數，該因數以公司股票當前市場價格的百分比來衡量股息。

股息率可以按每股收到的每股股息（DPS）的美元金額來報價，除了股息收益率外，評估特定投資產生的報酬的另一個重要績效指標是總報酬因數，這個數字考慮了利息、股息和股價上漲以及其他資本收益。

稅收是投資股息收益時的另一個重要考慮因素，高稅級的投資者通常更喜歡支付股息的股票，如果他們的司法管轄區允許對股息徵收零稅或相對較低的稅，例如，希臘和斯洛伐克對股東的股息收入徵稅較低，而香港的股息收益則免稅。

　　股息通常每季度分配給股東，儘管有些公司可能每半年支付一次股息，付款可以作為現金或再投資到公司股票中，如果一家公司的董事會決定每年發行每股5%的股息，並且該公司的股票價值100美元，則股息為5美元，如果每季度發放股息，則每次分配為1.25美元。

　　雖然股息可以表明公司擁有穩定的現金流並正在產生利潤，但它們也可以為投資者提供經常性收入，股息支付也可能有助於深入瞭解公司的內在價值，許多國家還對股息提供優惠稅收待遇，將其視為免稅收入。

Investments

　　債券是一種固定收益工具，代表投資者向借款人（通常是公司或政府）提供的貸款，債券可以被認為是欠條，在貸方和借款人之間，包括貸款及其付款的詳細資訊，債券被公司、市政當局、州和主權政府用來為項目和運營提供資金，債券的所有者是發行人的債務持有人或債權人，債券詳細資訊包括貸款本金應支付給債券所有者的結束日期，通常包括借款人支付可變或固定利息的條款。

關鍵要點

- 債券是公司發行的公司債務單位，作為可交易資產證券化。
- 債券被稱為固定收益工具，因為債券傳統上向債權人支付固定利率（息票）。
- 債券價格與利率呈負相關：當利率上升時，債券價格下跌，反之亦然。
- 債券有到期日，屆時必須全額償還本金，否則將面臨違約風險。

誰發行債券？

　　債券是債務工具，代表向發行人提供的貸款，政府（各級）和公司通常使用債券來借錢，政府需要為道路、學校、水壩或其他基礎設施提供資金，戰爭的突然支出也可能要求需要籌集資金，同樣，公司經常會借錢來發展業務、購買財產和設備、承擔有利可圖的專案、進行研發或僱用員工，大型組織遇到的問題是，他們通常需要比普通銀行所能提供的資金多得多的資金。

　　債券通過允許許多個人投資者承擔貸款人的角色來提供解決方案，事實上，公共債務市場允許成千上萬的投資者每人借出所需資金的一部分，此外，市場允許貸款人將其債券出售給其他投資者或從其他個人那裡購買債券-在原始發行組織籌集資金很久之後。

債券如何運作？

債券通常被稱為固定收益證券，是個人投資者通常熟悉的主要資產類別之一，還有股票（股票）和現金等價物，當公司或其他實體需要籌集資金為新專案融資、維持持續運營或為現有債務再融資時，他們可以直接向投資者發行債券，借款人（發行人）發行債券，其中包括貸款條款、將要支付的利息以及必須償還借出資金（債券本金）的時間（到期日），利息支付（息票）是債券持有人將資金借給發行人所賺取的報酬的一部分，決定付款的利率稱為票面利率。

大多數債券的初始價格通常設定為面值，即每隻債券的面值為1000美元，債券的實際市場價格取決於許多因素：發行人的信用品質、到期前的時間長短以及與當時一般利率環境相比的票面利率，債券的面值是債券到期後將償還給借款人的價值。

大多數債券可以在發行後由初始債券持有人出售給其他投資者，換句話說，債券投資者不必一直持有債券直至到期日，如果利率下降，或者借款人的信用有所改善，借款人回購債券也很常見，它可以以較低的成本重新發行新債券，許多公司和政府債券是公開交易的;其他的僅在借款人和貸方之間進行場外交易（OTC）或私下交易。

債券的特點

大多數債券具有一些共同的基本特徵，包括：

• 面值（面值）是債券到期時的價值;這也是債券發行人在計算利息支付

時使用的參考金額，例如，假設一個投資者以1090美元的溢價購買了一支債券，而另一個投資者後來以980美元的折扣價購買了同一支債券，當債券到期時，雙方投資者都將收到1000美元的債券面值。

- 票面利率是債券發行人將就債券面值支付的利率，以百分比表示，例如，5%的票面利率意味著債券持有人每年將獲得5%x$1000面值=$50。
- 付息日是債券發行人支付利息的日期，付款可以按任何時間間隔進行，但標準是每半年付款一次。
- 到期日是債券到期日，債券發行人將向債券持有人支付債券的面值。
- 發行價格是債券發行人最初出售債券的價格，在許多情況下，債券按面值發行。

　　債券的兩個特徵，信貸品質和到期時間，是債券票面利率的主要決定因素，如果發行人的信用評級較差，違約風險更大，這些債券支付的利息也更多，到期日很長的債券通常也支付更高的利率，這種較高的補償是因為債券持有人在較長時間內更容易受到利率和通脹風險的影響。

　　公司及其債券的信用評級由標準普爾、穆迪和惠譽等信用評級機構產生，最高品質的債券被稱為投資級，包括美國政府發行的債券和非常穩定的公司，如許多公用事業公司，不被視為投資級但未違約的債券稱為「高收益」或「垃圾」債券，這些債券在未來具有更高的違約風險，投資者要求支付更高的息票以補償他們的風險。

　　債券和債券投資組合的價值將隨著利率的變化而上升或下降，對利率環境變化的敏感性稱為「存續期間」，在這種情況下，使用期限一詞可能會讓新的債券投資者感到困惑，因為它不是指債券到期前的時間長度，相反，存續期間描述了債券價格隨著利率變化而上漲或下跌的程度，債券或債券投資組合對利率（存續期間）的敏感性的變化率稱為「凸性」，這些因素很難計算，所需的分析通常由專業人員完成。

債券類別

市場上出售的債券主要有四類，但是，投資者可能還會在某些平臺上看到全球公司和政府發行的外國債券。

- 公司債券由公司發行，在許多情況下，公司發行債券而不是尋求銀行貸款進行債務融資，因為債券市場提供更優惠的條件和更低的利率。

- 市政債券由州和市政當局發行，一些市政債券為投資者提供免稅票息收入。

- 政府債券，例如美國財政部發行的債券，財政部發行的到期年限在一年或更短的債券稱為「票據」，發行的到期時間在1-10年以上的債券稱為「票據」，發行的到期時間超過10年的債券稱為「債券」，政府財政部發行的整個債券類別通常統稱為國債，各國政府發行的政府債券可稱為主權債務。

- 代理債券是由房利美或房地美等政府附屬組織發行的債券。

債券品種

可供投資者使用的債券有許多不同的品種，它們可以通過利率或利息或息票支付的類型、被發行人召回或因為它們具有其他屬性而分開，下面，我們列出了一些最常見的變化：

零息債券

零息債券（Z-債券）不支付息票付款，而是以低於其面值的折扣發行，一旦債券持有人在債券到期時獲得全部面值，就會產生報酬，美國國庫券是一種零息債券。

Investments

可轉換債券

可轉換債券是具有嵌入式期權的債務工具，允許債券持有人在某個時候將其債務轉換為股票（股權），具體取決於股價等某些條件，例如，假設一家公司需要借100萬美元來資助一個新專案，他們可以通過發行12%息票的債券來借款，該債券將在10年內到期，但是，如果他們知道有一些投資者願意購買息票率為8%的債券，如果股票價格高於一定價值，他們可以將債券轉換為股票，他們可能更願意發行這些債券。

可轉換債券可能是公司的最佳解決方案，因為在專案處於早期階段時，他們的利息支付會較低，如果投資者轉換債券，其他股東將被稀釋，但公司將不必支付更多的利息或債券本金，購買可轉換債券的投資者可能認為這是一個很好的解決方案，因為如果專案成功，他們可以從股票的上漲中獲利，他們通過接受較低的息票支付來承擔更大的風險，但如果債券被轉換，潛在的報酬可能會使這種權衡變得可以接受。

可贖回債券

可贖回債券也有嵌入式期權，但它與可轉換債券中的期權不同，可贖回債券是可以在到期前被公司「收回」的債券，假設一家公司通過發行票面利率為10%的債券借入了100萬美元，該債券將在10年內到期，如果利率下降（或公司的信用評級在第五年提高），而公司可以借入8%的貸款，他們將從債券持有人那裡收回或回購本金的債券，並以較低的票面利率重新發行新債券。

可贖回債券對債券購買者來說風險更大，因為債券在價值上升時更有可能被贖回，請記住，當利率下降時，債券價格會上漲，正因為如此，可贖回債券的價值不如期限、信用評級和票面利率不變的債券。

可回售債券

可回售債券允許債券持有人在債券到期前將債券出售或出售給公司，這對於擔心債券可能貶值的投資者來說很有價值，或者他們認為利率會上升並希望在債券貶值之前收回本金。

債券發行人可以在債券中加入有利於債券持有人的看跌期權，以換取較低的票面利率或只是為了誘使債券賣方提供初始貸款，可回售債券的交易價值通常高於沒有看跌期權但具有相同信用評級、期限和票面利率的債券，因為它對債券持有人更有價值。

債券中嵌入式看跌期權、看漲期權和可轉換權的可能組合是無窮無盡的，每一種都是獨一無二的，這些權利中的每一個都沒有嚴格的標準，有些債券將包含不止一種期權，這可能會使比較變得困難，一般來說，個人投資者依靠債券專業人士來選擇符合其投資目標的個人債券或債券基金。

債券如何定價？

市場根據債券的特殊特徵對債券進行定價，債券的價格每天都在變化，就像任何其他公開交易的證券一樣，在任何給定時刻的供求決定了觀察到的價格，但債券的估值方式是有邏輯的，到目前為止，我們已經談論過債券，就好像每位投資者都持有債券到到期一樣，的確，如果投資者這樣做，投資者可以保證收回本金和利息;但是，債券不必持有至到期，在任何時候，債券持有人都可以在公開市場上出售他們的債券，那裡的價格可能會波動，有時甚至是劇烈的。

債券的價格會隨著經濟利率的變化而變化，這是因為對於固定利率債券，發行人已承諾根據債券的面值支付息票，因此，對於面值1000美元、年息10%的債券，發行人每年將向債券持有人支付100美元。

假設該債券發行時的現行利率也是10%，由短期政府債券的利率決定，投資者對投資公司債券或政府債券無動於衷，因為兩者都將獲得100美元的報酬，然而，想像一下，過了一會兒，經濟已經變得更糟，利率降至5%，現在，投資者只能從政府債券中獲得50美元，但仍可以從公司債券中獲得100美元。

這種差異使公司債券更具吸引力，因此，市場上的投資者將提高債券的價格，直到它以與現行利率環境相等的溢價交易，在這種情況下，債券將以2000美元的價格交易，因此100美元的息票代表5%，同樣，如果利率飆升至15%，那麼投資者可以從政府債券中賺取150美元，並且不會支付1000美元來賺取100美元，該債券將被出售，直到達到與收益率相等的價格，在這種情況下為666.67美元的價格。

債券價格和利率

這就是為什麼債券價格與利率成反比的著名聲明有效的原因，當利率上升時，債券價格下跌，以便使債券的利率與現行利率相等，反之亦然，說明這一概念的另一種方法是考慮我們的債券收益率在價格變化的情況下會是多少，而不是給定利率變化，例如，如果價格從1000美元下降到800美元，那麼殖利率就會上升到12.5%。

發生這種情況是因為投資者在價值100美元（100美元/800美元）的資產上獲得相同的保證800美元，相反，如果債券價格上漲至1,200美元，收益率將降至8.33%（100美元/1,200美元），市場上的債券價格對利率變化做出相反的反應。

到期收益率（YTM）

債券的到期收益率（YTM）是考慮債券價格的另一種方式，YTM是債券在持有直至其生命周期結束時的預期總報酬，到期收益率被認為是長期債券收益率，但以年利率表示，換句話說，如果投資者持有債券直到到期，並且所有付款都按計劃支付，則它是債券投資的內部報酬率。

YTM是一個複雜的計算，但作為評估一種債券相對於市場上不同息票和到期日的其他債券的吸引力的概念非常有用，YTM的公式涉及求解以下等式中的利率，這不是一件容易的事，因此大多數對YTM感興趣的債券投資者都會使用計算機：

$$YTM=n\sqrt{面額/現值-1}$$

我們還可以通過一種稱為債券存續期間的衡量標準來衡量利率變化的債券價格的預期變化，存續期間以自最初提及零息債券以來的年數表示，其期限為到期日，然而，出於實際目的，存續期間代表利率變化1%的情況下債券的價格變化，我們將第二個更實際的定義稱為債券的修改期限。

可以計算存續期間以確定價格對單一債券或多隻債券投資組合的利率變化的敏感性，一般來說，期限較長的債券以及低息債券對利率變化的敏感度最高，債券的存續期間不是線性風險度量，這意味著隨著價格和利率的變化，存續期間本身也會發生變化，凸性衡量這種關係。

債券運作的方式？

債券是政府和公司出售的一種證券，作為從投資者那裡籌集資金的一種方式，因此，從賣方的角度來看，出售債券是一種借錢的方式，從買方的角度來看，購買債券是一種投資形式，因為它使買方有權保證償還本金以及支付利息，某些類型的債券還提供其他好處，例如能夠將債券轉換為發行公司股票的股票，債券市場往往與利率成反比，因為債券在利率上升

時會折價交易,在利率下降時會溢價交易。

有哪些不同類型的債券?

上面的例子是典型的債券,但有許多特殊類型的債券可用,例如,零息債券在債券期限內不支付利息,相反,它們的面值,他們在期限結束時償還給投資者的金額,大於投資者購買債券時支付的金額,另一方面,可轉換債券賦予債券持有人在達到某些目標的情況下將其債券換成發行公司的股份的權利,存在許多其他類型的債券,提供與稅收規劃、通脹對沖等相關的功能。

債券是一項好的投資嗎?

債券的波動性往往低於股票,通常建議至少構成多元化投資組合的一部分,由於債券價格與利率成反比,因此當利率下降時,債券價格往往會升值,如果債券持有至到期,它們將在最後返還全部本金,以及在此過程中支付的利息,正因為如此,債券通常對尋求收入並希望保存資本的投資者有利,一般來說,專家建議,隨著個人年齡的增長或接近退休,他們應該將投資組合權重更多地轉向債券。

什麼是固定收益?

固定收益廣義上是指向投資者支付固定利息或股息直至到期日的投資證券類型,到期時,投資者將獲得其投資的本金,政府和公司債券是最常見的固定收益產品類型,與可能不向投資者支付現金流的股票或可變收入證券不同,可變收益證券的支付可能會根據某些基本指標(例如短期利率)而變化,固定收益證券的支付是事先知道的,並且始終保持固定,除了直接購買固定收益證券外,投資者還可以使用幾種固定收益交易所交易基金(ETF)和共同基金。

- 固定收益是一類向投資者支付一定水準現金流的資產和證券，通常以固定利息或股息的形式。
- 政府和公司債券是最常見的固定收益產品類型。
- 它們被稱為固定收益，因為它們支付記錄投資者的固定利率。
- 許多固定收益證券在到期時，除了收到的利息外，還償還投資者投資的本金。
- 在公司破產的情況下，固定收益投資者通常會先於普通股股東獲得報酬。

公司和政府發行債務證券以籌集資金，為日常運營提供資金併為大型專案提供資金，對於投資者來說，固定收益工具支付固定的利率報酬，以換取投資者借出資金，在到期日，投資者將獲得他們投資的原始金額的償還，稱為本金。

例如，一家公司可能發行5%的債券，面值為1000美元或面值，在五年內到期，投資者以1000美元的價格購買債券，直到五年結束才會償還，在這五年中，公司根據每年5%的利率支付利息（稱為息票支付），因此，投資者在五年內每年獲得50美元的報酬，在五年結束時，投資者將償還在到期日最初投資的1000美元，投資者還可以找到每月、每季度或每半年支付息票的固定收益投資。

建議尋求多元化投資組合的保守投資者使用固定收益證券，固定收益投資組合的百分比取決於投資者的投資風格，還有機會通過固定收益產品和股票的組合來分散投資組合，從而創建一個可能擁有50%固定收益產品和50%股票的投資組合，國債和票據、市政債券、公司債券和存款證（CD）都是固定收益產品的例子，債券在債券市場和二級市場進行場外交

易（OTC）。

固定收益產品的類型

　　如前所述，固定收益證券最常見的例子是政府或公司債券，最常見的政府證券是由美國政府發行的證券，通常被稱為國債，固定收益證券由非美國發行，政府和公司也是如此，以下是最常見的固定收益產品類型：

- 國庫券（T-bills）是在一年內到期的短期固定收益證券，不支付票面報酬，投資者以低於其面值的價格購買票據，投資者在到期時賺取差額。

- 國庫券（T-Notes）的期限在2到10年之間，支付固定利率，並以100美元的倍數出售，在到期結束時，投資者將償還本金，但每半年支付一次利息，直到到期。

- 國債（T債券）與國庫券相似，只是它在20年或30年內到期，國債可以以100美元的倍數購買。

- 美國國債通脹保值證券（TIPS）保護投資者免受通脹影響，TIPS債券的本金隨著通貨膨脹和通貨緊縮而調整。

- 市政債券類似於財政部，因為它是政府發行的，只是它由州、市或縣而不是聯邦政府發行和支援，並用於籌集資金以資助地方支出，Muni債券也可以為投資者帶來免稅優惠。

- 公司債券有多種類型，提供的價格和利率在很大程度上取決於公司的財務穩定性和信譽，信用評級較高的債券通常支付較低的票面利率。

- 垃圾債券（也稱為高收益債券）是公司發行的債券，由於違約風險較高，因此支付更高的息票，違約是指公司未能償還債券或債務證券的本金和利息。

288

- 存款證（CD）是由金融機構提供的固定收益工具，期限少於五年，該利率高於典型的儲蓄帳戶，CD帶有FDIC或國家信用社管理局（NCUA）的保護。

如何投資固定收益？

希望將固定收益證券添加到其投資組合中的投資者有多種選擇，如今，大多數經紀商為客戶提供直接進入一系列債券市場的機會，從國債到公司債券再到市政債券，對於那些不想選擇個人債券的人來說，固定收益共同基金（債券基金）可以缺口各種債券和債務工具，這些基金使投資者能夠通過投資組合的專業管理獲得收入來源，固定收益ETF的運作方式與共同基金非常相似，但對個人投資者來說可能更容易獲得且更具成本效益.這些ETF可能針對特定的信用評級、期限或其他因素，ETF還承擔專業管理費用。

固定收益投資通常是一種保守策略，其報酬來自支付可預測利息的低風險證券，由於風險較低，息票支付通常也較低，建立固定收益投資組合可能包括投資債券、債券共同基金和存款證（CD），使用固定收益產品的一種此類策略稱為階梯策略。

階梯策略通過投資一系列短期債券提供穩定的利息收入，隨著債券到期，投資組合經理將返還的本金再投資於新的短期債券，從而擴大階梯，這種方法使投資者能夠獲得現成的資本，避免因市場利率上升而蒙受損失。

例如，60000美元的投資可以分為一年期、兩年期和三年期債券，投資者將60000美元原則分成三等份，在三種債券中每份投資20000美元，當一年期債券到期時，20000美元的本金將轉入原定三年期債券後一年到期的債券，當第二隻債券到期時，這些資金將滾入債券，將階梯再延長一年，通過這種方式，投資者可以獲得穩定的利息收入報酬，並可以利用任何更高的利率。

固定收益的優勢

固定收益投資在債券或債務工具的整個生命週期內為投資者提供穩定的收入流，同時為發行人提供急需的資金或資金，穩定的收入讓投資者可以計劃支出，這是這些是退休投資組合中受歡迎的產品的原因。

相對較低的波動性

固定收益產品的利息支付還可以幫助投資者穩定其投資組合的風險報酬，即市場風險，對於持有股票的投資者來說，價格可能會波動，從而導致巨大的收益或損失，固定收益產品穩定穩定的利息支付可以部分抵消股價下跌造成的損失，因此，這些安全投資有助於分散投資組合的風險。

保證

此外，國債（T-bonds）形式的固定收益投資得到了美國政府的支援，公司債券雖然沒有保險，但由相關公司的財務可行性支援，如果公司宣布破產或清算，債券持有人對公司資產的要求高於普通股股東。

此外，在經紀公司持有的債券投資由證券投資者保護公司（SIPC）支援，該公司持有的現金和證券最高可達50萬美元，固定收益CD享有聯邦存款保險公司（FDIC）的保障，每人最高可達250000美元，儘管與所有投資一樣，固定收益產品有很多好處，但投資者在購買之前應注意一些風險。

信用和違約風險

如前所述，公司債務雖然安全性較低，但償還排名仍然高於股東，選擇投資時，請注意債券和標的公司信用評級，評級低於BBB的債券品質較低，可考慮垃圾債券。

與公司相關的信用風險可能對固定收益工具到期前的估值產生不同的影響，如果一家公司陷入困境，其債券在二級市場上的價格可能會貶值，如果投資者試圖出售一家陷入困境的公司的債券，該債券的售價可能低於面值，此外，投資者可能很難在公開市場上以公平的價格出售債券，或者因為沒有需求而根本不需要債券。

債券的價格在債券的整個生命週期內可以上漲和下跌，如果投資者持有債券直到到期，價格變動無關緊要，因為投資者將在到期時獲得債券的面值，但是，如果債券持有人在債券到期前通過經紀人或金融機構出售債券，投資者將獲得出售時的當前市場價格，賣出價格可能導致投資的收益或損失，具體取決於標的公司、票面利率和當前市場利率。

利率風險

固定收益投資者可能面臨利率風險，這種風險發生在市場利率上升，債券支付的利率落後的環境中，在這種情況下，債券將在二級債券市場上失去價值，此外，投資者的資本與投資捆綁在一起，他們無法在不承擔初始損失的情況下將其用於賺取更高的收入，例如，如果投資者購買了每年支付2.5%的2年期債券，而2年期債券的利率躍升至5%，則投資者被鎖定在2.5%，無論好壞，持有固定收益產品的投資者無論利率在市場上的走勢如何，都會獲得固定利率。

通脹風險

通脹風險對固定收益投資者也是一種危險，經濟中物價上漲的速度稱為通貨膨脹，如果價格上漲或通貨膨脹上升，它會蠶食固定收益證券的收益，例如，如果固定利率債務證券支付2%的報酬率，而通貨膨脹率上升

1.5%，投資者就會蒙受損失，實際報酬率僅為0.5%，一些政府債券，如國債通脹保值證券（TIPS），與通脹率的變化連動，並相應地保護投資者，以下是固定收益利弊：

優點：

- 穩定的收入來源
- 比股票更穩定的報酬
- 破產資產債權較高
- 政府和FDIC對一些國家的支援

缺點：

- 報酬低於其他投資
- 信用和違約風險缺口
- 易受利率風險影響
- 對通脹風險敏感

固定收益示例

為了說明這一點，假設百事可樂（PEP）為阿根廷的一家新裝瓶廠發行固定利率債券，發行的5%債券每張面值為1000美元，將於五年內到期，該公司計劃使用新工廠的收益來償還債務。

投資者購買了10份債券，總成本為10000美元，並將在五年內每年獲得500美元的利息支付（0.05x10000美元=500美元），利息金額是固定的，併為投資者提供穩定的收入，該公司收到10000美元，並用這筆資金建造海外工廠，在五年內到期時，公司將向在五年內總共賺取2500美元利息的投資者償還10000美元的本金。

固定收益證券的例子有哪些？

固定收益證券是支付固定利率的債務工具，這些可以包括政府或公司發行的債券、CD、貨幣市場基金和商業票據，優先股有時也被認為是固定收益，因為它是一種結合了債務和股權特徵的混合證券。

固定收益證券和股本證券有什麼區別？

固定收益證券是債務工具，在債券到期時向投資者支付利息以及本金的報酬，另一方面，股權以公司股票的形式發行，代表公司的剩餘擁有權股份，而不是債務，股權沒有到期日，雖然它可以支付股息，但不保證向投資者支付，一般來說，股權是比公司債券風險更高/報酬更高的證券。

通貨膨脹如何影響固定收益？

當通貨膨脹導致利率上升時，通常會對固定收益證券的價值產生負面影響，這是因為債券和其他固定收益證券的價格與利率變化呈負相關。

什麼是固定利率與浮動利率債券？

固定利率債券在整個到期日支付相同的利率，這些可以與浮動或可變利率債券形成對比，後者根據市場上的現行利率定期重置支付的利率。

◆ 第三節 ETF

交易所交易基金(ETF)是一種集合投資證券,其運作方式與共同基金非常相似,通常,ETF會追蹤特定的指數、行業、商品或其他資產,但與共同基金不同的是,ETF可以像普通股票一樣在證券交易所買賣,ETF的結構可以跟蹤任何事物,從單個商品的價格到大量不同的證券集合,ETF的結構甚至可以跟蹤特定的投資策略,第一個ETF是SPDRS&P500 ETF(SPY),它跟蹤標準普爾500指數,並且今天仍然是交易活躍的ETF。

關鍵要點

- 交易所交易基金(ETF)是一籃子證券,就像股票一樣在交易所交易。
- ETF的股價隨著ETF的買賣而全天波動;這與共同基金不同,共同基金每天僅在市場收盤後交易一次。
- ETF可以包含所有類型的投資,包括股票、商品或債券;有些提供僅限當地的資產,而另一些則提供國際資產。
- 與單獨購買股票相比,ETF的費用率低。

了解交易所交易基金(ETF)

ETF被稱為交易所交易基金,因為它像股票一樣在交易所交易,ETF股票的價格會隨著股票在市場上的買賣而在整個交易日內發生變化,這與共同基金不同,共同基金不在交易所交易,並且每天僅在市場收盤後交易一次,此外,與共同基金相比,ETF往往更具成本效益和流動性,ETF是一種持有多種基礎資產的基金,而不是像股票那樣只持有一種,由於ETF中有多種資產,因此它們可能是分散投資的熱門選擇,因此,ETF可以包含多種類型的投資,包括股票、商品、債券或多種投資類型的組合。

一支ETF可以擁有不同行業的數百或數千隻股票，也可以孤立於一個特定的行業或部門，一些基金只專注於美國產品，而另一些基金則放眼全球，例如，以銀行業為重點的ETF將包含整個行業各種銀行的股票，ETF是一種有價證券，這意味著它的股價使其可以全天在交易所輕鬆買賣，並且可以賣空，在美國，大多數ETF都是開放式基金，並受1940年投資公司法的約束，除非隨後的規則修改了它們的監管要求。

ETF的類型

投資者可以使用各種類型的ETF，它們可用於創收、投機和價格上漲，以及對沖或部分抵消投資者投資組合中的風險，以下是對當今市場上的一些ETF的簡要說明。

1. 被動和主動ETF

ETF通常分為被動管理型或主動管理型，被動型ETF旨在復製更廣泛指數的表現，可以是多元化指數，例如標準普爾500指數，也可以是更具體的目標行業或趨勢，後一類的一個例子是金礦股：截至2022年2月18日，大約有八隻ETF專注於從事金礦開采的公司，不包括反向、槓桿和低資產管理規模(AUM)基金，主動管理的ETF通常不以證券指數為目標，而是讓投資組合經理決定將哪些證券納入投資組合，這些基金比被動型ETF有優勢，但對投資者來說往往更昂貴，我們在下面探索積極管理的ETF。

2. 指數ETF

指數ETF旨在盡可能接近地複製和跟蹤基準指數，它們類似於指數共同基金，但共同基金份額每天只能以一個價格（收盤資產淨值(NAV)）贖回，而指數ETF可以在主要交易所全天買賣，例如股票，通過指數ETF，投資者可以在單筆交易中接觸到大量證券。

Investments

　　指數ETF可以涵蓋美國和國外市場、特定行業或不同的資產類別（即小型股、歐洲指數等），每項資產都採用被動投資策略，這意味著提供商僅在基礎指數發生變化時才更改資產配置，交易所交易基金(ETF)是在交易所交易的一籃子證券，就像股票一樣，指數ETF專門用於復制基準指數，例如道瓊斯工業平均指數、納斯達克100指數或標準普爾500指數，指數ETF越來越受歡迎，因為它們為投資者提供了低成本的多元化被動指數策略。

　　指數ETF的交易價格可能偶爾會略高於或低於基金的資產淨值，但任何差異都會通過機構投資者的套利行為迅速消除，在大多數情況下，即使是盤中價格也與標的證券的實際價值相關，其他類型的ETF包括槓桿ETF，它像普通ETF一樣移動，但增加了乘數，或做空ETF，當標的資產暴跌時表現良好，指數ETF由大多數主要指數構成，例如道瓊斯工業平均指數、標準普爾500指數和羅素2000指數。

　　按費用率衡量，該費用結構可與最便宜的無佣金指數共同基金相媲美，但投資者通常會為ETF交易支付標準佣金率，儘管許多經紀商提供多種免佣金ETF，但通常會在下達買賣訂單時收取費用，與單獨購買股票相比，ETF的費用率低，經紀人佣金也少。

　　指數ETF的優勢，與其他交易所交易產品一樣，指數ETF提供即時多樣化的節稅和成本效益投資，基礎廣泛的指數ETF的其他優勢包括比特定策略基金的波動性更小、買賣價差更小（因此可以輕鬆高效地執行訂單）以及有吸引力的費用結構。

　　當然，沒有投資是沒有風險的，指數ETF並不總是完美地跟蹤標的資產，並且在任何給定時間可能會有一個百分點的變化，投資者在進行投資前應考慮標準投資基礎中的資產費用、流動性和跟蹤誤差。

3. 股票ETF

股票（股票）ETF由一籃子股票組成，以追蹤單一行業或類股，例如，股票ETF可能追蹤汽車或外國股票，其目的是為單一行業提供多樣化的投資機會，其中包括高績效者和具有增長潛力的新進入者，與股票共同基金不同，股票ETF的費用較低，並且不涉及證券的實際所有權。

4. 債券ETF

債券ETF用於為投資者提供定期收入，他們的收入分配取決於標的債券的表現，它們可能包括政府債券、公司債券以及州和地方債券，稱為市政債券，與其基礎工具不同，債券ETF沒有到期日，他們通常以實際債券價格的溢價或折價進行交易。

債券交易所交易基金（ETF）是一種專門投資於債券的交易所交易基金（ETF），這些類似於債券共同基金，因為它們持有具有不同特定策略（從美國國債到高收益債券）和長期和短期持有期的債券組合，債券ETF是被動管理和交易的，類似於主要證券交易所的股票ETF，這有助於在壓力時期增加流動性和透明度，從而促進市場穩定。

債券ETF全天在中央交易所進行交易，這與債券經紀人在櫃檯銷售的個人債券不同，傳統債券的結構使投資者很難找到價格具有吸引力的債券，債券ETF通過在紐約證券交易所(NYSE)等主要指數上交易來避免這個問題。

因此，它們可以為投資者提供機會，通過股票交易的輕鬆和透明來接觸債券市場，債券ETF也比個別債券和共同基金更具流動性，它們在市場收盤後每天以一個價格交易，在困難時期，即使基礎債券市場運作不佳，投資者也可以交易債券組合。

債券ETF通過月度股息支付利息，而任何資本收益通過年度股息支付，出於稅收目的，這些股息被視為收入或資本收益，然而，債券ETF的稅收效率並不是一個重要因素，因為資本利得在債券報酬中的作用不如在股票報酬中的作用大，此外，債券ETF可在全球範圍內購買。

債券ETF提供許多與單個債券相同的功能，包括定期息票支付，擁有債券最重要的好處之一是有機會定期收到固定付款，這些付款傳統上每六個月發生一次。

相比之下，債券ETF持有不同到期日的資產，因此，在任何給定時間，投資組合中的某些債券可能需要支付息票，因此，債券ETF每月支付利息，息票的價值因月而異。

基金中的資產不斷變化且不會到期，相反，債券在到期或退出基金的目標年齡範圍時被買賣，儘管債券市場缺乏流動性，但債券ETF設計者面臨的挑戰是確保它以具有成本效益的方式密切跟蹤各自的指數，大多數債券都持有至到期日，因此它們通常無法進入活躍的二級市場，這使得很難確保債券ETF包含足夠的流動性債券來追蹤指數，與政府債券相比，公司債券面臨的挑戰更大。

債券ETF的供應商通過使用代表性抽樣來解決流動性問題，這僅僅意味著只跟蹤足夠數量的債券來代表一個指數，代表性樣本中使用的債券往往是指數中規模最大、流動性最強的債券，鑑於政府債券的流動性，跟蹤誤差對於代表政府債券指數的ETF而言將不是一個問題。

債券ETF是接觸債券市場的絕佳選擇，但也有一些明顯的局限性，一方面，投資者在ETF中的初始投資比個人債券面臨更大的風險，由於債券

ETF永遠不會到期，因此無法保證本金將得到全額償還，此外，當利率上升時，它往往會損害ETF的價格，就像單個債券一樣，然而，由於ETF尚未成熟，因此很難降低利率風險。

5. 行業/類股ETF

行業或行業ETF是專注於特定行業或行業的基金，例如，能源行業ETF將包括在該行業運營的公司，行業ETF背後的想法是通過跟蹤在該行業運營的公司的業績來獲得該行業的上行空間，一個例子是科技行業，近年來資金大量湧入，同時，ETF也減少了股票表現波動的負面影響，因為它們不涉及證券的直接所有權，行業ETF還用於在經濟周期中輪換進出行業。

行業交易所交易基金(ETF)是一種集合投資工具，專門投資於特定行業或行業的股票和證券，通常在基金名稱中註明，例如，一個行業ETF可能追蹤一籃子具有代表性的能源股或科技股。

行業ETF已受到投資者的歡迎，可用於對沖和投機，它們的高流動性意味著標的指數很少有任何大的跟蹤誤差，即使在盤中交易中也是如此，大多數行業ETF專注於美國股票，但有些ETF投資全球以捕捉該行業的全球表現，資產圍繞基礎指數進行被動管理，一些基金使用標準普爾和道瓊斯等數據服務提供的指數，還提供槓桿行業ETF，旨在在上漲和下跌交易日實現標的指數的雙倍報酬。

ETF或交易所交易基金是一種有價證券，可追蹤指數、商品、債券或一攬子資產（如指數基金），與共同基金不同，ETF的交易方式類似於證券交易所的普通股，ETF在買賣時全天都會經歷價格變化，ETF通常比共同基金份額具有更高的每日流動性和更低的費用，使其成為對個人投資者有

吸引力的選擇。

通過擁有ETF，投資者可以獲得指數基金的多元化以及賣空、保證金買入和低至一股的能力，另一個優勢是大多數ETF的費用比率低於普通共同基金的費用比率，在買賣ETF時，投資者必須向經紀人支付與他們在任何常規訂單上支付的佣金相同的佣金。

6. 商品類ETF

顧名思義，商品ETF投資於商品，包括原油或黃金，商品ETF具有多種優勢，首先，他們使投資組合多樣化，從而更容易對沖經濟低迷，例如，商品ETF可以在股市暴跌期間提供緩衝，其次，持有商品ETF的股票比實物持有商品便宜，這是因為前者不涉及保險和倉儲費用。

根據定義，商品是在經濟中用作投入的基本商品，因此，基本商品可能是不錯的投資，一些商品，如貴金屬，被用作保值和對沖通脹的工具，大宗商品是一種資產類別，通常與股票和債券等其他資產類別呈負相關，這意味著當股票和債券價值下降時，商品將增值，反之亦然，因此，它們為投資者提供了一種分散投資組合的好方法，大宗商品還可以對沖通脹，大多數普通投資者的問題是，從歷史上看，很難以具有成本效益和可承受風險的方式直接接觸商品。

商品ETF使投資者能夠以簡單、相對低風險和具有成本效益的方式獲得對單個商品或一攬子商品的缺口，有許多追蹤不同商品的ETF，包括基本金屬、貴金屬、能源和農產品，投資者可以利用這些ETF設計他們理想的商品缺口，實際上持有實物商品，目前僅限於貴金屬，實物ETF的優勢在於它實際擁有並擁有商品，這消除了跟蹤和交易對手風險，當投資者擁有的ETF未提供與其應追蹤的資產相同的報酬時，就會出現追蹤風險，交易對手風險是賣方沒有按照承諾實際交付商品的風險。

　　以實物為支撐的ETF的缺點是，交付、持有、存儲和為實物商品投保會產生成本，這些成本可能會累加起來，避免這些成本往往會促使投資者轉而購買商品期貨，請注意，實物貴金屬ETF作為收藏品徵稅，這意味著資本利得根據投資者的稅級按投資者的邊際稅率徵稅，短期收益按普通收入稅率徵稅。

　　最受歡迎的商品ETF類型是基於期貨的，這些ETF建立了基礎商品的期貨、遠期和遠期合約合約的投資組合，基於期貨的ETF的優勢在於ETF沒有持有和存儲標的商品的成本，但還有其他風險與期貨合約本身有關。

　　大多數基於期貨的商品ETF奉行即月展期策略，持有即月期貨，即最接近到期的期貨，ETF需要在這些期貨到期前用第二個月（下個月）期貨替換這些期貨，這種策略的優勢在於它可以密切跟蹤商品的當前價格或現貨價格，缺點是ETF面臨滾動風險，因為即將到期的近月合約被滾動到第二個月的合約中。

　　大多數基於期貨的商品ETF都是有限合夥制，出於稅收目的，60%的收益作為長期資本收益徵稅，其餘40%按投資者的普通稅率徵稅，另一件需要考慮的事情是，ETF的收益在年底按市值計價，這可能會給投資者帶來應稅事件，即使他們沒有出售ETF中的任何股份。

　　商品市場通常處於兩種不同狀態之一：期貨溢價或現貨溢價，當期貨處於正價差時，特定期貨的未來價格高於現在，當期貨處於現貨溢價狀態時，商品現在的價格高於未來的價格，當期貨市場處於正價差時，滾動風險為負，這意味著商品ETF將賣出即將到期的低價期貨並買入高價期貨，這被稱為負滾動收益率，添加更高價格期貨的成本降低了報酬並拖累了

ETF，使其無法準確跟蹤商品的現貨價格。

有些大宗商品ETF追求階梯式策略和優化策略，旨在避免正價差市場帶來的風險，階梯策略使用具有多個到期日的期貨，這意味著並非所有的期貨合約都被一次替換，優化策略會嘗試選擇正價差最溫和和現貨溢價最大的期貨合約，以盡量降低成本並提高收益，這兩種方法都可以最大限度地降低成本，但這樣做的代價是實際跟蹤標的商品價格的短期變動並可能從中獲益，因此，它們可能更適合長期、更厭惡風險的投資者。

當期貨市場處於現貨溢價時，滾動風險為正，這意味著商品ETF將賣出即將到期的高價期貨並買入低價期貨，從而產生所謂的正滾動收益率，無論期貨市場處於何種狀況，基於期貨的商品ETF都會產生更高的費用，因為需要不斷展期期貨合約，基於期貨的無槓桿商品ETF的費用比率通常在0.50%-1.00%之間，但因基金和商品而異，請注意，槓桿商品基金的費用比率通常從1.00%開始，而且通常可以更高。

基於期貨的商品ETF面臨的另一個風險是，ETF可能會影響期貨價格，而不是簡單地跟蹤商品價格，因為它們需要在可預測的時間買賣大量期貨合約，即所謂的滾動時間表，這也將ETF置於交易者的支配之下，他們可能會根據對ETF交易訂單的預期來提高或降低價格，最後，由於商品交易法規，ETF可以持有的商品部位規模可能受到限制。

7. 貨幣ETF

貨幣ETF是追蹤貨幣對錶現的匯集投資工具，包括本幣和外幣，貨幣ETF有多種用途，它們可用於根據一個國家的政治和經濟發展來推測貨幣價格，它們還被用於使投資組合多樣化或作為進出口商對沖外匯市場波動的對沖工具，其中一些還用於對沖通貨膨脹的威脅，甚至還有比特幣的

ETF選項。

　　貨幣ETF是一種集合投資，為投資者提供外匯(forex)或貨幣缺口，它們使投資者能夠接觸一種或多種貨幣對的匯率變化，與其他交易所交易基金(ETF)一樣，投資者可以像購買公司股票一樣在交易所購買貨幣ETF，這些投資通常是被動管理的，標的貨幣以單一國家或一攬子貨幣持有，與任何投資一樣，貨幣ETF也有其自身的風險和報酬。

　　貨幣ETF是交易所交易基金，追蹤一種貨幣或一攬子貨幣的相對價值，這些投資工具允許普通個人通過管理基金獲得外匯市場缺口，而無需承擔個人交易的負擔，貨幣ETF可用於在外匯市場進行投機、分散投資組合或對沖貨幣風險，與貨幣ETF相關的風險往往是宏觀經濟風險，包括地緣政治風險和利率上漲。

　　交易所交易基金類似於股票，因為它們在交易所交易，因此投資者可以購買個別ETF的股票，但是，它們也像共同基金，因為它們包括投資於證券投資組合的集合基金，通常跟蹤特定的資產類別、行業或基準指數，ETF涵蓋多種行業和投資類型，包括債券、商品和貨幣。

　　貨幣ETF為投資者提供了一種在正常交易時間內交易貨幣的無縫且廉價的方式，通過貨幣ETF，投資者可以通過受管理的貨幣投資組合在外匯市場（世界上最大的市場）中進行結構性投資，一些ETF由外幣銀行存款擔保，而另一些則沒有，投資者關注這些基金的外匯市場缺口，以及減輕外匯市場風險和摩擦成本的能力，本質上，交易貨幣是一種對即期匯率的投機交易，即期匯率缺口可能是貨幣投資最基本的方面，貨幣基金的漲跌取決於它們對一種相對貨幣或一攬子貨幣的風險缺口和定位。

　　貨幣ETF經理可以使用幾種不同的方法來實現其基金的目標，貨幣

ETF可能包括現金/貨幣存款、以某種貨幣計價的短期債務和外匯衍生品合約,過去,這些市場只有經驗豐富的交易員才能進入,但ETF的興起更廣泛地打開了外匯市場,尤其是在大蕭條之後。

貨幣和政府國債通常是投資者尋求安全保障的兩種密切相關的投資選擇,由於其波動性和交易機制,貨幣通常具有比其他避風港略高的相對風險,投資者可能將貨幣用於安全、投機或對沖,貨幣ETF可以使傳統的股票和債券投資組合多樣化。

它們還可用於利用貨幣對之間的套利機會,或作為對沖宏觀經濟事件的手段,不同的產品提供不同的風險報酬機會,並提供不同貨幣的缺口,多種貨幣的一攬子投資可能比特定貨幣產品提供更高的穩定性(但上行潛力較小),現代金融的許多相同準則,如多元化和風險管理,都適用於貨幣市場交易。

一些投資者認為,將一美元投資於貨幣ETF來對沖每一美元的海外投資是不值得的,然而,由於貨幣ETF符合保證金條件,可以通過為海外投資和貨幣ETF使用保證金帳戶(經紀帳戶,經紀帳戶將部分資金借給客戶用於投資)來克服這一障礙。

毫無疑問,交易貨幣和貨幣ETF有助於提高投資組合報酬,它們可以用作多元化投資組合的一部分,出於對沖目的,它們通常最適合用於應對國際投資風險,但外匯市場存在較大風險,事實上,貨幣投資具有特殊風險,因此可能不適合所有投資者,投資者應記住,大多數貨幣走勢都受到持續的宏觀經濟事件的影響,經濟釋放疲軟、政治動盪或央行加息很容易影響多種匯率。

8. 反向ETF

　　反向ETF試圖通過做空股票從股票下跌中獲利，做空是賣出一支股票，預期其價值會下跌，然後以較低的價格買回，反向ETF使用衍生品做空股票，從本質上講，它們是押注市場將下跌，當市場下跌時，反向ETF按比例增加，投資者應注意，許多反向ETF是ETN(ETN)，而非真正的ETF，ETN是一種債券，但像股票一樣交易，並得到銀行等發行人的支持，請務必諮詢投資者的經紀人，以確定ETN是否適合投資者的投資組合。

　　反向ETF是一種交易所交易基金(ETF)，通過使用各種衍生工具從基礎基準價值的下跌中獲利而構建，投資反向ETF類似於持有各種空頭部位，即藉入證券並賣出，以期以較低價格回購，反向ETF也稱為空頭ETF或熊市ETF，許多反向ETF利用每日期貨合約來產生報酬，期貨合約是在設定的時間和價格買賣資產或證券的合約，期貨允許投資者押注證券價格的走向。

　　反向ETF對衍生品（如期貨合約）的使用使投資者能夠押注市場將下跌，如果市場下跌，反向ETF的漲幅大致相同，減去經紀商收取的費用和佣金，反向ETF不是長期投資，因為基金經理每天買賣衍生合約，因此，無法保證反向ETF將與其追蹤的指數或股票的長期表現相匹配，頻繁的交易往往會增加基金費用，一些反向ETF的費用率可達1%或更高。

　　反向ETF的一個優勢是，它們不需要投資者持有保證金帳戶，而對於希望建立空頭部位的投資者來說，情況就是如此，保證金帳戶是經紀人借錢給投資者進行交易的帳戶，保證金與做空一起使用，一種高級交易活動。

　　建立空頭部位的投資者藉入證券，他們並不擁有這些證券，以便他們可以將它們賣給其他交易者，目標是以較低的價格買回資產，並通過將股票返還給保證金貸方來平倉交易，然而，存在證券價值不升反降的風險，投資者不得不以高於原始保證金銷售價格的價格購回證券。

除了保證金帳戶外，賣空還需要向經紀人支付股票借貸費，以藉入賣空所需的股票，做空興趣高的股票可能會導致很難找到股票做空，從而推高做空成本，在許多情況下，借入股票做空的成本可能超過借入金額的3%，投資者會明白為什麼沒有經驗的交易者會很快陷入困境，相反，反向ETF的費用率通常低於2%，任何擁有經紀帳戶的人都可以購買，儘管有費用比率，但與賣空股票相比，投資者在反向ETF中建倉更容易且成本更低。

有幾種反向ETF可用於從大盤指數的下跌中獲利，例如羅素2000指數或納斯達克100指數，此外，還有專注於特定行業的反向ETF，例如金融、能源或消費必需品。

一些投資者使用反向ETF從市場下跌中獲利，而其他投資者則使用它們來對沖其投資組合以應對價格下跌，例如，擁有與標準普爾500指數匹配的ETF的投資者可以通過擁有標準普爾的反向ETF來對沖標準普爾的下跌，然而，避險也有風險，如果標準普爾指數上漲，投資者將不得不出售他們的反向ETF，因為他們將遭受損失，抵消他們在標準普爾原始投資中的任何收益。

反向ETF是短期交易工具，投資者必須選擇完美的時機才能賺錢，如果投資者將過多的資金分配給反向ETF，並且進場和退場的時間安排不當，則存在重大的損失風險。

9. 槓桿ETF

槓桿ETF尋求報酬基礎投資報酬的一些倍數（例如2倍或3倍），例

如，如果標準普爾500指數上漲1%，則2倍槓桿標準普爾500ETF將返回2%
（如果該指數下跌1%，則ETF將損失2%），這些產品使用期權或期貨合約
等衍生品來利用其報酬，還有槓桿反向ETF，它們尋求反向乘數報酬。

　　槓桿交易所交易基金(ETF)是一種有價證券，它使用金融衍生品和債
務來放大標的指數的報酬，傳統的交易所交易基金通常在一對一的基礎上
跟蹤其基礎指數中的證券，而槓桿ETF的目標可能是2:1或3:1的比率，槓
桿ETF適用於大多數指數，例如納斯達克100指數和道瓊斯工業平均指數
(DJIA)。

　　ETF是包含一籃子證券的基金，這些證券來自它們追蹤的指數，例
如，追蹤標準普爾500指數的ETF將包含標準普爾的500隻股票，通常，如
果標準普爾指數變動1%，ETF也會變動1%，追蹤標準普爾指數的槓桿ETF
可能會使用金融產品和債務，將標準普爾指數每1%的收益放大至2%或
3%，收益的程度取決於ETF中使用的槓桿數額，槓桿是一種投資策略，它
使用借入的資金購買期權和期貨以增加價格變動的影響。

　　然而，槓桿也可能起到相反的作用，並導致投資者蒙受損失，如果標
的指數下跌1%，損失會被槓桿放大，槓桿是一把雙刃劍，它可以帶來巨大
的收益，但也可能導致巨大的損失，投資者應注意槓桿ETF的風險，因為
損失風險遠高於傳統投資。

　　槓桿ETF可能會使用期權合約等衍生品來擴大對特定指數的缺口，它
不會放大指數的年度報酬，而是跟蹤每日變化，期權合約賦予投資者交易
標的資產的能力，而無需他們必須購買或出售證券的義務，期權合約有一
個到期日期，任何行動都必須在該日期之前完成。

　　期權有與之相關的預付費用（稱為溢價），並允許投資者購買大量

證券，因此，與股票等投資分層的期權可以增加持有股票投資的收益，通過這種方式，槓桿ETF使用期權來增加傳統ETF的收益，投資組合經理還可以借錢購買額外的證券股份，進一步增加他們的部位，同時也增加獲利的可能性，當標的指數價值下跌時，槓桿反向ETF使用槓桿來賺錢，換句話說，反向ETF上漲而基礎指數下跌，允許投資者從熊市或市場下跌中獲利。

除了管理和交易費用支出外，槓桿交易所交易基金還可能涉及其他成本，槓桿ETF的費用高於非槓桿ETF，因為購買期權合約需要支付溢價以及借貸成本或保證金，許多槓桿ETF的費用率為1%或更高。

儘管與槓桿ETF相關的費用比率很高，但這些基金通常比其他形式的保證金更便宜，保證金交易涉及經紀人向客戶借錢，以便借款人可以購買股票或其他證券，並將持有的證券作為貸款抵押品，經紀人還對保證金貸款收取利率。

例如，賣空涉及從經紀人那裡借入股票以押注下跌趨勢，可以收取借入金額3%或更多的費用，使用保證金購買股票可能會變得同樣昂貴，並且如果部位開始虧損，可能會導致追加保證金通知，如果抵押證券失去價值，經紀人要求更多資金來支撐帳戶，就會發生追加保證金通知。

槓桿ETF通常由希望對指數進行投機或利用指數的短期勢頭的交易者使用，由於槓桿ETF的高風險、高成本結構，它們很少被用作長期投資。

例如，期權合約有到期日，通常在短期內交易，槓桿ETF很難長期投資，因為用來創造槓桿的衍生品不是長期投資，因此，交易員通常只持有槓桿ETF部位幾天或更短時間，如果長期持有槓桿ETF，報酬可能與基礎指數有很大差異。

如何購買ETF

由於交易者可以使用多種平台，投資ETF變得相當容易，請按照以下概述的步驟開始投資ETF。

大多數在線投資平台、退休帳戶提供商網站和Robinhood等投資應用程序都提供ETF，這些平台中的大多數都提供免佣金交易，這意味著投資者無需向平台提供商支付費用即可買賣ETF，然而，免佣金購買或銷售並不意味著ETF提供商也將提供對其產品的訪問而無需相關費用，平台服務可以將其服務與其他服務區分開來的一些領域是便利性、服務和產品多樣性。

例如，智能手機投資應用程序只需點擊一個按鈕即可購買ETF股票，並非所有經紀公司都是這種情況，它們可能會要求投資者提供文書工作或更複雜的情況，然而，一些知名經紀公司提供廣泛的教育內容，幫助新投資者熟悉和研究ETF。

研究ETF

ETF投資的第二步也是最重要的一步是研究它們，當今市場上有各種各樣的ETF，在研究過程中要記住的一件事是，ETF不同於股票或債券等個別證券，當投資者投資ETF時，投資者需要從部門或行業的角度考慮整體情況，以下是投資者在研究過程中可能需要考慮的一些問題：

- 投資者的投資時間框架是什麼？
- 投資人是為了收入還是為了增長而投資？
- 有沒有讓投資者興奮的特定行業或金融工具？

考慮交易策略

如果投資者是ETF的初學者，美元成本平均法或在一段時間內分散投

Investments

資者的投資成本是一個很好的交易策略，這是因為它可以平滑一段時間內的報酬，並確保有紀律（而不是隨意或波動）的投資方式，它還可以幫助新手投資者更多地了解ETF投資的細微差別，當他們對交易變得更加自在時，投資者可以轉向更複雜的策略，如波段交易和行業輪動。

線上經紀人與傳統經紀人

ETF通過在線經紀商和傳統經紀自營商進行交易，投資者可以通過Investopedia的最佳ETF經紀商列表查看ETF行業中的一些頂級經紀商，投資者通常還可以在退休帳戶中購買ETF，標準經紀人的一種替代方案是Betterment和Wealthfront等機器人顧問，它們在其投資產品中廣泛使用ETF，經紀帳戶允許投資者像交易股票一樣交易ETF股票，親力親為的投資者可能會選擇傳統的經紀帳戶，而希望採取更被動方式的投資者可能會選擇機器人顧問，智能投顧通常會在其投資組合中加入ETF，儘管他們可能不會選擇專注於ETF還是個股，這可能不取決於投資者。

在ETF中尋找什麼？

創建經紀帳戶後，投資者需要在投資ETF之前為該帳戶注資，為投資者的經紀帳戶注資的確切方式將取決於經紀商，為投資者的帳戶注資後，投資者可以搜索ETF並以與股票相同的方式進行買賣，縮小ETF選擇範圍的最佳方法之一是使用ETF篩選工具，許多經紀商提供這些工具，作為對數以千計的ETF產品進行分類的一種方式，投資者通常可以根據以下某些標準搜索ETF：

- 交易量：特定時間段內的交易量，讓投資者比較不同基金的受歡迎程度；交易量越大，交易該基金就越容易。
- 費用：費用率越低，用於管理費用的投資就越少，雖然總是尋找費用

率最低的基金可能很誘人，但有時成本較高的基金（例如主動管理型
ETF）的表現足夠強勁，足以彌補較高的費用。

- 表現：雖然過去的表現並不能預示未來的報酬，但這仍然是比較ETF的
  常用指標。
- 持倉量：不同基金的投資組合通常也會影響篩選工具，使客戶能夠比
  較每種可能的ETF投資的不同持倉量。
- 佣金：許多ETF是免佣金的，這意味著它們可以在不收取任何費用的情
  況下完成交易，但是，值得檢查這是否是一個潛在的交易破壞者。

熱門ETF的例子，以下是當今市場上流行的ETF的示例，一些ETF跟蹤
股票指數，從而創建廣泛的投資組合，而另一些則針對特定行業。

- SPDRS&P500（SPY）：是現存最古老、最廣為人知的跟蹤標準普爾500指
  數的ETF。
- iSharesRussell2000(IWM)追蹤Russell2000小型股指數。
- InvescoQQQ(QQQ)追蹤納斯達克100指數，該指數通常包含科技股。
- SPDR道瓊斯工業平均指數(DIA)代表道瓊斯工業平均指數的30隻股票。
- 行業ETF跟蹤個別行業和行業，例如石油(OIH)、能源(XLE)、金融服務
  (XLF)、房地產投資信託(IYR)和生物技術(BBH)。
- 商品ETF代表商品市場，包括黃金(GLD)、白銀(SLV)、原油(USO)和天
  然氣(UNG)。
- 國家ETF追蹤國外的主要股票指數，但它們在美國交易並以美元計價，
  示例包括中國(MCHI)、巴西(EWZ)、日本(EWJ)和以色列(EIS)，其他人
  追蹤範圍廣泛的外國市場，例如追蹤新興市場經濟體(EEM)和發達市場
  經濟體(EFA)的市場。

Investments

ETF提供較低的平均成本，因為投資者單獨購買ETF投資組合中持有的所有股票會很昂貴，投資者只需執行一筆買入交易和一筆賣出交易，這導致經紀人佣金減少，因為投資者只進行了少量交易，經紀人通常對每筆交易收取佣金，一些經紀商甚至提供某些低成本ETF的無佣金交易，進一步降低投資者的成本。

ETF的費用比率是運營和管理基金的成本，ETF通常費用較低，因為它們跟蹤指數，例如，如果ETF追蹤標準普爾500指數，它可能包含標準普爾的所有500隻股票，使其成為時間密集度較低的被動管理基金，然而，並非所有ETF都以被動方式跟蹤指數，因此可能具有更高的費用比率。

優點：

- 調查各個行業的許多股票
- 低費用率和更少的經紀人佣金
- 通過多元化進行風險管理
- 存在專注於目標行業的ETF

缺點：

- 主動管理的ETF收費更高
- 專注於單一行業的ETF限制了多元化
- 缺乏流動性阻礙交易

積極管理的ETF

也有主動管理的ETF，其中投資組合經理更多地參與買賣公司股票和改變基金內的持股，通常，管理更積極的基金的費用比率高於被動管理的ETF，為確保ETF值得持有，重要的是投資者要確定基金的管理方式，是主動管理還是被動管理，由此產生的費用比率，以及成本與報酬率。

指數股票ETF

由於沒有最低存款要求，指數股票ETF為投資者提供了指數基金的多元化以及賣空、保證金買入和低至一股的能力，然而，並非所有ETF都同樣多元化，有些可能包含高度集中於一個行業，或一小部分股票，或彼此高度相關的資產。

股息和ETF

儘管ETF為投資者提供了隨著股價上漲和下跌而獲利的能力，但它們也從支付股息的公司中受益，股息是公司分配或支付給持有股票的投資者的收益的一部分，ETF股東有權獲得一定比例的利潤，例如賺取的利息或支付的股息，如果基金被清算，也可能獲得剩餘價值。

ETF和稅收

ETF比共同基金更節稅，因為大多數買賣都是通過交易所進行的，ETF贊助商不需要在每次投資者希望出售或每次投資者希望購買時發行新股時贖回股票，贖回基金股份可能會引發納稅義務，因此在交易所上市可以降低稅收成本，就共同基金而言，每次投資者出售其股票時，他們都會將其賣回基金並產生必須由基金股東支付的納稅義務。

ETF的市場影響

由於ETF越來越受投資者歡迎，許多新基金相繼誕生，導致其中一些基金的交易量較低，結果可能導致投資者無法輕鬆買賣低交易量ETF的股票，人們開始擔心ETF對市場的影響，以及對這些基金的需求是否會推高股票價值並製造脆弱的泡沫，一些ETF依賴的投資組合模型在不同的市場條件下未經檢驗，可能導致資金的極端流入和流出，這對市場穩定性產生負面影響，自金融危機以來，ETF在市場閃崩和不穩定中發揮了重要作用，ETF的問題是導致2010年5月、2015年8月和2018年2月閃電崩盤和市場下跌的重要因素，ETF股票的供應通過稱為創建和贖回的機制進行監管，該機制涉及稱為授權參與者(AP)的大型專業投資者。

ETF創建

當ETF想要增發股票時，AP從指數中購買股票，例如基金追蹤的標準普爾500指數，然後將其出售或交換給ETF以等值換取新的ETF股票，反過來，AP在市場上出售ETF份額以獲取利潤，當AP向ETF發起人出售股票以換取ETF中的股份時，交易中使用的股份塊稱為創建單位。

當股票溢價交易時創建

想像一下，有一支ETF投資於標準普爾500指數的股票，收盤時股價為101美元，如果ETF持有的股票價值每股僅價值100美元，則該基金101美元的價格高於該基金的資產淨值(NAV)，NAV是一種會計機制，用於確定ETF中資產或股票的整體價值，AP有動機使ETF股價回到與基金資產淨值的平衡，為此，AP將從市場上購買ETF希望在其投資組合中持有的股票，然後將其出售給基金，以換取ETF的股票。

在此示例中，AP在公開市場上以每股100美元的價格購買股票，但以每股101美元的價格獲得在公開市場上交易的ETF股票，這個過程稱為創建並增加市場上ETF份額的數量，如果其他一切都保持不變，那麼增加市場上可用的股票數量將降低ETF的價格，並使股票與基金的資產淨值保持一致。

ETF贖回

相反，AP也在公開市場上購買ETF的股份，然後AP將這些股票賣回給ETF發起人，以換取AP可以在公開市場上出售的個股，因此，通過稱為贖

回的過程減少了ETF份額的數量，贖回和增設活動的數量取決於市場需求
以及ETF的交易價格是否低於基金資產的價值。

當股票以折扣價交易時贖回

　　想像一下，一支ETF持有羅素2000小型股指數中的股票，目前的交易
價格為每股99美元，如果ETF在基金中持有的股票價值為每股100美元，則
ETF的交易價格低於其資產淨值，為了使ETF的股價回到其資產淨值，AP
將在公開市場上購買ETF的股份，然後將其賣回ETF，以換取基礎股票組合
的股份，在此示例中，AP能夠購買價值100美元的股票的所有權，以換取
其以99美元購買的ETF股票，這個過程稱為贖回，它減少了市場上ETF份額
的供應，當ETF股票的供應減少時，價格應該會上漲並接近其資產淨值。

ETF vs. 共同基金vs. 股票

　　在經紀人費用和政策不斷變化的世界中，比較ETF、共同基金和股票
的特徵可能是一項挑戰，大多數股票、ETF和共同基金都可以在沒有佣金
的情況下買賣，基金和ETF與股票的不同之處在於它們中的大多數都收取
管理費，儘管它們多年來一直呈走低趨勢，一般來說，ETF的平均費用往
往低於共同基金，以下是其他異同的比較。

交易所交易基金ETF	共同基金	股票
交易所交易基金(ETF)是一種追蹤一籃子證券的指數基金。	共同基金是對債券、證券和其他提供報酬的工具的集中投資。	股票是根據業績提供報酬的證券。
ETF價格可能會相對於基金的資產淨值(NAV)溢價或虧損。	共同基金價格以整個基金的資產淨值進行交易。	股票報酬基於其在市場上的實際表現。
ETF就像股票一樣在正常時間在市場上交易。	共同基金只能在交易日結束時贖回。	股票在正常市場交易時間交易。
一些ETF可以免佣金購買，並且比共同基金便宜，因為它們不收取營銷費用。	一些共同基金不收取手續費，但大多數都比ETF貴，因為它們收取管理和營銷費用。	股票可以在某些平台上免佣金購買，購買後通常不收取相關費用。
ETF不涉及證券的實際所有權。	共同基金擁有其籃子中的證券。	股票涉及證券的實物所有權。
ETF通過在單個基金中跟蹤一個部門或行業中的不同公司來分散風險。	共同基金通過創建涵蓋多個資產類別和證券工具的投資組合來分散風險。	風險集中在股票的表現上。
ETF交易以實物形式進行，這意味著它們不能兌換成現金。	共同基金份額可按當天基金資產淨值贖回。	股票是用現金買賣的。
由於ETF股票交易被視為實物分配，因此ETF是所有三種金融工具中最節稅的。	當共同基金返還資本或在其投資組合中包含某些類型的免稅債券時，它們會提供稅收優惠。	股票按普通所得稅率或資本利得率徵稅。

評估ETF

　　近年來，ETF領域發展迅猛，到2019年投資資產達到4萬億美元，ETF投資者可用期權的急劇增加使評估哪些基金最適合投資者的過程變得複雜，以下是投資者在比較ETF時可能希望牢記的一些注意事項。

成本

　　ETF的費用率反映了投資者將為基金的運營和管理支付多少費用，儘管被動基金的費用率往往低於主動管理的ETF，但即使在這些類別中，費用率仍然存在很大差異，比較費用比率是ETF整體投資潛力的關鍵考慮因素。

多樣化

幾乎所有ETF都提供相對於單個股票購買的多元化收益，儘管如此，一些ETF高度集中，無論是在它們持有的不同證券的數量上還是在這些證券的權重上，例如，將一半資產集中在兩個或三個部位的基金所提供的多元化程度可能低於總投資組合成分較少但資產分佈範圍較廣的基金。

流動性

由於流動性障礙，資產管理規模極低或日均交易量低的ETF往往會產生更高的交易成本，在比較策略或投資組合內容可能相似的基金時，這是一個需要考慮的重要因素。

ETF與指數基金有何不同？

指數基金通常是指追蹤指數的共同基金，指數ETF的構建方式大致相同，將持有指數的股票並對其進行跟蹤，然而，ETF往往比指數共同基金更具成本效益和流動性，投資者還可以全天直接在證券交易所購買ETF，而共同基金僅在每個交易日結束時通過經紀人進行交易。

ETF如何運作？

ETF提供商根據特定方法創建ETF，並將該基金的份額出售給投資者，提供商買賣ETF投資組合的成分證券，雖然投資者不擁有標的資產，但他們仍可能有資格獲得股息支付、再投資和其他利益。

什麼是ETF帳戶？

在大多數情況下，沒有必要創建一個特殊帳戶來投資ETF，ETF的主要吸引力之一是它們可以全天交易並且具有股票的靈活性，因此，通常可

以通過基本經紀帳戶投資ETF。

ETF的成本是多少？

ETF的管理和管理費用通常由投資者承擔，這些成本被稱為費用比率，通常只佔投資的一小部分，ETF行業的增長普遍降低了費用率，使ETF成為最實惠的投資工具之一，儘管如此，根據ETF的類型及其投資策略，費用比率可能存在很大範圍，交易所交易基金(ETF)是一種經濟高效的方式，可以在預算有限的情況下接觸廣泛的一攬子證券，投資者無需購買個股，只需購買以更廣泛市場的代表性橫截面為目標的基金股票即可，但是，在投資ETF時需要注意一些額外費用。

ETF與ETN：有何區別？

交易所交易基金(ETF)憑藉其通常較低的費用結構和更易於理解的類似股票的價格行為，在共同基金中佔據了一席之地，但ETF有一個不太為人所知的表親，ETN(ETN)，ETN是許多散戶投資者可能不知道的東西，現在是了解ETN並決定該產品是否在投資者的投資組合中佔有一席之地的時候了。

ETF和ETN都旨在追蹤標的資產，當投資者投資ETF時，投資者是在投資持有其追蹤資產的基金，ETN更像是債券，它是由機構發行的無擔保債務票據，交易所交易基金(ETF)。

實際上，ETF和ETN非常相似，兩者都旨在追蹤標的資產，兩者的費用率通常低於主動管理的共同基金，並且都像股票一樣在主要交易所進行交易，主要區別在於引擎蓋下，當投資者投資ETF時，投資者是在投資持有其追蹤資產的基金，該資產可以是股票、債券、黃金（或其他商品）、期貨或資產組合。

ETN (ETN)

ETN更像是債券，它是由機構發行的無擔保債務票據，就像債券一樣，ETN可以持有至到期或隨意買賣，如果承銷商（通常是銀行）破產，投資者將面臨完全違約的風險。

因此，在投資ETN之前，研究承銷商的信用評級是一項重要指標，如果承銷商獲得信用評級下調，則ETN的股票可能會經歷與其追蹤的基礎產品無關的低迷，由於ETN不支付股息或利息收入（與某些ETF不同），因此無需繳納年度稅款，ETN的投資者僅在出售證券時繳納資本利得稅，ETN比某些ETF更有效率，並享有優惠的稅收待遇。

主要區別

鑑於跟蹤誤差較低，ETN相對於ETF具有顯著優勢，ETF在跟蹤各自的指數時取得了不同程度的成功，由於各種因素，例如非流動性成分，投資者會注意到他們追蹤的指數存在一定程度的差異，ETNs幾乎消除了跟蹤誤差，因為發行人同意支付指數的全部價值（減去費用比率），ETN只需在基金到期後根據資產或指數的價格向投資者付款，沒有跟蹤錯誤，因為基金本身沒有主動跟蹤，市場力量會使基金追蹤標的工具，但追蹤的不是基金。

如果投資者遵循古老的規則，即投資者應該只投資於投資者了解的領域，那麼ETF是更好的選擇，兼職投資者更容易理解具有股票特徵的產品，由於ETN具有類似債券的特性，因此更加複雜。

ETF的總交易量比ETN大得多，但就像股票與債券一樣，股票更容易受到散戶投資者的關注，因為它們更容易理解，確定ETN適合投資者的投資組合是適當的，前提是投資者已完成研究並獲得適當的理解水平以做出

該決定。

ETN(ETN)是一種無擔保債務證券，跟蹤證券的基礎指數並在主要交易所（如股票）進行交易，ETN類似於債券，但不支付利息，相反，ETN的價格像股票一樣波動，ETN(ETN)是一種無擔保債務證券，可追蹤證券的基礎指數，ETN類似於債券，但不定期支付利息，投資者可以在主要交易所買賣ETN，例如股票，並從差價中獲利，減去任何費用。

ETN通常由金融機構發行，其報酬基於市場指數，ETN是一種債券，到期時，ETN將支付其追蹤的指數的報酬，但是，ETN不像債券那樣支付任何利息，當ETN到期時，金融機構收取費用，然後根據標的指數的表現給投資者現金，由於ETN像股票一樣在主要交易所進行交易，因此投資者可以買賣ETN並從買賣價格之間的差價中獲利，減去任何費用，ETN不同於交易所交易基金(ETF)，ETF擁有它們追蹤的指數中的證券，例如，追蹤標準普爾500指數的ETF將擁有標準普爾的所有500隻股票。

ETN不向投資者提供證券所有權，而只是獲得指數產生的報酬，因此，ETN類似於債務證券，投資者必須相信發行人會根據相關指數獲得良好的報酬，ETN最早由巴克萊銀行發行，銀行和其他金融機構通常以每股50美元的價格發行ETN，部分市場價格取決於標的指數的表現。

來自ETN發行人的風險

投資本金的償還部分取決於相關指數的表現，如果指數下跌或上漲幅度不足以支付交易中涉及的費用，則投資者在到期時收到的金額將低於最初投資的金額。

ETN償還本金的能力，加上它追蹤的指數的收益，取決於發行人的財務生存能力，因此，ETN的價值受到發行人信用評級的影響，由於發行人的信用評級下調，ETN的價值可能會下降，即使基礎指數沒有變化。

投資者必須意識到ETN的發行人可能無法償還債券本金和違約的風險，此外，政治、經濟、法律或監管變化可能會影響金融機構按時向ETN投資者付款的能力。

發行ETN的金融機構可能會使用期權來實現指數的報酬，這可能會增加投資者遭受損失的風險，期權是可以放大收益或損失的協議，發行人有權通過在期權市場支付溢價來交易股票，期權通常是短期合約，溢價會根據市場情況大幅波動。

投資者也有被停止交易風險，這意味著發行人可能能夠在到期前停止ETN，在這種情況下，投資者將獲得市場上的現行價格，如果賣出價低於買入價，投資者可能會出現虧損，ETN的提前贖回功能是預先說明的。

追蹤指數的風險

ETN的價格應密切跟蹤該指數，但有時可能相關性不佳，稱為跟蹤誤差，如果發行人存在信用問題並且ETN的價格偏離基礎指數，則會發生跟蹤錯誤。

流動性風險

如果金融機構決定在一段時間內不發行新的ETN，則現有ETN的價格可能會因供應不足而大幅上漲，因此，現有ETN的交易價格可能高於其追蹤的指數價值，相反，如果銀行突然決定增發ETN，則現有ETN的價格可能會因供應過剩而下跌。

ETN的交易活動可能很低或波動很大，結果可能是ETN價格的交易價格遠高於其對於那些希望購買的人的實際價值，此外，對於希望出售的投資者而言，這些產品的售價可能遠低於其價值，由於ETN的價格不同，在到期前出售ETN的投資者可能會遭受巨大的損失或收益。

優點：

- 如果標的指數在到期時較高，則ETN投資者將獲利。
- 投資者不需要擁有他們追蹤的指數的基礎證券。
- ETN在主要交易所交易。

缺點：

- ETN不定期支付利息。
- ETN存在違約風險，因為本金的償還取決於發行人的財務能力。
- 交易量可能較低，導致ETN價格溢價交易。
- 如果ETN沒有密切跟蹤標的指數，可能會出現跟蹤錯誤。

ETN的稅務處理

通常，出於所得稅目的，ETN的買入價和賣出價之間的差額應被視為資本收益或損失，投資者可以推遲獲得收益，直到ETN被出售或到期，但是，投資者應就其具體情況可能存在的任何潛在稅務後果向稅務專業人士尋求建議。

第四節 期貨

期貨合約是在未來特定時間以預定價格買賣特定商品資產或證券的法律協定，期貨合約在質量和數量上都是標準化的，以促進期貨交易所的交易，期貨合約的買方承擔在期貨合約到期時購買和接收標的資產的義務，期貨合約的賣方承擔在到期日提供和交付標的資產的義務。

關鍵要點

- 期貨合約是金融衍生品，迫使買方以預定的未來價格和日期購買某些標的資產（或賣方出售該資產）。
- 期貨合約允許投資者使用槓桿推測證券、商品或金融工具的方向，無論是多頭還是空頭。
- 期貨也經常被用來對沖標的資產的價格變動，以防止不利的價格變化造成的損失。
- 幾乎任何可以想像的商品都有可交易的期貨合約，例如穀物、牲畜、能源、貨幣，甚至證券。

瞭解期貨合約

期貨是衍生金融合約，要求各方以預定的未來日期和價格交易資產，在這裡，買方必須購買或賣方必須以設定的價格出售標的資產，無論到期日的當前市場價格如何，標的資產包括實物商品或其他金融工具，期貨合約詳細說明了標的資產的數量，並進行了標準化，以促進期貨交易所的交易，期貨可用於對沖或交易投機，期貨合約和期貨指的是同一事物，例如，投資者可能會聽到有人說他們購買了石油期貨，這與石油期貨合約的含義相同，當有人說「期貨合約」時，他們通常指的是特定類型的期貨，例如石油，黃金，債券或標準普爾500指數期貨，期貨合約也是投資石油最直接的方式之一，術語「期貨」更籠統，通常用於指代整個市場，例如「他們是期貨交易者」，與遠期合約不同，期貨合約是標準化的，遠期是類似類型的協議，鎖定當前的未來價格，但遠期交易是場外交易（OTC），並具有交易對手之間達成的可定製條款，另一方面，無論誰是交易對手，期貨合約都將具有相同的條款。

期貨合約的應用

期貨合約由兩類市場參與者使用：避險者和投機者。

避險者

標的資產的生產者或購買者對沖或保證商品的出售或購買價格，他們使用期貨合約來確保他們有買家和令人滿意的價格，對沖市場的任何變化，石油生產商需要出售其石油，他們可以使用期貨合約來鎖定他們將出售的價格，然後在期貨合約到期時將石油交付給買方，同樣，製造公司可能需要石油來製造小部件，由於他們喜歡提前計劃並且每個月都有石油進入，他們也可能使用期貨合約，通過這種方式，他們提前知道他們將為石油支付的價格（期貨合約價格），並且他們知道一旦合約到期，他們將接收石油。

投機者

由於許多商品價格傾向於以可預測的模式移動，因此即使對標的商品沒有直接利益，也可以通過交易期貨獲利，交易者和基金經理使用期貨押注標的資產的價格，例如，如果交易者預計穀物價格在交割日期之前上漲，他們可能會購買穀物期貨，天氣或生長條件的任何意外變化都可能導致期貨價格上漲或下跌。

期貨的歷史是什麼？

第一家期貨交易交易所是堂島大米交易所，成立於1730年，旨在交易大米期貨，西方商品期貨市場於16世紀開始在英國交易，但該國第一個官方商品交易交易所倫敦金屬和市場交易所直到1877年才成立，建立商品市場是為了減少生產者和批發商承擔的風險，農民預先獲得了價格保證，以及現金來支撐他們直到收穫，批發商得到保證，在他們需要的時候，他們能以固定的價格提供足夠的產品，雙方都冒了一些風險，如果他們等待，他們本可以得到更好的交易，最初的目的並沒有完全消失，但今天的期貨交易本身就是一個投資類別，大多數買家無意接受一噸小麥或一群奶牛的交付。

美國的期貨交易

美國於1848年在西方獲得了最早的官方商品交易交易所，芝加哥期貨交易所（CBOT）是作為鐵路創建的，電報服務建立了從芝加哥農業市場中心到紐約和美國東部其他城市的快速連接，美國最早交易的期貨合約是玉米，小麥和大豆市場緊隨其後，這三種核心農產品仍然佔CBOT貿易業務的大部分。

交易期貨合約的下一個大市場是棉花市場，棉花遠期合約於1850年代開始在紐約交易，最終導致1870年紐約棉花交易所（NYCE）的成立，隨著時間的推移而發展的其他產品的期貨合約，包括可可、橙汁和糖，美國牛產量的增長導致了牛肉和豬肉期貨市場的建立。

現代期貨市場

1970年代，期貨交易市場大幅擴張，芝加哥商品交易所（CME）開始提供外幣期貨交易，芝加哥期貨交易所（CBOT）交易國債，紐約商品交易所（NYMEX）開始提供各種金融期貨的交易，包括原油和天然氣，商品交易所（COMEX）提供黃金，白銀和銅的期貨交易，後來當黃金不再與美元掛鉤時，增加了鉑金和鈀金。

金融期貨交易的迅速擴張導致道瓊斯和標準普爾500股票指數的期貨合約的創建，儘管現在全球都有期貨交易交易所，但美國交易所仍然是交易最廣泛的交易所，這在很大程度上是由於交易量最大的兩個市場是美國債券市場和小麥市場。

美國的期貨市場是什麼時候開始的？

期貨市場於19世紀在美國建立起來，鐵路和電報系統使得在中西部建立農業貿易的中心樞紐成為可能，中西部是該國大部分糧食供應的種植地，東部各州是金融和商業中心的建立地，其結果是一種更有效的方式來購買和銷售批發食品，以便在零售時交付給消費者。

期貨市場買賣哪些商品？

在美國，三大巨頭是，而且一直是玉米，小麥和大豆，但事實證明，期貨市場適應多種產品，從貴金屬、石油到木材，金融期貨是後來添加的，它們包括股票期貨、外幣期貨和利率期貨等，在其他國家，主要商品是其經濟實力的自然產物，在澳大利亞，它是羊毛，在馬來西亞，它是棕櫚油。

什麼是商品？

商品可以定義為生產成品所需的原材料，根據定義，商品是可替代的，也就是說，沒有辦法將一個生產者的商品與另一個生產者提供的相同商品區分開來，一盎司黃金就是一盎司黃金。

期貨合約的類型

　　期貨合約可用於為任何類型的商品或資產設定價格，只要有足夠大的市場，一些最常交易的期貨類型概述如下：

- 農業期貨：這些是芝加哥商品交易所等市場提供的原始期貨合約，除穀物期貨外，還有纖維（如棉花）、木材、牛奶、咖啡、糖甚至牲畜的可交易期貨合約。
- 能源期貨：這些提供了最常見的燃料和能源產品，如原油和天然氣。
- 金屬期貨：這些合約交易工業金屬，如黃金、鋼鐵和銅。
- 貨幣期貨：這些合約提供不同國家貨幣的匯率和利率變化的風險缺口。
- 金融期貨：以證券或指數的未來價值進行交易的合約，例如，標準普爾500指數和納斯達克指數都有期貨，還有債務產品的期貨，如國債。

期貨合約與遠期合約

　　期貨合約類似於遠期合約，買賣雙方同意設定產品的價格和數量，以便在以後交付，這兩種類型的合約都可用於投機和對沖，但是，也存在重要差異，期貨合約是可以在交易所交易的標準化協定，而遠期合約只是買賣雙方之間的私人協定，雖然可以在場外交易市場上進行遠期交易，但它們的監管較少，散戶投資者也不太容易獲得，這意味著也有更多的機會根據買賣雙方的需求定製遠期協定。

期貨合約的機制

　　想像一下，一個石油生產商計劃在明年生產一百萬桶石油，它將在12個月內準備好交付，假設當前價格為每桶75美元，生產商可以生產石油，然後在一年後以當前的市場價格出售，鑒於油價的波動性，當時的市場價格可能與當前價格大不相同，如果石油生產商認為一年內油價會更高，他們可能會選擇現在不鎖定價格，但是，如果他們認為75美元是一個好價格，他們可以通過簽訂期貨合約來鎖定保證銷售價格。

數學模型用於為期貨定價，該模型考慮了當前現貨價格、無風險報酬率、到期時間、存儲成本、股息、股息收益率和便利收益率，假設一年期石油期貨合約的價格為每桶78美元，通過簽訂這項合約，生產商有義務在一年內交付100萬桶石油，並保證獲得7800萬美元，無論當時現貨市場價格在哪裡，都會收到每桶78美元的價格。

合約是標準化的，例如，芝加哥商品交易所（CME）的一份石油合約是1000桶石油，因此，如果有人想鎖定10萬桶石油的價格（賣出或買入），他們需要買入/賣出100份合約，要鎖定100萬桶石油的價格/他們需要買賣1000份合約，期貨市場受商品期貨交易委員會（CFTC）監管，CFTC是國會於1974年成立的聯邦機構，旨在確保期貨市場定價的完整性，包括防止濫用交易行為，欺詐和監管從事期貨交易的經紀公司。

零售交易員和投資組合經理對交付或接收標的資產不感興趣，零售交易者幾乎不需要收到1000桶石油，但他們可能有興趣從石油價格變動中獲利，期貨合約可以純粹為了利潤而交易，只要交易在到期前關閉，許多期貨合約在每月的第三個星期五到期，但合約確實有所不同，因此在交易之前請檢查任何和所有合約的合約規格。

例如，現在是1月，4月合約的交易價格為55美元，如果交易者認為油價將在4月合約到期前上漲，他們可以以55美元的價格買入合約，這使他們能夠控制1000桶石油，不過，他們不需要為此特權支付55000美元（55美元*1000桶），相反，經紀人只需要支付初始保證金，通常每份合約為幾千美元，部位的損益隨著期貨合約價格的變動而波動，如果損失太大，經紀人會要求交易者存入更多的錢來彌補損失，這稱為維持保證金，交易的最終損益在交易關閉時實現，在這種情況下，如果買方以60美元的價格出售合約，他們將賺取5000美元[（$60-55）x1000），或者，如果價格跌至50美元並在那裡平倉，他們將損失5000美元。

爲什麼叫期貨合約？

期貨合約得名於這樣一個事實，即合約的買方和賣方今天就未來將要交付的某些資產或證券的價格達成一致，期貨和遠期是一回事嗎？這兩種類型的衍生品合約的功能大致相同，但主要區別在於期貨是交易所交易的，並且具有標準化的合約規格，這些交易所受到高度監管，並提供透明的合約和定價數據，相比之下，遠期交易場外交易（OTC）的條款和合約規格由相關雙方定製。

如果期貨合約被持有到到期會怎樣？

除非合約部位在到期前平倉，否則空頭有義務向多頭交割，多頭有義務接受，根據合約的不同，兌換的價值可以用現金結算，大多數情況下，交易者將簡單地支付或接收現金結算，具體取決於相關資產在投資持有期間是增加還是減少，然而，在某些情況下，期貨合約將需要實物交割，在這種情況下，到期時持有合約的投資者將負責存儲貨物，並需要支付材料處理、實物存儲和保險的費用。

誰使用期貨合約？

投機者可以使用期貨合約來押注某些資產或證券的未來價格，避險者使用期貨來鎖定今天的價格，以減少從現在到貨物交付或接收時間之間的市場不確定性，套利者利用可能暫時存在的理論上的錯誤定價，在相關市場或跨相關市場交易期貨合約。

Investments

如何交易期貨？

根據投資者的經紀人和投資者在該經紀人的帳戶狀態，投資者可能有資格交易期貨，投資者將需要一個保證金帳戶並獲得批准，美國的合格交易者通常有能力在不同的交易所交易期貨，例如芝加哥商品交易所（CME），ICE期貨美國（洲際交易所）和芝加哥期權交易所期貨交易所（CFE）。

什麼是指數期貨？

術語指數期貨是指允許交易者買賣從今天的金融指數衍生的合約，以便在未來的某個日期結算的期貨合約，指數期貨最初面向機構投資者，現在也向個人投資者開放，交易者使用這些合約來推測價格方向指數，如標準普爾500指數和道瓊斯工業平均指數（DJIA），他們還使用指數期貨來對沖其股票部位免受損失。

- 指數期貨是今天以固定價格買賣金融指數的合約，將在未來的某個日期結算。
- 這些合約最初僅針對機構投資者，但現在對任何人開放。
- 投資組合經理使用指數期貨來對沖其股票部位，以應對股票損失。
- 投機者也可以使用指數期貨來押注市場的方向。
- 一些最受歡迎的指數期貨基於股票，包括E-迷投資人標準普爾500指數，E-迷投資人納斯達克100指數和E-迷投資人道瓊斯指數，國際市場也有指數期貨。

了解指數期貨

指數跟蹤一項資產或一組資產的價格，例如股票、商品和貨幣，期貨合約是一種衍生品，要求交易者在設定的日期以預定價格買賣標的資產，因此，指數期貨是一種法律合約，要求交易者在特定日期之前以預定價格買賣從股票市場指數衍生的合約，指數期貨，也稱為股票或股票市場指數期貨，其功能與任何其他期貨合約一樣，它們賦予投資者權力和義務，在指定的未來日期以商定的價格交付基於標的指數的合約現金價值，除非合約在到期前通過抵消交易解除，否則交易者有義務在到期時交付現金價值。

交易者使用指數期貨對沖或投機標的股票指數的未來價格變化，例如，標準普爾500指數跟蹤在美國交易的500家最大公司的股價，投資者可以買入或賣出標準普爾500指數的指數期貨，以對沖或推測指數的收益或損失。

指數期貨的類型

一些最受歡迎的指數期貨是基於股票的，這意味著投資者對合約中命名的單個指數進行對沖，例如，交易者可以通過購買E-miniS&P500期貨合約來投資標準普爾500指數，投資者還可以交易道瓊斯和納斯達克100指數的期貨，有E-迷投資人道瓊斯指數和E-迷投資人納斯達克100期貨合約，或其較小的變量微型E-迷投資人道瓊斯指數和微型E-迷投資人納斯達克100指數。

在美國以外，有30家主要德國公司的DAX股票指數和瑞士市場指數的期貨，兩者都在歐洲期貨交易所交易，在香港，恒生指數（HSI）期貨允許交易者對該市場的主要指數進行投機，產品可以使用不同的倍數來確定合約價格，例如，在芝加哥商品交易所（CME）交易的E-miniS&P500期貨合約的價值是該指數價值的50倍，因此，如果指數的交易價格為3,400點，則合約的市場價值將為3,400x50美元或170000美元，CME於2021年9

月將標準規模的標準普爾500指數期貨和期權合約退市，這些合約的價格是標準普爾500指數水準的250倍，這意味著如果指數的交易價格為3,400點，那麼合約的市場價值將為3,400x250美元或850000美元。

指數期貨和保證金

期貨合約不要求買方在進入交易時提出合約的全部價值，相反，他們只要求買方在其帳戶中保留合約金額的一小部分，這稱為初始保證金，指數期貨價格可能會大幅波動，直到合約到期，因此，交易者的帳戶中必須有足夠的資金來彌補潛在的損失，這被稱為維持保證金，維持保證金設定帳戶為滿足任何未來索賠而必須持有的最低資金金額。

金融業監管局（FINRA）要求最低交易價值的25%作為最低帳戶餘額，儘管一些經紀公司會要求超過25%，隨著交易價值在到期前攀升，經紀人可以要求將額外的資金存入帳戶，這稱為追加保證金通知，需要注意的是，指數期貨合約是買賣雙方之間具有法律約束力的協定，期貨與期權不同，因為期貨合約被視為義務，另一方面，期權被視為持有人可以行使或不行使的權利。

指數期貨的盈虧

指數期貨合約規定持有人同意在未來指定日期以特定價格購買指數，指數期貨通常在3月、6月、9月和12月每季度結算一次，通常也有幾個年度合約，股指期貨以現金結算，這意味著在合約結束時沒有標的資產交付，如果指數的價格高於到期日商定的合約價格，買方獲利，而賣方（被稱為未來沽者）則蒙受損失，在相反的情況下，買方遭受損失，而賣方獲利。

例如，如果道瓊斯指數在9月底收於16000點，那麼一年前持有9月期貨合約的持有人最終將獲利，利潤由合約的進入和退出價格之間的差額決定，與任何投機一樣，市場可能存在不利於部位的風險，如前所述，交易帳戶必須滿足保證金要求，並可能收到追加保證金通知以彌補進一步損失的任何風險，交易者必須明白，許多因素可以推動市場指數價格，包括經濟增長和企業盈利等宏觀經濟條件。

用於對沖的指數期貨

投資組合經理經常購買股票指數期貨，以對沖潛在損失，如果基金經理持有大量股票的部位，指數期貨可以通過賣出股指期貨來說明對沖股價下跌的風險，由於許多股票傾向於朝著相同的大方向移動，因此投資組合經理可以在股票價格下跌的情況下賣出或賣空指數期貨合約，如果市場低迷，投資組合中的股票價值將下跌，但賣出的指數期貨合約將增值，抵消股票的損失。

基金經理可以對沖投資組合的所有下行風險，或者只能部分抵消風險，避險的缺點是，如果不需要避險，這會減少利潤，因此，如果投資者從上一節用9月期貨合約做空指數期貨而市場上漲，則指數期貨價值下跌，隨著股市上漲，對沖的損失將抵消投資組合的收益。

指數期貨投機

投機是一種高級交易策略，不適合許多投資者，然而，有經驗的交易者傾向於使用指數期貨來推測指數的方向，交易者可以通過購買或出售指數期貨來押注一組資產的方向，而不是購買個股或資產。

例如，要複製標準普爾500指數，投資者需要購買該指數中的所有500隻股票，相反，指數期貨可以用來押注所有500隻股票的方向，一份合約會產生與擁有標準普爾500指數中所有500隻股票相同的效果。

優點：

- 指數期貨可以對沖類似持倉的下跌
- 經紀帳戶只需要持有合約價值的一小部分作為保證金
- 指數期貨允許對指數價格走勢進行投機。
- 幫助企業鎖定商品期貨的商品價格

缺點

- 不必要或錯誤的方向對沖將損害任何投資組合收益
- 經紀商可以要求額外的資金來維持帳戶的保證金金額
- 指數期貨投機是一項高風險事業
- 不可預見的因素可能導致指數偏離預期方向

指數期貨與商品期貨合約

就其性質而言，股指期貨的運作方式與期貨合約不同，這些合約允許交易者在未來商定的日期以商定的價格買賣指定數量的商品，合約通常交換有形商品，如棉花、大豆、糖、原油、黃金等，投資者通常交易商品期貨，作為對沖或投機標的商品價格的一種方式，與現金結算的指數期貨不同，如果部位在到期前未平倉，商品期貨合約的多頭部位持有人將需要進行實物交割，企業經常使用商品期貨來鎖定生產所需原材料的價格。

指數期貨示例

這是一個假設的例子，展示了投資者如何使用指數期貨進行投機，假設投資者決定投機標準普爾500指數，當指數以2000點交易時，他們購買期貨合約，導致合約價值為100000美元（$50x2000），E-mini標準普爾500指數期貨的價格為50美元乘以指數價值，由於指數期貨合約不要求投資者投入全部100%，因此他們只需要在經紀帳戶中保持一小部分。

場景1：標準普爾500指數跌至1900點，期貨合約現在價值95000美元（50

美元x1900美元），投資者損失5000美元。

場景2：標準普爾500指數升至2100點，期貨合約現在價值105000美元
（50美元x2100美元），投資者賺取5000美元的利潤。

投資者如何交易指數期貨？

指數期貨是衍生品，賦予投資者在未來指定日期以商定的價格買賣股票市場指數的權利和義務，投資者可以交易標準普爾500指數，道瓊斯指數，納斯達克100指數等指數以及富時100指數或恒生指數等外國市場指數的期貨，為了交易指數期貨，投資者需要在經紀公司開立帳戶，開立帳戶後，選擇投資者要交易的指數，並決定是做多（投資者認為價格會上漲）還是做空（投資者認為價格會下跌），請務必在合約即將到期時密切關注合約。

指數期貨可以用來預測市場表現嗎？

指數期貨通常被認為是一種賭注，而不是預測指標，投資股票指數期貨的交易者押注或投機指數向特定方向移動，持有多頭部位的投資者推測該指數的價格將上漲，而持有空頭部位的投資者則押注價格會下跌，各種因素可以推動市場，這意味著它們可以朝任何方向發展，因此，市場沒有萬無一失的預測指標，包括指數期貨。

指數期貨交易比股票交易風險大嗎？

指數期貨的風險既不比股票高，也不比股票低，那是因為它們的價格取決於標的指數的價格，風險來自使用槓桿進行交易的投資者採取的投機部位，但它們也被用作對沖工具，可以降低投資者的整體風險。

什麼是單一股票期貨？

單一股票期貨（SSF）合約是以個股為標的證券的標準期貨合約，每

份合約通常規定交付100股股票，與標的股票不同，個股期貨不轉讓投票權或股息，與股票期權不同，股票期權賦予持有人通過行使合約購買或出售標的股票的權利但沒有義務，而非現金結算的期貨合約要求雙方在到期時完成標的工具交易。

- 個股期貨是買賣雙方之間的標準化合約，指定合約到期時交割的股票價格。
- 與股票期權持有人相反，單一股票期貨合約的雙方都承擔一項義務。
- 個股期貨比持有標的股票提供更多的槓桿。
- 個股期貨是交易量最少的股票衍生品；自2020年以來，它們就沒有在美國交易過。

瞭解個股期貨

與所有非現金結算的期貨合約一樣，單一股票期貨要求買方在合約到期時交割標的工具，合約的賣方有義務交付相同的合約，在單一股票期貨的情況下，標的證券是特定股票，通常每份期貨合約100股，交易者使用期貨對沖，或推測標的資產的價格走勢，例如，玉米生產商可以使用期貨來鎖定某個價格並降低風險，或者任何人都可以通過使用期貨做多或做空來推測玉米的價格走勢，在單一股票期貨出現之前，股市投資者只能用期權或指數期貨對沖部位，2000年通過的《商品期貨現代化法案》（CFMA）在美國證券交易委員會（SEC）和商品期貨交易委員會（CFTC）的聯合監督下使單一股票期貨交易合法化，美國個股期貨交易始於2002年，一直持續到2020年，當時美國最後一個上市個股期貨的交易所收盤。

風險和收益

交易者使用單一股票期貨來對沖股票部位或在未來某個日期對其價格進行槓桿投機押注，就像股票期權一樣，投資組合經理使用指數期貨進行避險，存在指數構成與被套期投資組合構成不匹配的風險，與股票期權一樣，個股期貨允許在不進行賣空的情況下對股價下跌進行槓桿投機，與同類期權策略和個股賣空相比，個股期貨分別簡化並降低了成本，風險與其他期貨合約相似，因為槓桿可能會放大損失和收益，雖然股票期貨繼續在美國以外的一些交易所交易，但它們仍然是交易量最少的股票衍生品，這導致買賣價差更大，市場流動性降低。

全球市場

2021年個股期貨全球交易量較2020年增長42%，達到48.2億份合約，土耳其的伊斯坦布爾證券交易所是2021年交易量的領導者，交易量為17億份，其次是韓國交易所，交易量為12億份，印度國家證券交易所在2021年交易額為2.85萬億美元的單一股票期貨名義價值方面遙遙領先。

期貨風險有多大？

期貨是金融衍生品，允許在未來交付一些標的資產的合約，但價格由今天在市場上確定，雖然它們被歸類為金融衍生品，但這本身並不使它們比其他類型的金融工具風險更大或更低，事實上，期貨可能非常危險，因為它們允許以大量的槓桿進行投機部位，但是，期貨也可以用來對沖，從而減少某人的整體風險缺口，在這裡，我們考慮風險硬幣在交易期貨方面的兩面。

- 期貨合約是雙方在未來特定時間以特定價格買賣資產的安排。
- 公司或投資者使用期貨合約的預期原因是作為對沖，以抵消其風險缺口並限制自己免受價格波動的影響。

- 由於期貨交易者在許多情況下可以利用比標的資產高得多的槓桿，投機者實際上可能面臨更大的風險和追加保證金通知，從而擴大損失。

期貨本身並不比其他類型的投資風險更大，例如擁有股票、債券或貨幣，這是因為期貨價格取決於這些標的資產的價格，無論是股票期貨、債券期貨還是貨幣期貨，交易標準普爾500指數期貨合約不能說比投資跟蹤同一指數的共同基金或交易所交易基金（ETF）或擁有構成該指數的個股風險大得多。

此外，期貨往往具有很高的流動性，例如，美國國債期貨合約是世界上交易量最大的投資資產之一，與任何類似的投資（例如股票）一樣，期貨合約的價格可能會上漲或下跌，與股票投資一樣，它們確實比有擔保的固定收益投資承擔更大的風險，然而，由於期貨交易涉及槓桿，許多人認為交易期貨的實際做法比股票交易風險更大。

對沖等於風險較小

期貨合約最初是作為農業生產者和消費者對沖小麥、玉米和牲畜等商品的一種方式而發明和推廣的，對沖是為降低另一種資產的不利價格變動風險而進行的投資，通常，避險包括對相關證券採取抵消部位，因此，例如，玉米期貨合約可以由農民在播種時出售，當收穫季節到來時，農民可以出售他的實物玉米並回購期貨合約。

這種策略被稱為遠期對沖，有效地鎖定了農民在種植玉米時的玉米銷售價格，在此期間玉米價格是上漲還是下跌並不重要，農民已經鎖定了一個價格，因此可以無憂無慮地預測他的獲利率，同樣，當一家公司知道它將在未來購買特定物品時，它應該在期貨合約中建立多頭部位來對沖其部位。

　　例如，假設X公司知道在六個月內必須購買20000盎司白銀才能完成訂單，假設白銀現貨價格為12美元/盎司，六個月期貨價格為11美元/盎司，通過購買期貨合約，X公司可以鎖定11美元/盎司的價格，這降低了該公司的風險，因為它將能夠在六個月內關閉其期貨部位並以11美元/盎司的價格購買20000盎司白銀。

　　期貨合約在限制投資者在交易中的風險缺口方面非常有用，就像上面的農民或公司一樣，擁有股票、債券或其他資產投資組合的投資者可以使用金融期貨來對沖市場下跌，參與期貨合約的主要優點是它消除了資產未來價格的不確定性，通過鎖定投資者可以購買或出售特定物品的價格，公司能夠消除與預期費用和利潤相關的歧義。

槓桿等於更多風險

　　槓桿是僅投資總價值的一部分進行保證金投資的能力，購買股票的最大槓桿一般不超過50%，然而，期貨交易提供了更大的槓桿，高達90%至95%，這意味著交易者只需投入合約實際價值的10%即可投資期貨合約，槓桿放大了任何價格變化的影響，即使是相對較小的價格變化也可能代表可觀的利潤或損失，因此，價格相對較小的下跌可能導致追加保證金或強制平倉。

　　由於期貨交易中使用的槓桿，有可能遭受大於原始投資的損失，相反，也有可能實現非常大的利潤，同樣，並不是說交易者投資的實際資產具有更多的固有風險;額外的風險來自期貨合約交易的性質和過程。

　　為了明智地處理額外的槓桿，期貨交易者必須通過使用謹慎的止損訂單來限制潛在的損失，從而實行卓越的資金管理，優秀的期貨交易者會小心翼翼地不要過度保證金，而是保持足夠的自由、未承諾的投資資本來彌

補其總股本的回撤，與傳統的股票投資相比，交易期貨合約需要更多的交易技巧和實際管理。

CBOT與CME：有什麼區別？

芝加哥期貨交易所（CBOT）和芝加哥商品交易所（CME）都可以追溯到19世紀的芝加哥，在那裡每個交易所都是一個非營利性的農業交易市場，雖然兩者有許多共同的歷史發展，但他們強調不同的投資並以不同的方式運營，直到他們合併為芝商所集團，其中還包括NYMEX和COMEX作為其四個指定合約市場的一部分，兩家交易所之間的合併發生在2006年，此舉得到了兩個組織的股東批准，在合併之前，他們採用了截然不同的規則、法規、市場產品和交易引擎。

- 芝加哥期貨交易所（CBOT）和芝加哥商品交易所（CME）都是成立於19世紀芝加哥的期貨交易所。
- 兩家公司專注於不同的投資，並以不同的形式運營，直到2006年合併，成為芝商所集團。
- CBOT傳統上是一個農業期貨市場，然後在1970年代增加了金融期貨。
- 今天，CBOT還提供貴金屬，政府債券和能源股票的交易。
- CME最初被稱為芝加哥黃油和雞蛋委員會，在1960年代初推出了第一批冷凍豬肚期貨合約。
- 今天，CME提供外匯期貨，貨幣，股指，利率期貨和農產品的交易。

芝加哥期貨交易所（CBOT）

芝加哥期貨交易所是世界上歷史最悠久的期貨和期權交易所，成立於1848年，是芝加哥穀物商人的交易大廳，到1859年，CBOT獲得了伊利諾伊州立法機構的特許狀，並發展成為一個著名的農業期貨市場。

事實上，在「期貨市場」中交換遠期合約的概念可能起源於1860年代的CBOT，這個投資中心還有助於普及「公開喊價」交易大廳;交易員在八角形的「坑」中會面，在公共場合大喊（或手勢）對股票或期貨合約進行報價，說明在交易所建立市場，1994年，CBOT的公開喊價交易被電子下單系統所取代。

經過超過125年的農產品交易，金融合約於1975年加入芝加哥期貨交易所，金融期貨合約於1982年推出，然後是1997年的期貨期權合約，CBOT是交易各種工具的熱門交易所，包括貴金屬，政府證券和能源股票。

CBOT於2005年重組，並在紐約證券交易所作為芝加哥信託控股公司進行了首次公開募股，CME比CBOT大，它是美國最大的期貨和期權交易所，也是世界第二大期貨和期權交易所，在全球範圍內，孟買的印度國家證券交易所的交易量大於CME。

芝加哥商品交易所（CME）

芝加哥商品交易所成立於1898年，它是世界第二大期貨和期權交易所，也是美國最大的期貨和期權交易所，該交易所最引人注目的可能是2000年第一個「股份化」並成為上市公司的股東所有公司的金融交易所。

CME於1961年推出了第一批冷凍豬肚期貨合約，更重要的合約推出包括1969年的金融期貨和貨幣合約以及1972年的第一個利率期貨合約，CME它對其許多子公司擁有監管/審計權，在CME交易的熱門投資包括外匯期貨，貨幣，股票指數，利率期貨和農產品。

紐約商品交易所（NYMEX）

紐約商品交易所（NYMEX）是世界上最大的實物商品期貨交易所，如今是芝加哥商品交易所集團（CME集團）的一部分，該集團是世界領先和最多樣化的衍生品市場，芝商所集團由四個交易所組成：芝加哥商品交易所（CME），芝加哥期貨交易所（CBOT），紐約商品交易所和商品交易所，（紐約商品交易所），每個交易所都列出了主要資產類別的各種期貨產品、商品和全球基準。

- NYMEX是一家商品交易交易所，始於1872年，於2008年被CME集團收購。
- 該交易所列出了各種金屬、能源和農產品的期貨和期權。
- NYMEX曾經是一個有交易坑的公開喊價市場，但與今天的大多數交易所一樣，它變得越來越電子化。
- NYMEX交易佔CME總交易的很大一部分。
- NYMEX通過此次收購為CME集團做出了貢獻，包括大量能源產品、金屬合約和農業合約。

NYMEX的早期版本始於1872年，當時一群奶牛商人成立了紐約黃油和乳酪交易所，1994年，NYMEX與COMEX合併，成為當時最大的實物商品交易所，到2008年，NYMEX在全球金融危機之後無法獨立生存，並與芝加哥CME集團合併，合併為芝商所交易所帶來了能源、貴金屬和農產品清單。

能源、貴金屬和農產品的期貨和期權有時用於投機，但也是公司、農民和其他希望通過對沖部位來管理風險的工具，這些工具在交易所交易的便利性對於創建保護部位（對沖）和衡量期貨價格至關重要，使NYMEX成為交易和對沖世界的重要組成部分。

芝商所集團的每日交易量約為3000萬份合約，紐約商品交易所約佔該金額的10%，因為該交易所交易的實物商品，在芝加哥期貨交易所

（CBOT）交易的利率期貨，期權和遠期合約的交易量要大得多，NYMEX受商品期貨交易委員會（CFTC）監管，該委員會是美國政府的一個獨立機構，負責促進競爭和高效的期貨市場，並保護投資者免受操縱，濫用交易行為和欺詐。

紐約商品交易所的局限性

NYMEX是一個公開喊價交易平臺，交易者在這裡討價還價並就商品的市場價格達成一致，鑒於股票和商品交易比電報、買權或計算機的發明早了數百年，很明顯，面對面的人類交易和交易坑在很長一段時間內都是做生意的標準方式。

然而，今天，公開喊價交易正在下降，交易坑的數量已經減少，自2006年以來，NYMEX越來越多地引入電子交易系統，事實上，鑒於電子系統的成本效益和投資者對快速訂單執行的偏好，全球很大一部分交易所已經轉換為電子網路，在這一點上，美國或多或少是維持公開抗議交流的唯一國家。

NYMEX的交易包括多種交易選擇，如石油期貨、金屬期貨、能源期貨和其他商品，如農產品等，與其他市場類型不同，NYMEX不交易期權或股票，商品交易所的字典定義是「交易商品的市場」，這些類型的市場是確定和執行標準化商品合約和相關投資產品交易規則的法律實體，這些類型的市場每天交易數萬億美元，幾乎完全通過電子交易完成。

誰來決定商品的價格？

投資人有沒有想過投資人每天早上喝的那杯咖啡裡有什麼？投資者每週用來加滿油箱的氣體呢？我們大多數人從未意識到這一點，但幾乎所有這些商品都是從商品開始的。

大宗商品是金融市場中極其重要的一部分，那是因為它們對生產商和製造商至關重要，商品本質上是一種基本產品或原材料，用於製造我們日常生活中所需的所有商品和服務，商品種類繁多，包括石油、天然氣、咖啡、大豆和大米，這些商品在世界各地的商品交易所交易，如芝加哥商品交易所（CME），倫敦金屬交易所和洲際交易所（ICE），投資大宗商品為投資者提供了一種分散投資組合的方法，尤其是在市場波動時期。

- 大宗商品有多種形式，包括穀物、能源產品和金屬。
- 價格由基本面因素和供求關係決定，這些因素隨著經濟事件的展開而變化，並引發買入和賣出浪潮。
- 交易者通常不買賣實物商品；相反，他們交易期貨和期權等衍生品。
- 商品在現貨或現貨市場上交易，並在有組織的交易所作為期貨合約進行交易。
- 商品期貨在交易所交易，用於投機和對沖。

由於商品在交易所交易，因此其價格不是由單個個人或實體設定的，事實上，每天都有許多經濟因素和不同的催化劑影響和影響它們的價格，就像股票證券一樣，商品價格主要由市場的供求力量決定。

例如，如果石油供應增加，一桶的價格就會下降，相反，如果對石油的需求增加（通常在夏季發生），價格就會上漲，汽油和天然氣屬於能源商品類別，天氣在作物相關或農產品的價格變化中起著極其重要的作用，特別是在短期內。

如果天氣影響某個地區的供應，就會直接影響該商品的價格，屬於這一類的商品包括玉米、大豆和小麥，棉花、咖啡和大米被稱為軟商品，黃金是交易最活躍的商品之一，因為它用於生產珠寶和其他商品，但也被認為是一項值得的長期投資，白銀和銅是金屬組中商品的其他例子，牲畜是另一類商品，此類別包括活體動物，如豬和牛，商品交易比股票和債券早了許多世紀，因為商人會在絲綢之路等貿易路線上相遇，交換各種農產品和手工藝品。

現貨與期貨價格

商品通過交易所的期貨合約進行交易，這些合約規定持有人有義務在未來的交貨日期以預定價格買賣商品，並非所有期貨合約都是一樣的，事實上，它們的詳細資訊因交易的商品而異，媒體報價的商品的市場價格往往是其市場期貨價格，期貨價格不同於現貨價格或現貨價格，現貨價格是今天商品的實際價格。

例如，如果煉油廠以每桶50美元的價格從石油生產商那裡購買10000桶石油，則現貨價格為每桶50美元，在任何給定時刻，期貨價格可以高於或低於現貨價格。

許多交易者使用商品期貨來推測未來的價格走勢，他們通常不自己交易實物商品，這是因為購買原油桶或蒲式耳小麥是不切實際的，這些投資者分析市場活動並繪製模式，以推測未來的供需情況，他們隨後根據供求關係向哪個方向進入多頭或空頭期貨部位。

投機者與避險者不同，避險者通常是尋求通過出售或購買期貨合約來保護商品利益的最終使用者，如果大豆農民認為未來六個月價格會下跌，他們可以通過今天出售大豆期貨來對沖作物，避險者和投機者共同代表了商品期貨的大部分買賣利益，使他們成為決定商品價格的重要一方，投資者還可以購買從事大宗商品交易的公司，例如能源公司或礦業公司，此外，還有幾種商品ETF可供交易。

Investments

商品有許多不同的形式，能源商品的例子包括石油、天然氣和汽油，大宗商品還包括玉米、大豆和小麥等作物，軟商品完全屬於不同的類別，包括棉花、咖啡和大米等。

哪些因素對商品價格影響最大？

供求關係在大宗商品在市場上的定價方式中起著重要作用，當供應不足時，需求很高，從而導致價格上漲，當情況逆轉時，當供應高而需求低時，價格就會下降。

商品價格是什麼？

商品價格以兩種不同的方式報價，第一個是市場期貨價格，另一方面，現貨價格是商品的現金價格，現貨價格這是交易者在購買當天實際購買商品的內容。

投資者如何開始交易商品？

投資者可以通過多種方式開始交易商品，投機者可以交易在幾個主要商品交易所交易的商品期貨，那些不熟悉期貨運作方式的人可以選擇交易所交易基金（ETF）或涉及大宗商品的公司的股票，如能源或金礦公司。

5種最具流動性的商品期貨

大宗商品交易者在高流動性市場中茁壯成長，可以輕鬆獲得世界上最受歡迎的期貨合約，這些場所較低的買賣差價減少了進入和退出時的滑點，從而增加了利潤潛力，同時，不太不穩定的價格走勢支援短期日內和波段交易，以及長期部位交易和市場時機。

新參與者經常將商品期貨與指數和金融期貨合約（包括標準普爾500指數，歐洲美元和10年期國債）混淆，商品代表可以在現貨市場上買賣的真實實物，它們起源於地球內部或地球之上，而不是華爾街數學家的頭腦，大宗商品具有影響定價的實物供需限制，而金融工具可以從電子報價上的數字創建。

- 芝加哥商品交易所（CME）集團被評為世界頂級期貨交易所，平均每天處理超過730萬份合約。
- 與所有世界市場一樣，商品期貨交易量和未平倉量會根據政治、經濟和自然事件（包括天氣）而波動。
- 大宗商品吸引了以基本面為導向的參與者，包括使用技術分析來預測價格方向的行業避險者。
- 前五大期貨包括原油、玉米、天然氣、大豆和黃金。

芝商所：概述

芝加哥商品交易所（CME）被評為世界頂級期貨交易所，2022年日均交易量為730萬份合約，該集團是在經過十年的整合後成立的，其中包括芝加哥期貨交易所（CBOT），紐約商品交易所（NYMEX），芝加哥商品交易所（COMEX）和堪薩斯城貿易委員會（KCBT），該交易所成立於1898年，當時名為芝加哥黃油和雞蛋委員會，直到1919年更名，第一批期貨合約於1960年代初發行，後來增加了金融期貨和貨幣合約，隨後是利率和債券期貨。

確定主要商品市場

與所有世界市場一樣，商品期貨交易量和未平倉量會根據政治、經濟和自然事件（包括天氣）而波動，例如，中西部乾旱可以產生趨勢強勁的農業期貨，吸引其他期貨場所的資金。

波動性往往會在很長一段時間內逐漸上升和下降，這是因為大宗商品趨勢發展緩慢，可以持續數年和數十年，而不是數週或數月，合併后的交

Investments

易所報告了截至2022年7月25日交易結束時的前五大商品期貨合約，如下所示：

商品	平均每日交易量	未平倉合約
原油	632116	1599207
玉米	304986	1323449
天然氣	240183	970247
大豆	159629	592690
黃金	245115	502738

　　價格圖表為希望玩這些高流動性工具的交易者和市場計時器提供了堅實的技術基礎，雖然大宗商品吸引了包括行業避險者在內的基本面導向的參與者，但技術分析被廣泛用於預測價格方向，事實上，現代圖表在17世紀的荷蘭鬱金香市場和18世紀的日本大米市場有著歷史淵源，技術分析被廣泛用於預測期貨合約的價格方向。

1. 原油期貨

　　原油期貨在2008年7月3日創下145.31美元的歷史新高，並在經濟崩潰期間拋售至30年代，它恢復了2011年頂部的70%左右的急劇跌幅，並緩和進入交易區間，上行112美元，下行80美元，該合約於2014年破裂，並進入急劇下降趨勢，在2015年第三季度測試熊市低點。

　　新的上升趨勢始於2017年中下旬，在2018年10月達到80年代的高點，然後在2019年11月底趨於平穩至50年代的高點，2022年1月，原油價格自

2014年以來首次突破每桶100美元，截至2022年7月，該水準徘徊在該水準附近。

2. 玉米期貨

玉米期貨在1998年至2006年間沉睡，形成了一個長而圓的底部，吸引了有限的交易興趣，它在2006年下半年進入強勁的上升趨勢，垂直上升到2008年的峰值7.00美元以上，該合約在經濟崩潰期間損失了一半以上的價值，在3.00美元附近找到支撐，並進入復甦浪潮，在2012年中期達到8.24美元的頂峰。

隨後的下降趨勢放棄了四年的漲幅，價格在2014年下半年略高於2008年的低點，基礎行動一直持續到2020年，下一個上升趨勢開始了，2022年7月，價格從6美元以下升至7.47美元。

3. 天然氣

天然氣期貨交易與其他能源或大宗商品市場不同，20年來的一系列垂直峰值一出現就被廢除了，2000年、2001年、2003年、2005年、2008年和2021年超過10美元的反彈遇到了沉重的阻力，引發了未來一兩年近100%的回撤，與之重要伯仲之間的是石油期貨，將另

2019年11月底，天然氣期貨合約交易價格在2.50美元左右，價格在2020年低於2美元，然後開始上升趨勢，天然氣價格在2022年初升至8美元以上，截至2022年7月20日的交易價格為7.35美元。

4. 大豆

大豆期貨在1999年至2002年間觸底至數十年低點，該合約隨後進入強勁上升趨勢，在2004年、2008年和2012年出現垂直反彈峰值，它在2012年下半年轉為低位，有序修正在2014年加速下行。

下降幅度略高於2009年的低點，到2012年7月中旬，價格飆升至17美元以上，但到5月初，大豆期貨的交易價格下跌至每蒲式耳約8美元，截至2022年7月，大豆在2020年價格飆升後的交易價格約為16美元。

5. 黃金

黃金期貨經歷了繁榮和蕭條週期，極大地影響了未平倉合約，它現在是交易量第五大的商品合約，在1980年至2000年的20年間，黃金交易價格在400美元至500美元之間，它開始了十年的上升趨勢，使價格在2011年超過1，800美元，到2015年，價格回落並跌至1000美元，黃金在2019年上漲，最近的上升趨勢已將價格推高至2022年7月超過1，700美元。

商品期貨合約可以在公開市場上買賣嗎？

是的，期貨合約在期貨交易所交易，例如芝加哥商品交易所（CME），市價單以最佳價格成交，幾乎立即執行。

什麼是商品期貨交易委員會（CFTC）？

商品期貨交易委員會（CFTC）是美國衍生品市場的監管機構，包括期貨、遠期合約和某些期權。

爲什麼商品期貨合約可以轉讓？

買家或賣家可以通過在交易所進行交易來轉讓其期貨合約的擁有權，合約的標準化使它們易於轉讓，所有參與者的合約規格相同，只有合約價格是可變的，原油是最具流動性的商品期貨市場，其次是玉米和天然氣，農產品期貨往往在能源坑的低壓力時期產生最高的交易量，而黃金期貨經歷了繁榮和蕭條週期，極大地影響了未平倉合約。

石油期貨

很難低估石油對現代經濟體中最不發達經濟體的重要性，沒有一種物質能為每單位提取成本提供更多的能量，石油豐富且經過驗證，在未來一段時間內很可能仍然是地球上最受歡迎的能源，國際能源署預計2020年的總消費量為每天9190萬桶，石油在一個複雜的市場中交易，有許多投資或投機石油的工具和工具，推測油價的一種方法是通過石油期貨交易。

- 石油豐富且經過驗證，在未來一段時間內很可能仍然是地球上最受歡迎的能源；推測油價的一種方法是通過石油期貨交易。
- 石油合約的頻率和規律性增加，使投資者更容易確定最終石油價格的趨勢或預期趨勢。
- 有無限的變數決定石油的最終價格，但我們的大腦只能權衡最明顯的變數，例如石油的當前價格。
- 要交易石油期貨，投資者需要兩個通常不同的特徵：耐心和大膽（除了大量的現金流）。

石油期貨合約如何運作？

石油期貨合約在理論上很簡單，他們延續了市場上某些參與者向其他人出售風險的悠久做法，這些參與者很樂意購買風險以賺錢，也就是說，買家和賣家確定了一個價格，石油（或大豆或黃金）的交易價格不是今天，而是在即將到來的某個日期，雖然沒有人知道九個月後石油的交易價格，但期貨市場的參與者相信他們可以。

例如，假設目前售價為30美元的商品X在將於明年1月到期的合約中將以35美元的價格出售，一個投機者認為價格實際上會超過這個水準，比如說到45美元，因此可以購買35美元的合約，如果他們的預測是正確的，他們可以以35美元的價格買入X，並立即以10美元的利潤賣出，但是，如果X最終低於35美元，他們的合約就一文不值。

　　同樣，對於一些投資者來說，期貨合約是獲得35美元保證價格的一種方式;對他們來說，手裡一個比灌木叢裡兩個好，即使X落到零，交易另一邊的人贊同另一個公理：沒有冒險，沒有收穫，如果X衝到100美元甚至200美元，那麼在X上賭博的投機者將以35美元結算，將獲得數倍的投資，有關商品在下一個日期預計出售的價格不言而喻地稱為期貨價格，它可能與今天的價格有很大不同。

　　與大多數農產品不同，石油期貨每月結算，例如，其他期貨合約每年只能結算四次，石油合約的頻率和規律性增加，使投資者更容易確定最終石油價格的趨勢或預期趨勢，2020年9月，油價交易價格約為每桶40美元，比最高油價低100多美元。

　　2019年12月，石油交易價格約為每桶60美元，世界一些地區的需求已經恢復，儘管對2021年需求的預測已經調整，以應對航空業的疲軟，2021年全球石油需求估計為每天9710萬桶，在全球範圍內，產品庫存水準仍然很高。

　　與此同時，美國鑽探的增加降低了外國卡特爾威脅和操縱的重要性，知道了這一點，期貨投資者該怎麼辦？假設價格將在短期內繼續下跌，或者假設我們接近價格接近生產成本的點，因此除了上漲別無他法？

能通過期貨預測未來嗎？

　　2020年10月，下個月的期貨合約（2020年11月）售價為40.25美元，下個月（2020年12月）為40.53美元;2021年1月是40.88美元;2021年2月是40.22美元;在兩年後的某個時候，油價（或者至少是期貨合約水準預測的油價）預計將達到每桶43.46美元，上升也不止於此，超過兩年大關，石油期貨每半年甚至每年結算一次，而不是每月結算，最新的2031年合約售價為50.34

美元。

　　預測市場走勢超過10年，就像提前預測天氣或超級盃的結果一樣，新英格蘭愛國者隊可能會在2031年爭奪，或者他們可以很容易地以1-15獲勝：該隊的絕大多數球員都是未知數量的球員，目前正在大學甚至高中打球，2031年的世界與今天的相似程度不足以保證預測。

　　然而，2031年的石油期貨市場是存在的，儘管歷史表明，預測如此遙遠的價格是一場危險的遊戲，為了看看有多危險，讓我們看看2010年9月的期貨市場對2015年油價的看法，在那個月，2015年12月，石油期貨的交易價格為89美元，為什麼不呢？89美元代表接近當時每桶石油交易價格76美元的水準，以及幾美元的溢價，以預期上升趨勢的延續，這是完全有道理的，除了沒有人，或者至少沒有足夠的人產生影響，預測產量增加將推動油價降至2015年的水準。

　　當然，如果有足夠多的人能夠預見到這一點，期貨價格一開始就不會達到89美元附近，有無限的變數決定石油的最終價格，但我們的大腦只能權衡最明顯的變數，例如石油的當前價格，我們可以提前一兩個月準確地看一兩個月，但這是一個直接的輪盤賭旋轉，試圖弄清楚一旦再有四屆奧運會和另一兩次總統選舉來來去去，石油會做什麼，市場提供的保證很少，石油的實際價格將比即將到來的期貨合約趨勢所指示的相對狹窄的價格區間更加波動，逐漸上漲至50.67美元，下限為45美元？不要賭它，我們怎麼能這麼肯定呢？

　　首先，期貨趨勢只朝著一個方向發展，每一個變化，無論多麼漸進，都是積極的，當然，油價可能會在未來八年內持續上漲，沒有任何下跌，但在之前的任何一段時期都沒有這樣做過，常識表明它不會這樣做，要交

Investments

易石油期貨，投資者需要兩個通常不同的特徵：耐心和大膽，投資者還需要大量資金才能開始，石油期貨合約不是以桶為單位，而是以數千桶為單位，2031年12月的未來將讓投資者回到50,670美元，但作為報酬，投資者將獲得一項流動資產，其價值無疑會在現在和到期時波動，這意味著有足夠的時間來實現利潤，或者等待並懷疑投資者是否做出了愚蠢的決定，無論哪種方式，石油期貨交易都不適合業餘愛好者，石油市場對專業和個人投資者來說都可能非常混亂，有時每天都會發生巨大的價格波動。

- 作為一種商品，市場上的石油價格取決於供求關係，但其供應在一定程度上受到OPEC卡特爾的控制。
- 不同市場下不同等級的石油交易，如西德克薩斯中質原油（WTI）或布倫特原油，它也可能是輕或甜的。
- 石油有時被視為投資組合多元化和對沖通脹的工具。
- 買賣實物石油不是大多數投資者的選擇，但可以通過期貨、期權、ETF或石油公司股票找到跟蹤油價的流動性市場。

需求

石油是一種全球商品，美國能源情報署（EIA）估計，到2023年，全球石油需求量將超過每天9800萬桶，創歷史新高，當石油價格上漲時，它往往會降低發達國家的需求，但隨著這些國家無論石油價格如何實現工業化，不斷增長的新興市場經濟體的需求預計將增加。

一些新興市場經濟體為消費者提供燃料補貼，然而，補貼並不總是對一個國家的經濟有利，因為儘管它們傾向於刺激該國的需求，但它們也可能導致該國的石油生產商虧本出售，因此，取消補貼可以使一個國家增加石油產量，從而增加供應並降低價格，此外，削減補貼可以減少成品油的短缺，因為油價上漲會激勵煉油廠生產柴油和汽油等產品。

供應

在供應方面，到2023年，每天將生產約1.01億桶石油，這是另一個新紀錄，但石油勘探總體上出現了放緩的趨勢，例如，2017年發現的新儲量是自1940年代以來的最低水準，自2014年以來發現的儲量每年都在下降，因為石油勘探預算在2010年代油價下跌後被削減，在OPEC，大多數國家沒有能力開採更多的石油，沙烏地阿拉伯是一個例外，估計每天的閒置產能為1.5至200萬桶石油。

2020年春季，油價在經濟放緩中暴跌，OPEC及其盟國同意歷史性減產以穩定價格，但降至20年低點，然而，市場迅速復甦，油價上漲，2022年，當俄羅斯入侵烏克蘭時，石油市場的中斷、經濟制裁和不斷上升的通貨膨脹導致石油交易價格超過每桶125美元。

品質和產地

石油市場面臨的主要問題之一是缺乏高品質的低硫原油，許多煉油廠需要滿足嚴格的環境要求，特別是在美國，這就是為什麼儘管美國的石油產量不斷增加，但它仍然必須進口石油，每個國家都有不同的煉油能力，例如，美國生產大量可以出口的輕質原油，同時，它進口其他類型的石油，以根據煉油能力最大限度地提高產量。

在生產石油出售的地方方面也存在差異，例如，布倫特原油和西德克薩斯中質原油之間的主要區別在於，布倫特原油來自設得蘭群島和挪威之間的北海油田，而西德克薩斯中質原油來自美國油田，主要位於德克薩斯州、路易士安那州和北達科他州，布倫特原油和西德克薩斯中質原油都是輕質和甜味的，使其成為精煉成汽油的理想選擇。

Investments

投機

除了供需因素外，推動油價的另一個力量是投資者和投機者競標石油期貨合約，目前參與石油市場的許多主要機構投資者，如養老金和捐贈基金，持有與商品掛鉤的投資，作為長期資產配置戰略的一部分，其他人，包括華爾街投機者，在很短的時間內交易石油期貨以獲得快速利潤，一些觀察家將油價的短期大幅波動歸因於這些投機者，而另一些人則認為他們的影響力微乎其微。

石油市場投資選擇

無論油價變化的根本原因是什麼，想要投資石油市場並利用能源價格波動的投資者有多種選擇，大部分石油交易發生在衍生品市場，利用期貨和期權合約，這些對於許多個人投資者來說可能是遙不可及的，但還有其他幾種途徑可以將石油添加到投資者的投資組合中。

普通人投資石油的一種簡單方法是通過石油鑽探和服務公司的股票，此外，投資者可以通過購買能源行業ETF間接接觸石油，一些主要投資於能源相關股票的行業共同基金，如iShares全球能源行業指數基金（IXC）和能源行業共同基金，這些能源專用ETF和共同基金僅投資於石油和石油服務公司的股票，風險較低。

投資者可以通過交易所交易基金（ETF）或ETN更直接地接觸石油價格，這些基金通常投資於石油期貨合約而不是能源股票，由於油價在很大程度上與股市報酬或美元走勢無關，因此這些產品比能源股更密切地跟隨石油價格，可以作為對沖和投資組合多元化工具。

普通投資者如何開始交易石油？

地下還剩下多少原油？截至2022年年中，估計還有大約1.43萬億桶石油有待鑽探，按照目前的消費速度，估計只能再持續45年，投資者有很多選擇，包括許多ETF和ETN選項可供選擇，例如單一商品ETF（例如，僅石油）或涵蓋各種能源商品（石油，天然氣，汽油和取暖油）的多商品ETF，投資者還可以關注跟蹤石油行業公司的石油公司股票或ETF。

哪個國家的石油產量最多？

截至2022年，美國已成為世界上最大的石油生產國，部分原因是從頁岩油礦床中提取，緊隨美國之後的是沙烏地阿拉伯、俄羅斯、加拿大和中國，投資石油市場意味著投資者有多種選擇，從通過能源相關股票的間接缺口到對與商品連動的ETF進行更直接的投資，能源行業幾乎適合每個人，與所有投資一樣，投資者應自行研究或諮詢投資專業人士。

什麼決定了油價？

儘管人們繼續努力減少石油的使用並尋找替代綠色能源，但石油在全球經濟中仍然發揮著重要作用，在早期，在鑽探中發現石油被認為是一件令人討厭的事情，因為預期的寶藏通常是水或鹽，直到1847年，第一口商業油井才在亞塞拜然的阿布歇隆半島鑽探。

12年後，即1859年，美國石油工業誕生於賓夕法尼亞州泰特斯維爾附近的有意鑽探，（美國的鑽探始於1800年代初，但他們正在鑽探鹽水，因此任何石油發現都是偶然的），雖然早期對石油的大部分需求是煤油和油燈，但直到1901年，第一口能夠大規模生產的商業井才在德克薩斯州東南部一個名為Spindletop的地點鑽探，該地點在一天內生產了超過10萬桶石油，超過美國所有其他產油井的總和，許多人會爭辯說，現代石油時代誕生於1901年的那一天，因為石油很快取代煤炭成為世界的主要燃料來源，在燃料中使用石油仍然是使其成為全球高需求商品的主要因素，但價格是如何確定的呢？

- 與大多數大宗商品一樣，石油價格的根本驅動因素是市場的供求關係。
- 提取和生產石油的成本也是一個重要因素。
- 石油市場由押注價格走勢的投機者和限制石油生產或消費風險的避險者組成。
- 石油供應在某種程度上由一個稱為OPEC的產油國卡特爾控制。
- 石油需求受到從汽車汽油和航空旅行到發電等方方面面的推動。

油價的決定因素

隨著石油作為一種高需求全球商品的地位，價格的重大波動可能會對經濟產生重大影響，影響石油價格的主要因素是：

- 供需
- 生產成本
- 市場情緒

供需

供求的概念相當簡單，隨著需求的增加（或供應減少），價格應該會上漲，隨著需求減少（或供應增加），價格應該會下降，聽起來很簡單？差一點，我們所知道的石油價格實際上是在石油期貨市場上設定的，石油期貨合約是一種具有約束力的協議，賦予人們在未來預定日期以預定價格按桶購買石油的權利，根據期貨合約，買賣雙方都有義務在指定日期履行各自的交易，2020年春季，油價在經濟放緩中暴跌，OPEC及其盟國同意歷史性減產以穩定價格，但降至20年低點。

石油市場參與者

- 避險者

- 投機者

避險者的一個例子是航空公司購買石油期貨以防止潛在的價格上漲，投機者的一個例子是那些只是猜測價格方向而無意實際購買產品的人，根據芝加哥商品交易所（CME）的數據，投機者進行的大多數期貨交易，即期貨合約的購買者佔不到3%。

情緒

決定油價的另一個關鍵因素是情緒，僅僅相信石油需求將在未來某個時候急劇增加，就可能導致目前油價大幅上漲，因為投機者和避險者都搶購石油期貨合約，當然，反之亦然，僅僅相信石油需求將在未來某個時候下降，就可能導致目前的價格急劇下跌，因為石油期貨合約被出售（也可能賣空），這意味著價格可能只取決於市場心理。

基本的供求理論指出，在所有條件相同的情況下，產品生產的越多，它應該賣得越便宜，這是一種共生的舞蹈，首先生產更多商品的原因是因為它在經濟上更有效率（或經濟效率不低），如果有人發明了一種油井增產技術，只需很小的增量成本就可以使油田的產量翻倍，那麼隨著需求保持不變，價格應該會下降，實際上，有一段時間供應增加，北美的石油產量在2019年達到了歷史最高水準，北達科他州和阿爾伯塔省的油田一如既往地富有成效。

當COVID19大流行在2020年初爆發並且人們因封鎖和其他限制而停止旅行時，對石油的需求急劇下降，但天然氣價格僅小幅下跌，並迅速反彈，這就是理論反對實踐的地方，產量很高，但分銷和精煉無法跟上，美國平均每十年只建造一座煉油廠（自1970年代以來，建設速度已經放緩到涓涓細流），實際上有一個淨虧損：美國的煉油廠比2009年少了兩家，儘管如此，該國剩餘的135家煉油廠的產能大大超過其他任何國家的產能，我們沒有充斥著廉價石油的原因是這些煉油廠以90%的產能運行，詢問煉油廠，他們會告訴投資者過剩的產能可以滿足未來的需求。

影響油價的商品價格週期

此外，從歷史的角度來看，似乎有一個可能的29年（正負一兩年）週期來控制商品價格的總體行為，自1900年代初石油開始作為高需求商品崛起以來，大宗商品指數的主要峰值出現在1920年、1958年和1980年，石油在1920年和1980年與商品指數一起達到頂峰，（注：1958年石油沒有真正的峰值，因為它自1948年以來一直呈橫擺趨勢，並一直持續到1968年，值得注意的是，供應、需求和情緒優先於週期，因為週期只是指導方針，而不是規則。

影響油價的地緣政治力量

然後是生產者卡特爾的問題，油價的最大影響者可能是OPEC，由13個國家組成（阿爾及利亞、安哥拉、剛果、赤道幾內亞、加彭、伊朗、伊拉克、科威特、利比亞、奈及利亞、沙烏地阿拉伯、阿拉伯聯合大公國和委內瑞拉）;總的來說，OPEC控制著全球40%的石油供應。

儘管該組織的章程沒有明確說明這一點，但OPEC成立於1960年代，粗略地說，是為了固定石油和天然氣價格，通過限制生產，OPEC可以迫使價格上漲，從而在理論上享受比其成員國各自以現行價格在世界市場上出售的利潤更大的利潤，在整個1970年代和1980年代的大部分時間里，它都遵循這種聲音，儘管有些不道德的策略。

根據美國能源情報署的數據，OPEC成員國經常超過其配額，多賣幾百萬桶石油，因為他們知道執法者無法真正阻止他們這樣做，由於加拿大、中國、俄羅斯和美國是非成員國，並且正在增加自己的產量，使OPEC的能力越來越有限，確保石油市場的穩定，以確保向消費者提供高效、經濟和定期的石油供應。

雖然該財團發誓要在可預見的未來將油價保持在每桶100美元以上，但在2014年中期，拒絕削減石油產量，即使價格開始下跌，結果原油成本從每桶100美元以上的峰值下降到每桶50美元以下，然而，2022年，俄羅斯入侵烏克蘭，擾亂了石油和天然氣市場，隨著美國和西方大部分國家對俄羅斯實施經濟制裁，油價此後飆升至每桶100美元以上，截至2022年6月，每桶的交易價格約為125美元。

石油有史以來的最高價格與最低價格是多少？

經通脹調整后每桶原油的最高價格是在2008年6月，當時達到166美元（按2022年6月美元計算），在金融危機和大衰退爆發期間，油價從2008年6月的歷史高點暴跌至每桶41.64美元（按2022年6月美元計算）的歷史低點，僅在六個月後的2008年12月。

哪些國家生產的原油最多？

截至2022年，美國是最大的原油淨生產國，其次是沙烏地阿拉伯、俄羅斯、加拿大和中國，與大多數產品不同，油價並不完全由供應、需求和市場對實物產品的情緒決定，相反，投機者大量交易的石油期貨合約的供需和情緒在價格決定中起著主導作用，商品市場的週期性趨勢也可能發揮作用，無論最終價格如何確定，基於其在燃料和無數消費品中的使用，在可預見的未來，石油似乎將繼續保持高需求。

原油如何影響天然氣價格？

Investments

当商品價格上漲時，人們的旅行方式、貨物的運輸方式以及人們如何制定預算都會產生影響，在比較天然氣和石油價格的上漲時，兩者都對消費者產生影響，例如，當家庭供暖價格攀升時，人們必須決定他們是否有能力打開恆溫器，此外，當各種商品因其元件成本也更高而變得更加昂貴時，人們不得不在購買什麼方面做出艱難的選擇。

石油價格會影響個人支出選擇以及公司和政府的預算，它迫使公司做出艱難的決定，它甚至可以改變國家之間的關係，石油也許是世界上最重要的自然資源，影響著全世界人民的日常生活。

天然氣是一種在地表下形成的化石燃料，含有許多不同的化合物，它被用作燃料，製造材料和化學品，天然氣存在於上覆岩層之間的空間、沉積岩地層內的空間以及原油礦床中，它通常是原油鑽探的副產品，有時，天然氣和原油的價格呈正相關，並一起移動，但它們經常回應不同的基本面力量而移動，儘管它們有相似之處，但研究表明，這兩種產品之間的價格變化實際上幾乎沒有相關性。

- 原油和天然氣是世界上最重要的兩種能源商品。
- 兩者都在地下深處發現，並通過各種資本密集型方法提取。
- 當石油和天然氣價格上漲時，消費者傾向於削減某些形式的支出，如旅行。

原油的起源

沒有人確切知道石油是如何產生的，但有兩種理論可以解釋這種物質是如何產生的，流行的理論是石油是一種化石燃料，這意味著它由生活在數億年前的死去的植物和動物組成，在分解了億萬年之後，遺骸的化合物分解並形成了我們現在所說的油，二十世紀的俄羅斯科學家提出了另一種非生物理論，認為石油來自地核附近，最終像熔岩一樣流入地宮下方的水坑。

尋找原油儲量

石油可以在地球上的所有大陸上找到，有些地方，如澳大利亞，很少，但擁有大量石油儲備的國家是世界舞臺上的關鍵參與者，畢竟，他們坐在最重要的全球資源之一的池子之上，石油傳統上以桶為單位，其中1桶等於42加侖，儘管世界上有大量的能源使用，但專家認為，截至2022年年中，地下仍有大約1.43萬億桶石油儲量。

石油儲量最多的國家包括委內瑞拉（3000億桶）、沙烏地阿拉伯（2665億桶）和加拿大（1708億桶），中東國家排在前10名，數量可觀，但儲備量約為沙烏地阿拉伯的一半，這些國家包括伊拉克、伊朗、科威特和阿拉伯聯合大國，總的來說，該地區大量的石油供應使它們成為世界經濟不可分割的一部分。

加拿大境內有近1710億桶，擁有世界第三大已探明石油儲量，然而，幾乎所有這些儲量都位於阿爾伯塔省的「沙坑」，這種地形使石油比其他國家更難從地球上開採，然而，預計技術創新將使位於這種地形中的石油開採更容易，其他擁有大量石油庫的國家包括俄羅斯、利比亞、美國、奈及利亞和哈薩克。

精煉原油

在使用石油之前，必須在稱為「精鍊」的過程中將其分解，購買后，石油被運往世界各地的各種煉油廠，在美國，許多（但肯定不是全部）煉油廠位於墨西哥灣沿岸地區，美國約43%的石油是在德克薩斯州生產的，這就是為什麼石油成本在風暴季節往往會波動的原因，例如，一場大颱風

使煉油廠供應的石油面臨破壞的風險。

煉油以相對簡單的方式工作，原油被放入鍋爐並變成蒸汽，從那裡，蒸汽進入蒸餾室，在那裡它被變回液體，根據蒸餾溫度，會形成不同類型的油，例如，汽油的蒸餾溫度低於用於製造瀝青和焦油等產品的殘餘油，在處理了許多由油製成的物質后，它們以各種產品的形式出現，可以做任何事情，從加熱家庭到為汽車供電。

油用途

世界上最大的經濟體使用最多的石油是有道理的，擁有世界上最大的國內生產總值（GDP）的美國也比其他任何國家消耗更多的石油，美國每天使用全球估計生產的1億桶石油的20%以上。

美國對外國石油的依賴這句話經常在媒體上被提及，特別是提到美國從中東進口，然而，這一聲明並沒有準確地說明誰向美國供應石油，美國使用的所有石油中約有三分之一來自50個州的國內儲量，向美國出口石油最多的國家是加拿大，沙烏地阿拉伯位居第二。

歐盟（EU）也消耗了世界儲量的很大一部分，在2010年代每天約為1450萬桶，其他擁有大型成熟經濟體的國家，日本、加拿大和韓國，也在世界上最大的石油消費國名單上名列前茅。

中國是世界石油消費中可能發揮最大作用的國家之一，中國目前是全球第二大石油消費國，但隨著其充滿活力和快速增長的經濟，中國的石油使用量預計將呈指數級增長，分析人士表示，中國對石油的需求每年增長約7.5%。

這種需求的增加，以及印度和巴西等國不斷增長的能源需求，是過去幾年油價上漲的一個因素，這些國家是世界石油供應的需求，然而，石油的定價方式並不反映自由市場的定價方式。

OPEC對石油的影響

一個機構對全球石油價格有很大的影響，石油輸出國組織，通常稱為OPEC，是由世界上最大的13個產油國組成的卡特爾，包括所有主要的中東國家，委內瑞拉和奈及利亞，據OPEC稱，該卡特爾控制著世界上已知石油儲量的四分之三以上。

不在OPEC的主要產油國包括俄羅斯、加拿大和美國，由於OPEC國家生產了世界上如此多的石油供應，他們可以根據該組織每天在世界石油市場上出售多少桶來操縱每桶的價格，如果該集團希望價格上漲以賺更多的錢，他們可以減少對世界市場的貢獻量，如果他們希望油價下跌，高能源價格壓低OPEC消費者的需求，他們可以向市場釋放更多石油，雖然加拿大、俄羅斯、美國和其他產油國也可以增加供應，但它們對世界價格的影響還不能像OPEC那樣大。

石油的類型和定價

人們可能會認為只有一種類型的油，但這遠非事實：有161種不同的類型，每種都有自己的稠度、化學分解和使用潛力，儘管石油有多種形式，但我們通常只引用一桶價格，這是因為石油交易商選擇了使用最廣泛的石油類型來確定每桶價格，例如，在美國發現和使用的一種常見油稱為西德克薩斯中質油（WTI），西德克薩斯中間體的受歡迎程度是由於它是一種「輕而甜」的油，在精鍊過程中很容易分解，由於這種油的購買頻率很高，因此被用作行業標準。

其他價格基準在全球範圍內使用，大多數歐洲國家使用在北海發現的布倫特混合原油作為基準價格，另一個廣泛使用的基準是OPEC一籃子，

Investments

它將來自世界各地的其他幾種流行石油的價格組合成一個價格籃子。

雖然石油可以直接購買（在所謂的現貨市場上），但通常引用的每桶價格並不能反映客戶支付的費用，相反，流傳的價格已經在期貨市場上出售，在美國，WTI原油期貨通過紐約商品交易所（NYMEX）進行交易，歐洲石油期貨通過洲際交易所倫敦分行出售，Globex是另一個受歡迎的商品市場，石油期貨。

石油和天然氣之間的相關性

原油和天然氣價格之間的正相關性有限，大宗商品之間存在正相關關係似乎是合乎邏輯的，特別是因為天然氣通常是原油鑽探的副產品，雖然有時原油和天然氣具有正相關關係，但每種商品的市場存在很大差異，並且受到不同基本面力量的影響，統計分析表明，存在正相關時期，但一般來說，兩者的相關性有限。

相關係數是天然氣和原油價格共同變動程度的統計指標，它也是衡量價格共同變動程度的指標，相關係數以-1到+1的等級進行測量，+1的度量值表示兩種資產價格之間的完美正相關，這意味著資產價格始終以相同的比例向同一方向一起移動。

度量值-1表示完全負相關，這意味著資產價格始終以相同的比例向相反的方向移動，如果相關係數為零，則表示兩個價格之間沒有關係，相關係數通常用於投資組合的構建，通過提供投資組合中資產多樣化的統計度量。

石油和天然氣數據源

能源資訊管理局（EIA）每季度提供商品之間每日相關性的歷史數據，這一資訊表明原油和天然氣之間的相關性正在下降，例如，在2004

年，兩個價格之間的平均季度相關性約為0.45，這是一個中等的正相關關係，2010年，這一相關性平均值降至-0.006，表明價格之間的關係很小，2014年，平均相關性為0.075，這也表明相關性很小，然而，2015年前兩個季度的平均相關性為0.195，略為正，在此期間，這兩種商品的價格普遍下跌。

然而，數據顯示，在2009年至2020年的十年間，除了一些不規則的季度外，相關性很小，相關性最高的是2005年第三季度，測量值為+0.69，最低相關性發生在2010年第三季度，負相關性為-0.21，總的來說，相關性隨著時間的推移而下降，EIA指出，這是由於北美和其他地方頁岩油天然氣產量的增加。

天然氣生產

隨著新的頁岩鑽探技術的發現，天然氣產量急劇增加，2007年至2012年間，頁岩鑽探的天然氣產量增長了417%，同期總產量增長了約20%，從歷史上看，天然氣價格的波動性比原油價格更大，而低天然氣價格導致運輸業等行業使用更多的天然氣而不是原油，然後產量保持穩定，從2012年到2019年同比略有增長，然而，2020年，在COVID19大流行期間，原油產量降至2013年的水準，然而，它在2021年迅速反彈到2022年。

價格和石油產量

頁岩鑽探技術也導致北美原油產量擴大，原油日產量從2009年的每天535萬桶增加到2012年的650萬桶，2014年的產量增長到每天870萬桶，2019年，產量上升至創紀錄的每天1230萬桶，由於COVID-19大流行，2020年略有下降，鑑於需求穩定，產量增加可能導致油價下跌，由於石油在全球市場上出售，即使是像OPEC這樣的集團的共同努力也只能適度影響價格，而且影響時間很短。

投資者如何交易石油？石油在全球商品和商品期貨市場上交易，個人投資者通常不太容易進入，相反，投資者可以投資於跟蹤原油價格的ETF和ETN（例如USO）或佔據石油行業的公司（例如OIH）。

投資者如何交易天然氣？與石油一樣，天然氣在商品市場上交易，通常交易期貨和期權等衍生產品，普通投資者可以轉向跟蹤天然氣的ETF和ETN（例如UNG）或專門從事天然氣生產的能源公司。

汽油是由原油還是天然氣生產的？汽油是當今大多數車輛使用的燃料，是一種由原油製成的精鍊產品，儘管在泵浦使用縮短的「氣體」，但它與天然氣不同，天然氣可用於加熱房屋、烘乾機或爐灶，石油是世界上最重要的商品之一，因此，控制世界大部分供應的國家對其供應擁有（並行使）很大的權力，世界市場上的石油供應對其價格產生影響，波動會傳遞給消費者，特別是在使用大量石油的國家，例如美國。

油價還取決於煉油的質量和難易程度，投資者可以選擇投資石油期貨，石油期貨本身對報告的石油價格有影響，石油市場相當複雜，更好地瞭解石油如何以各種形式從地面到達投資者手中將説明投資者了解和應對波動的價格。

◆ 第五節 期權

期權交易不適合新手，期權交易一開始可能看起來讓人不知所措，但如果投資者知道幾個要點，就很容易理解，投資者投資組合通常由多個資產類別構成，這些可能是股票、債券、ETF，甚至共同基金，期權是另一種資產類別，如果使用得當，它們可以提供許多單獨交易股票和ETF所無法提供的優勢。

關鍵要點

* 期權是一種合約，賦予買方在特定日期或之前以特定價格購買（在看漲期權的情況下）或出售（在看跌期權的情況下）標的資產的權利（賣方則是義務交易對手）。
* 期權可用作獲取收入、投機和對沖風險。
* 期權被稱為衍生品，因為它們從標的資產中計算價值。

期權是賦予持有人權利（而非義務）的合約，可以在合約到期時或之前以預定價格購買或出售一定數量的標的資產，與大多數其他資產類別一樣，期權可以通過經紀投資帳戶購買。

期權之所以強大，是因為它們可以增強個人的投資組合，他們通過增加收入、保護甚至槓桿來做到這一點，根據情況，通常會有適合投資者目標的期權方案，一個流行的例子是使用期權作為對沖股市下跌的有效對沖，以限制下行損失，事實上，期權實際上是為了對沖目的而發明的，期權對沖旨在以合理的成本降低風險，在這裡，我們可以考慮使用像保險單這樣的選項，正如投資者為房屋或汽車投保一樣，期權可用於確保投資者的投資免受經濟衰退的影響。

想像一下，投資者想購買科技股，但又想限制損失，通過使用看跌期權，投資者可以限制下行風險並以經濟高效的方式享受所有上行空間，對於賣空者，如果標的價格走勢不利於他們的交易，看漲期權可用於限制損失，尤其是在軋空期間。

期權也可以用於投機，投機是對未來價格方向的賭注，投機者可能認為股票價格會上漲，可能是基於基本面分析或技術分析，投機者可能會購買股票或購買股票的看漲期權，用看漲期權進行投機，而不是直接購買股票，對一些交易者來說很有吸引力，因為期權提供了槓桿作用，與100美元股票的全價相比，價外看漲期權可能只花費幾美元甚至幾美分。

期權是衍生品

期權屬於更大的一組證券，稱為衍生品，衍生品的價格取決於或源自其他事物的價格，期權是金融證券的衍生品，它們的價值取決於其他一些資產的價格，衍生品的例子包括看漲期權、看跌期權、期貨、遠期、遠期合約和抵押貸款支持證券等。

期權如何運作？

就期權合約的估值而言，本質上就是確定未來價格事件的概率，事情發生的可能性越大，從該事件中獲利的期權的成本就越高，例如，看漲期權價值隨著股票（標的）上漲而上漲，這是理解期權相對價值的關鍵。

到期前的時間越少，期權的價值就越低，這是因為隨著到期日的臨近，標的股票價格變動的可能性會降低，這就是為什麼期權是一種浪費資產，如果投資者購買了一個虛值的一個月期的期權，而股票沒有變動，那麼期權的價值一天比一天低，因為時間是期權價格的一個組成部分，所以一個月期期權的價值將低於三個月期期權，這是因為隨著可用時間的增加，價格走勢對投資者有利的可能性會增加，反之亦然。

因此，一年後到期的相同期權行使價將比一個月內到期的相同期權行使價更高，期權的這種浪費特性是時間衰減的結果，如果股票價格沒有變動，同樣的期權明天的價值將低於今天。

波動性也會增加期權的價格，這是因為不確定性推高了結果的可能性，如果標的資產的波動性增加，更大的價格波動會增加大幅上漲和下跌的可能性，更大的價格波動將增加事件發生的機會，因此，波動越大，期權的價格就越大，期權交易和波動性以這種方式相互內在聯繫。

在大多數美國交易所，股票期權合約是買入或賣出100股的期權；這就是為什麼投資者必須將合約溢價乘以100才能得到購買買權必須花費的總金額，大多數時候，持有人選擇通過交易（平倉）部位來獲利，這意味著期權持有人在市場上出售他們的期權，而賣方買回他們的部位以平倉，只有大約10%的期權被行使，60%被交易（關閉），30%到期毫無價值。

期權價格的波動可以用內在價值和外在價值來解釋，外在價值也被稱為時間價值，期權的權利金是其內在價值和時間價值的組合，內在價值是期權合約的價內金額，對於看漲期權，是高於股票交易執行價格的金額，時間價值代表投資者必須為高於內在價值的期權支付的附加值，這是外在價值或時間價值，因此，我們示例中的期權價格可以認為如下：

權利金=內在價值+時間價值

在現實生活中，期權幾乎總是在高於其內在價值的某個水平上交易，因為事件發生的概率永遠不會絕對為零，即使這種可能性極小。

期權類型：看漲期權和看跌期權

期權是一種衍生證券，期權是一種衍生品，因為它的價格與其他東西的價格有著內在的聯繫，如果投資者購買期權合約，它授予投資者在特定日期或之前以設定價格購買或出售標的資產的權利，但沒有義務，看漲期權賦予持有人購買股票的權利，而看跌期權賦予持有人出售股票的權利，將看漲期權視為未來購買的預付款，期權涉及風險，並不適合所有人，期權交易在本質上可能是投機性的，並帶有重大的損失風險。

期權交易涉及很多行話，這裡只是一些要了解其含義的關鍵術語：

- 平值期權(ATM)-一種期權，其行使價恰好與標的物的交易價相同，ATM期權的delta為0.50。
- 價內期權(ITM)-具有內在價值且delta大於0.50的期權，對於看漲期權，ITM期權的行使價將低於標的物的當前價格；對於看跌期權，高於當前價格。
- 價外(OTM)-只有外在（時間）價值和deltaa小於0.50的期權，對於看漲期權，OTM期權的行使價將高於標的物的當前價格；對於看跌期權，低於當前價格。
- 溢價-為市場上的期權支付的價格
- 行使價-投資者可以買入或賣出標的物的價格，也稱為行使價。
- 基礎證券-期權所基於的證券
- 隱含波動率(IV)-標的物的波動率（波動的速度和幅度），由市場價格顯示
- 行使-當期權合約所有者行使以行使價買入或賣出的權利時，賣方然後說被分配。
- 到期日-期權合約到期或不復存在的日期，OTM期權將一文不值。

價內（ITM）

　　價內指的是具有內在價值的期權，價內期權是指由於執行價格與標的資產的現行市場價格之間的關係而提供獲利機會的期權，價內看漲期權意味著期權持有人可以以低於當前市場價格的價格購買證券，價內看跌期權意味著期權持有人可以以高於當前市場價格的價格出售證券，由於期權涉及的費用（例如佣金），作為ITM的期權並不一定意味著交易者會通過行使它獲利，期權也可以是平價(ATM)和價外(OTM)。

　　許多金融產品都存在期權合約，包括債券和商品，然而，股票期權是最受投資者歡迎的期權類型之一，期權為買家提供了機會，但不是義務，在指定的到期日之前以合約規定的行使價買賣期權合約的基礎證券，行使價是投資者為股票支付的價格，它是執行價格（或交易價值），投資者支付稱為權利金的費用來購買期權合約，多種因素決定了保費的價值，這些因素包括標的證券的當前市場價格、距離到期日的時間以及與證券市場價格相關的執行價格的價值。

　　看漲期權允許在規定日期之前以給定價格購買標的資產，權利金的數額取決於期權是否實值，但根據所涉及期權的類型，可以有不同的解釋，購買看漲期權的投資者認為，到期權到期日，標的資產的價格將上漲並收於行使價之上，他們看好股票的價格方向，如果股票的當前市場價格高於期權的行使價，則看漲期權處於價內，期權的實值金額稱為內在價值，這意味著該期權至少值那個數額。

　　如果標的股票的交易價格為每股30美元，則行使價為25美元的看漲期權將處於價內，執行價格和當前市場價格之間的差值通常是期權的溢價金額，因此，希望購買特定價內看漲期權的投資者將支付期權費或行使價與市場價格之間的價差，持有到期的看漲期權的投資者可以行使它並賺取執行價格和市場價格之間的差額，交易是否盈利取決於投資者的總交易費用，因此，ITM並不一定意味著交易者會賺錢，為了獲利，交易者需要增加期權的價內價值，這樣它的作用就足以彌補期權費的成本。

看跌期權合約賦予投資者在到期日之前以合約行使價出售標的證券的權利，購買看跌期權的投資者認為，到期權到期日，標的資產的價格將下跌並收於行使價以下，他們看跌基礎證券的價格方向，價內看跌期權意味著執行價格高於標的證券的市場價格，到期時處於價內的看跌期權可能值得行使，看跌期權買家希望股票價格跌至遠低於期權行使價的水平，足以支付購買看跌期權所支付的溢價。

優點：

- 持有到期價內看漲期權(ITM)的投資者有機會獲利，因為市場價格高於執行價格。
- 持有價內看跌期權的投資者有機會獲利，因為市場價格低於行使價。

缺點：

- 價內期權比其他期權更昂貴，因為投資者支付已經與合約相關的利潤。
- 投資者還必須考慮溢價和佣金費用以確定價內期權的盈利能力。

價外 (OTM)

價外是一種用於描述僅包含外在價值的期權合約的表達方式，這些選項的增量將小於0.50，OTM看漲期權的執行價格高於標的資產的市場價格，或者，OTM看跌期權的行使價低於標的資產的市場價格，OTM期權可能與價內(ITM)期權形成對比，價外期權也稱為OTM，意思是期權沒有內在價值，只有外在價值，如果標的價格低於看漲期權的行使價，則看漲期權為OTM，如果標的物的價格高於看跌期權的行使價，則看跌期權為OTM，期權也可以是價內期權或價內期權，OTM期權比ITM或ATM期權便宜，這是因為ITM期權具有內在價值，而ATM期權非常接近於具有內在價值。

隱含波動率(IV)

隱含波動率指的是一種衡量標準，它捕捉市場對給定證券價格變化可能性的看法，投資者可以使用隱含波動率來預測未來走勢和供求關係，並經常用它來為期權合約定價，隱含波動率與歷史波動率（也稱為已實現波動率或統計波動率）不同，後者衡量過去的市場變化及其實際結果。

隱含波動率是市場對證券價格可能變動的預測，IV通常用於為期權合約定價，其中高隱含波動率導致期權溢價更高，反之亦然，供需和時間價值是計算隱含波動率的主要決定因素，隱含波動率通常在市場看跌時增加，在市場看漲時減少，儘管IV有助於量化市場情緒和不確定性，但它僅基於價格而非基本面。

隱含波動率是市場對證券價格可能變動的預測，它是投資者用來根據某些預測因素估計證券價格未來波動（波動性）的指標，隱含波動率用符號 σ (sigma)表示，它通常被認為是市場風險的代表，它通常使用指定時間範圍內的百分比和標準差來表示。

當應用於股票市場時，隱含波動率通常在熊市中增加，此時投資者認為股票價格會隨著時間的推移而下跌，IV在市場看漲時減少，這是投資者認為價格會隨著時間的推移而上漲的時候，對大多數股票投資者而言，熊市被認為是不受歡迎的且風險更大，IV不預測價格變化的方向，例如，高波動意味著價格波動較大，但價格可能會向上（很高）、向下（很低）或

在這兩個方向之間波動，低波動性意味著價格可能不會發生廣泛的、不可預測的變化。

　　隱含波動率是期權定價的決定性因素之一，購買期權合約允許持有人在預先確定的期限內以特定價格購買或出售資產，隱含波動率近似於期權的未來價值，並且還考慮了期權的當前價值，隱含波動率高的期權有更高的溢價，反之亦然。

　　請記住，隱含波動率是基於概率的，這意味著它只是對未來價格的估計，而不是它們將走向何方的實際指示，儘管投資者在做出投資決策時會考慮隱含波動率，但這種依賴性不可避免地會影響價格本身，無法保證期權的價格將遵循預測的模式，然而，在考慮一項投資時，考慮其他投資者對期權採取的行動確實有幫助，隱含波動率與市場觀點直接相關，而市場觀點反過來又會影響期權定價。

　　與整個市場一樣，隱含波動率也會發生不可預測的變化，供需是隱含波動率的主要決定因素，當一種資產的需求量很大時，價格往往會上漲，隱含波動率也是如此，由於期權的風險性質，這會導致更高的期權溢價，反之亦然，當供應充足但市場需求不足時，隱含波動率下降，期權價格變得更便宜，另一個溢價影響因素是期權的時間價值，或期權到期前的時間量，短期期權通常導致低隱含波動率，而長期期權往往導致高隱含波動率，區別在於合約到期前剩餘的時間，由於有更長的時間，與執行價格相比，價格有更長的時間進入有利的價格水平。

　　隱含波動率有助於量化市場情緒，它估計資產可能發生的運動規模，但是，如前所述，它並不表示運動的方向，期權賣方將使用包括隱含波動率在內的計算來為期權合約定價，此外，許多投資者在選擇投資時會查看

IV，在高波動時期，他們可能會選擇投資於更安全的行業或產品，隱含波動率不以市場資產的基本面為基礎，而僅以價格為基礎，此外，戰爭或自然災害等不利消息或事件可能會影響隱含波動率。

優點：

- 量化市場情緒、不確定性
- 幫助設定期權價格
- 確定交易策略

缺點：

- 僅基於價格，而非基本面
- 對意外因素、新聞事件敏感
- 預測運動，但不預測方向

未來波動率是期權定價模型所需的輸入之一，然而，未來是未知的，因此，期權價格所揭示的實際波動水平是市場對這些假設的最佳估計，如果有人對未來波動率與市場隱含波動率有不同看法，他們可以買入期權（如果他們認為未來波動率會更高）或賣出期權（如果它會更低）。

看漲期權

看漲期權賦予持有人在到期時或之前以行使價購買標的證券的權利，但沒有義務，因此，隨著標的證券價格上漲（看漲期權具有正增量），看漲期權將變得更有價值，多頭看漲期權可用於推測潛在上漲的價格，因為它具有無限的上漲潛力，但最大損失是為期權支付的溢價（價格）。

看漲期權示例

一個潛在的房主看到一個新的發展，該人可能想要在未來購買房屋的權利，但只會在該地區的某些開發項目建成後才想行使該權利，潛在的購

Investments

房者將從購買或不購買的選擇中受益，想像一下，他們可以從開發商那裡購買看漲期權，在未來三年內的任何時候以400000美元的價格購買房屋，投資者知道這是一筆不可退還的押金，當然，開發人員不會免費授予這樣的選項，潛在的購房者需要支付首付以鎖定該權利，對於期權，此成本稱為溢價，它是期權合約的價格，在我們的家庭示例中，買方支付給開發商的押金可能是20000美元，假設兩年過去了，現在開發項目已經建成，分區也已獲得批准，購房者行使選擇權並以400000美元的價格購買房屋，因為這是購買的合約。

該房屋的市場價值可能翻了一番，達到800000美元，但由於首付款鎖定在預定價格，買方支付了400000美元，現在，在另一種情況下，假設分區審批要到第四年才能通過，這是該期權到期後的一年，現在購房者必須支付市場價格，因為合約已經到期，無論哪種情況，開發商都會保留最初收取的20000美元。

看空期權

與看漲期權相反，看跌期權賦予持有人權利，但不是義務，而是在到期日或之前以行使價出售標的股票，因此，多頭看跌期權是標的證券的空頭部位，因為看跌期權隨著標的價格下跌而增值（它們具有負增量），保護性看跌期權可以作為一種保險來購買，為投資者提供一個價格下限來對沖他們的部位。

看跌期權示例

現在，將看跌期權視為一種保險單，如果投資者擁有自己的房屋，投資者可能熟悉購買房主保險的過程，房主購買房主保單以保護他們的房屋免受損壞，他們在一定時間內支付一筆稱為權利金的金額，比方說一年，該保單具有面值，並在房屋受損時為保險持有人提供保護。

　　如果投資者的資產不是房屋而是股票或指數投資怎麼辦？同樣，如果投資者希望為其標準普爾500指數投資組合提供保險，他們可以購買看跌期權，投資者可能擔心熊市臨近，可能不願意損失超過10%的標準普爾500指數多頭部位，如果標準普爾500指數目前的交易價格為2500美元，他們可以購買看跌期權，從而有權在未來兩年的任何時候以2250美元的價格出售該指數。

　　如果在六個月內市場崩盤20%（指數500點），他們能夠在指數交易價格為2000美元時以2250美元的價格賣出該指數，從而賺取250點，總損失僅為10%，事實上，即使市場跌至零，如果持有這個看跌期權，損失也只有10%，同樣，購買期權會產生成本（權利金），如果市場在那段時間沒有下跌，期權的最大損失就是花費的權利金。

看漲期權和看跌期權的使用

　　看漲期權和看跌期權用於多種情況，下表概述了看漲期權和看跌期權的一些用例：

看漲期權	看空期權
看漲期權的買家使用它們來對沖他們對證券或商品價格下跌的部位。	看跌期權的買家使用它們來對沖他們對證券或商品價格上漲的部位。
美國進口商可以使用美元看漲期權來對沖其購買力下降的風險。	美國出口商可以使用美元看跌期權來對沖銷售成本的上升。
外國公司的美國存託憑證(ADR)持有人可以使用美元看漲期權來對沖股息支付的下降。	國外的製造商可以使用美元的看跌期權來對沖本國貨幣貶值的風險。
賣空者使用看漲期權來對沖他們的部位。	賣空者從看跌期權中獲得的收益有限，因為股票的價格永遠不會低於零。

如今，許多經紀人允許合格客戶進行期權交易，如果投資者想進行期權交易，投資者必須獲得經紀人的保證金和期權批准，一旦獲得批准，投資者

可以使用選項執行四項基本操作：

1. 買入（買權）看漲期權
2. 賣出（賣權）看漲期權
3. 買入（賣權）看跌期權
4. 賣出（買權）看跌期權

購買股票會給投資者多頭部位，購買看漲期權可為投資者提供標的股票的潛在多頭部位，賣空股票給投資者一個空頭部位，賣出裸看漲期權或無擔保看漲期權可為投資者提供標的股票的潛在空頭部位，購買看跌期權可為投資者提供標的股票的潛在空頭部位，賣出裸看跌期權或未婚看跌期權可為投資者提供標的股票的潛在多頭部位，保持這四種情況的正確性至關重要。

買入期權的人稱為持有人，賣出期權的人稱為期權的賣出者，這是持有人和作者之間的重要區別：

1. 看漲期權持有人和看跌期權持有人（買家）沒有義務購買或出售，他們可以選擇行使自己的權利，這將期權買家的風險限制在所花費的權利金上。

2. 然而，看漲期權和看跌期權賣方（賣方）有義務在期權到期時買入或賣出（更多內容見下文），這意味著賣方可能需要兌現買賣承諾，這也意味著期權賣方面臨更多，在某些情況下是無限的，風險，這意味著賣方的損失可能遠遠超過期權費的價格。

期權也可以產生經常性收入，此外，它們通常用於投機目的，例如押注股票的走勢，請注意，期權交易通常附帶交易佣金：通常是固定的每筆交易費用加上每份合約的較小金額，例如，每份合約4.95美元+0.50美元。

交易期權的例子

看漲期權和看跌期權只有在限制損失和最大化收益時才能起到有效的對沖作用，假設投資者購買了100股XYZ公司的股票，並押注其價格將上漲至20美元，因此，投資者的總投資為1000美元，為了對沖價格可能下跌的風險，投資者購買了一份看跌期權（每份期權合約代表100股標的股票），行使價為10，每份價值2美元（總計200美元）。

考慮股票價格如投資者所願（即上漲至20美元）的情況，在這種情況下，投資者的看跌期權到期時一文不值，但投資者的損失僅限於支付的權利金（在本例中為200美元），如果價格下跌（正如投資者在看跌期權中所打賭的那樣），那麼投資者的最大收益也會受到限制，這是因為股價不能跌至零以下，因此，投資者賺的錢不能超過股價跌至零後賺到的錢。

現在，考慮投資者打賭XYZ的股票價格將跌至5美元的情況，為了對沖這一部位，投資者購買了看漲期權，押注股票價格將上漲至20美元，如果股票價格如投資者所願（即跌至5美元）會怎樣？投資者的看漲期權到期時一文不值，投資者將損失200美元，XYZ起飛後的價格沒有上限，理論上，XYZ可以一路漲到100000美元或更高，因此，投資者的收益沒有上限並且是無限的。

買入買權

顧名思義，做多看漲期權涉及購買看漲期權，押注標的資產的價格會隨時間上漲，例如，假設交易者為當前交易價格為10美元的股票購買了一份包含100個看漲期權的合約，每個選項的價格為2美元，因此，合約的總投資為200美元，當股票價格達到12美元時，交易員將收回成本。

此後，股票的收益就是她的利潤，股票價格沒有上限，可以一路上漲至100000美元甚至更高,股票價格上漲1美元會使交易者的利潤翻倍,因為每個期權價值2美元,因此,看漲期權有望獲得無限收益,如果股票價格走勢相反(即價格下跌而不是上漲),則期權到期時一文不值,交易者僅損失200美元,當投資者合理確定給定股票的價格會上漲時,做多看漲期權是有用的策略。

賣出買權

在空頭看漲期權中,交易者處於交易的另一方(即,他們賣出看漲期權而不是買入看漲期權),押注股票價格將在特定時間範圍內下跌,因為它是裸看漲期權,看漲期權空頭可以獲得無限收益,因為如果價格按照交易者的方式行事,那麼他們就可以從看漲期權買家那裡賺到錢,但是在沒有實際股票的情況下寫一個看漲期權也可能對交易者造成重大損失,因為如果價格沒有按照計劃的方向發展,那麼他們將不得不花費大量資金以更高的價格購買和交付股票。

有保障的看漲期權限制了他們的損失,在有擔保看漲期權中,交易者已經擁有標的資產,因此,如果資產價格走勢相反,他們就不需要購買資產,因此,有保障的看漲期權限制了損失和收益,因為最大利潤僅限於收取的權利金數額,賣出看漲期權可以在接近實值時買回期權,經驗豐富的交易員使用看漲期權從他們持有的股票中獲得收入,並平衡從其他交易中獲得的稅收收益。

買入賣權

買入看跌期權類似於買入看漲期權,只是交易者會買入看跌期權,押注標的股票的價格會下跌,假設交易者以20美元的價格購買了10次執行的看跌期權(代表以10美元的價格出售100股的權利),每個選項的定價為2

美元的溢價，因此，合約的總投資為200美元，當股票價格跌至8美元（10美元行使價-2美元溢價）時，交易者將收回這些成本。

此後，股票的損失意味著交易者的利潤，但這些利潤是有上限的，因為股票價格不能跌至零以下，損失也受到限制，因為如果價格朝相反的方向移動，可以讓期權到期時一文不值，因此，交易者將遭受的最大損失僅限於支付的權利金金額，當投資者合理確定股票價格將朝他們期望的方向移動時，買入看跌期權對他們很有用。

賣出賣權

簡而言之，交易者將賣出一份押注價格上漲的期權，在這種情況下，交易者的最大收益僅限於收取的權利金金額，然而，最大損失可能是無限的，因為如果買家決定行使他們的選擇權，將不得不購買標的資產來履行義務，儘管有無限損失的前景，但如果交易者有理由確定價格會上漲，那麼賣出看跌期權可能是一種有用的策略，交易者可以在其價格接近實值時買回期權，並通過收取的權利金產生收入。

組合

最簡單的期權部位本身就是單純買入或賣出看漲期權或看跌期權，如果投資者同時購買具有相同行使價和到期日的看漲期權和看跌期權，投資者就創建了跨式期權，如果基礎價格大幅上漲或下跌，這個部位就會獲得報酬；但是，如果價格保持相對穩定，投資者就會損失看漲期權和看跌期權的權利金，如果投資者預計股票會大幅波動但不確定朝哪個方向移動，則可以採用此策略。

基本上，投資者需要股票在範圍之外移動，當投資者預計會出現高波動性（不確定性）時，押注證券大幅波動的類似策略是買入看漲期權和買

入看跌期權，行使價不同但到期日相同（稱為勒式期權），需要在任一方向上有更大的價格變動才能獲利，但也比跨式更便宜，另一方面，做空跨式期權或勒式期權（同時賣出兩種期權）將從波動不大的市場中獲利。

價差組合

價差使用同一類別的兩個或多個期權部位，他們將市場觀點（投機）與限制損失（對沖）結合起來，價差通常也會限制潛在的上行空間，然而，這些策略仍然是可取的，因為與單一期權相比，它們通常成本更低，有許多類型的價差和變化，在這裡，我們只討論一些基礎知識。

垂直價差涉及賣出及買入同種期權，僅不同履約價，一般來說，到期日相同，但行權價不同，牛市期權垂直價差是通過買入一個期權並同時賣出另一個具有更高行使價和相同到期日的期權來創建的，如果標的資產價格上漲，則價差有利可圖，但由於賣出更高的看漲期權行使價，上行空間有限，然而，好處是賣出較高行使價的看漲期權可以降低購買較低行使價的成本，同樣，熊市期權垂直價差涉及買入一個期權並賣出第二個具有較低行使價和相同到期日的期權，如果投資者買賣具有不同到期日的期權，則稱為日曆價差或時間價差。

蝶式價差由三個行權價的期權組成，間隔相等，其中所有期權都屬於同一類型（所有買權或所有賣權）並且具有相同的到期日，在多頭蝶式期權中，賣出中間行使價期權，並以1:2:1（買一、賣二、買一）的比例並買入外部行使價，如果這個比例不成立，它就不再是蝶式了，與蝶式密切相關的是鷹式，不同之處在於中間期權的行使價不同。

合成

組合是由看漲期權和看跌期權構成的交易，有一種特殊類型的組合稱為合成，合成的要點是創建一個表現得像標的資產但實際上不控制資產的期權部位，為什麼不直接買股票？也許某些法律或監管原因限制投資者擁有它，但投資者可能被允許使用期權創建合成部位，例如，如果投資者在相同的行使價和到期日賣出看跌期權時買入等量的看漲期權，投資者就在標的資產中創建了一個合成多頭部位。

　　Boxes是以這種方式使用期權創建合成貸款的另一個例子，這是一種期權價差，在到期之前實際上表現得像零息債券。

美式與歐式期權

　　美式期權可以在購買日和到期日之間的任何時間行使，歐式期權與美式期權的不同之處在於，它們只能在到期日到期時才能行使，美式和歐式期權的區別與地域無關，只與提前行權有關，許多股指期權都是歐式期權，由於提前行使的權利具有一定的價值，美式期權通常比其他方面相同的歐式期權具有更高的溢價，這是因為早期鍛煉功能是可取的並且需要額外費用。

- 隱波可以被認為是未來價格方向和速度的不確定性，該值由Black-Scholes模型等期權定價模型計算得出，代表基於期權當前價格的預期未來波動水平。

- 未平倉合約數字表示已打開的特定期權的合約總數，未平倉合約隨著未平倉交易的平倉而減少。

- Delta可以被認為是一個概率，Delta還衡量期權對標的物的即時價格變化的敏感度。

- Gamma是選擇進入或退出資金的速度，Gamma也可以被認為是Delta的運動。

- Vega表示根據隱含波動率的一個點變化，期權價格預期變化的量。

- Theta表示隨著一天時間的流逝，期權將損失多少價值。

希臘字母的期權風險

由於可以使用Black-Scholes模型等模型對期權價格進行數學建模，因此也可以對與期權相關的許多風險進行建模和理解，期權的這一特殊特徵實際上使它們可以說比其他資產類別的風險更不易理解。

交易期權比股票好嗎？

期權交易通常用於對沖股票部位，但交易者也可以使用期權來推測價格走勢，例如，交易者可能通過購買看跌期權對沖標的證券價格現有風險，然而，期權合約所承擔的風險與股票不同，因此通常適用於更有經驗的交易者。

第五章 財務實證

Investments

深究財務基本面資訊的股海投資者們，無非是想透過參與證券市場的投資來創造財源，過去亦有許多相關研究論述如何挑選績效優異的因子作為建構選股模型的依據，隨著人工智慧的興起，量化與程式交易可以藉由調整各類因子與變數，並篩選出績效優異的選股模型將歷史股價進行回測，有助於投資者作為投資股票前的判斷。

而本章欲尋求基本面財務報表公開資訊且容易取得之投資標的，故以財務報表中之經營獲利指標為基礎，藉由其財務指標能夠從中尋找出績效表現優異，藉由回溯測試歷史股價進行分析，提供給投資人或資訊使用者作為投資選股研究的參考。

本章藉由程式交軟體XQ全球贏家，將台灣上市公司的財務資訊透過程式編碼截取相關財報數據，基本上測試模式為財報好訊息進行買進加上是否執行停損停利以追蹤後續投資組合績效之表現，再相對與大盤指數做比較，投資人多數喜歡直接以淨利數據做為參考，可以了解投入多少本金在這個策略上的收益為何，但其實，獲利因子、平均獲利虧損比、買進持有報酬、大盤指數報酬，在回測過程中評估回測績效表現時，可以更深入了解策略的優勢與劣勢，以下為程式交易軟體經常於回測時所產生之數據說明：

1. 淨利：損益的加總就是淨利，用來判斷回測期間盈虧的數據，在下方也有呈現績效曲線圖，方便用戶審視績效，百分比(%)是除以「初始資金」參數後的數據。

2. 毛利：獲利的加總就是毛利，也就是回測期間的獲利表現，百分比(%)是除以「初始資金」參數後的數據。

3. 毛損：虧損的加總就是毛損，也就是回測期間的虧損表現，百分比(%)

是除以「初始資金」參數後的數據。

4.獲利因子:毛利/ABS(毛損)xSIGN(淨利);ABS為絕對值;SIGN為數值的正負號,僅有獲利、無虧損(分母為0)則獲利因子為「+0」僅有虧損、無獲利(分子為0)則獲利因子為「-0」,無交易,則獲利因子為「n/a」,也就是總獲利金額/總虧損金額,可以搭配勝率檢視,假設策略勝率很高,每次都賺1元,總共賺了9次,但是賠1次,虧損10元,仍無用武之地,一般認為,獲利因子大於1.5策略才算堪用。

5.總交易成本:每筆交易的單筆手續費加總,對於操作短期的投資者而言,交易成本也是評估策略因子之一,百分比(%)是除以「初始資金」參數後的數據。

6.總交易次數:交易次數的加總,此數據與策略雷達回測相同。

7.獲利交易次數:獲利交易次數的加總,此數據與策略雷達回測相同。

8.虧損交易次數:虧損交易次數,此數據與策略雷達回測相同。

9.勝率:獲利交易次數/總交易次數,此數據與策略雷達回測相同。

10.平均交易:淨利/總交易次數,取代了原本雷達回測的平均報酬率%為,改以平均交易來呈現,原因是雷達回測的平均報酬率數據較難理解,百分比(%)是除以「初始資金」參數後的數據。

11.平均獲利交易:毛利/獲利交易次數,用來觀察每次獲利交易的平均值,百分比(%)是除以「初始資金」參數後的數據。

12.平均虧損交易:虧損/獲利交易次數,用來觀察每次虧損交易的平均值,百分比(%)是除以「初始資金」參數後的數據。

13.平均獲利虧損比:ABS(平均獲利交易/平均虧損交易);ABS為絕對值,俗稱「賺賠比」交易要獲利的基本原則就是大賺小賠,此項數據可以用

來衡量策略本身獲利的能力。

14. 最大獲利交易：所有獲利金額>0(賺錢)的交易中，獲利金額最大(賺最多)就是最大獲利交易，百分比(%)是除以「初始資金」參數後的數據。

15. 最大虧損交易：所有獲利金額<0(賠錢)的交易中，獲利金額最小(賠最多)就是最大虧損交易，百分比(%)是除以「初始資金」參數後的數據。

16. 最大區間獲利：運用收盤價來計算，列出回測中每一段獲利(淨利>0)區間的累加淨利變化，取最大值，百分比(%)是除以「初始資金」參數後的數據。

17. 最大區間虧損：運用收盤價來計算，列出回測中每一段虧損(淨利<0)區間的累加淨利變化，取最小值，代表從績效最高點拉回的平倉損益，如果回測區間承受不了最大區間虧損，那後面的獲利如浮雲，因為已被斷頭砍倉，百分比(%)是除以「初始資金」參數後的數據。

18. 買進持有報酬率：評估策略、比較績效用，不考慮進出場訊號，單純在回測區間內持有回測商品可獲得的報酬率，例如，商品是06/01進場，07/31出場，但回測區間是05/01~0815，則買進報酬率是05/01~08/15所運算出來的數值，Buy&Hold數據方便做短線的投資者對照，衡量短期策略績效表現，如果短期策略績效與買進持有差不多的話，那建議就單純買進持有就好，股票會納入除權息再投資、期貨會去除換月價差影響。

19. 大盤指數報酬率：評估策略、比較績效用，大盤在回測區間的報酬率，以加權報酬指數（TSETR.TW）計算的買進持有報酬率，方便讓主動型投資者比對績效用，如果主動投資的績效沒有比大盤表現來的穩健，那建議投入ETF的懷抱，主動投資就是要完敗大盤才有感，股票會納入除權息再投資、期貨會去除換月價差影響。

回測過程為貼近實務，相關設定說明如下：

1. 回測期間為近三年之台灣上市股票前100大權值股之日頻率股價資料。

2. 每一標的進場次數最多3次。

3. 進場價格以條件成立後隔日之開盤價進場。

4. 出場分別設置停損10%、與停利30%。

5. 交易費用設定為千分之6。

◆ 第一節 月營收選股

*月營收YOY之N月移動平均大於X

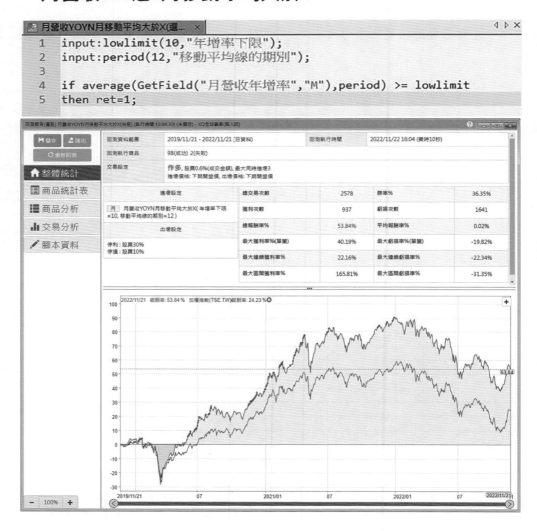

上圖之交易結果表示做多進場設定月營收YOYN月移動平均大於X(

年增率下限=10移動平均線的期別=12)、出場設定停利:股票30%、停損:
股票10%、總交易次數2578、勝率%為36.35%、獲利次數937、虧損次數
1641、總報酬率%為53.84%、平均報酬率%為0.02%、最大獲利率%為(單筆
)40.19%、最大虧損率%為(單筆)-19.82%、最大連續獲利率%為22.16%、最
大連續虧損率%為-22.34%、最大區間獲利率%為165.81%、最大區間虧損率
%為-31.35%，從上圖顯示在基本交易設定的條件下，此選股邏輯的驗證結
果可以得到正報酬，且績效優於台灣加權指數。

＊月營收大成長的公司

```
月營收大成長的公司(選股) ×                                    ◁ ▷ ×
1
2   value1=GetField("月營收","M");//億
3   value2=GetField("營業利益率","Q");
4   value3=value1*12*value2/100;
5   value4=GetField("最新股本");//億
6   variable:FEPS(0);
7   FEPS=value3/value4*10;
8   setoutputname1("用月營收預估的本業EPS");
9   outputfield1(FEPS);
10  if feps<>0
11  then value5=close/feps;
12  setoutputname2("用月營收預估的本益比");
13  outputfield2(value5);
14  if value5<12 and value5>0
15  then condition1=true;
16
17  input:lowlimit(20);//單位:%
18  setinputname(1,"成長百分比");
19  value6=GetField("月營收月增率","M");
20  value7=GetField("月營收年增率","M");
21
22  if value6>=lowlimit
23  and value7>=lowlimit
24  and value6[1]>0
25  then condition2=true;
26
27  if condition1 and condition2
28  then ret=1;
```

　　上圖之交易結果表示做多進場設定月營收大成長的公司(成長百分比=20)、出場設定停利:股票30%、停損:股票10%、總交易次數1440、勝率%為34.72%、獲利次數500、虧損次數940、總報酬率%為34.98%、平均報酬率%為0.02%、最大獲利率%為(單筆)40.19%、最大虧損率%為(單筆)-19.81%、最大連續獲利率%為10.53%、最大連續虧損率%為-14.32%、最大區間獲利率%為78.35%、最大區間虧損率%為-28.53%,從上圖顯示在基本交易設定的條件下,此選股邏輯的驗證結果可以得到正報酬,且績效優於台灣加權指數。

*月營收出現死亡交叉

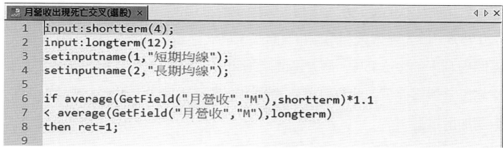

```
 1  input:shortterm(4);
 2  input:longterm(12);
 3  setinputname(1,"短期均線");
 4  setinputname(2,"長期均線");
 5
 6  if average(GetField("月營收","M"),shortterm)*1.1
 7  < average(GetField("月營收","M"),longterm)
 8  then ret=1;
 9
```

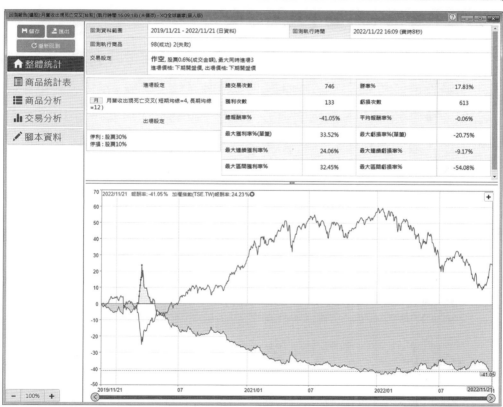

上圖之交易結果表示放空進場設定月營收出現死亡交叉(短期均線=4

長期均線=12)、出場設定停利:股票30%、停損:股票10%、總交易次數746、勝率%為17.83%、獲利次數133、虧損次數613、總報酬率%為-41.05%、平均報酬率%為-0.06%、最大獲利率%為(單筆)33.52%、最大虧損率%為(單筆)-20.75%、最大連續獲利率%為24.06%、最大連續虧損率%為-9.17%、最大區間獲利率%為32.45%、最大區間虧損率%為-54.08%,從上圖顯示在基本交易設定的條件下,此選股邏輯的驗證結果無法得到正報酬,且績效劣於台灣加權指數。

*月營收年增率移動平均黃金交叉

下圖之交易結果表示做多進場設定月營收年增率移動平均黃金交叉、出場設定停利:股票30%、停損:股票10%、總交易次數619、勝率%為40.23%、獲利次數249、虧損次數370、總報酬率%為19.12%、平均報酬率%為0.03%、最大獲利率%為(單筆)36.95%、最大虧損率%為(單筆)-18.24%、最大連續獲利率%為9.93%、最大連續虧損率%為-22.78%、最大區間獲利率%為106.72%、最大區間虧損率%為-31.05%,從上圖顯示在基本交易設定的條件下,此選股邏輯的驗證結果可以得到正報酬,但績效遜於台灣加權指數。

```
月營收年增率移動平均黃金交叉(...   ×
1  value1=GetField("月營收年增率","M");
2
3  if average(value1,4) crosses over average(value1,12)
4  and value1 > 0
5  then ret=1;
6
7  outputfield(1,value1,2,"月營收年增率%", order := 1);
8
```

*月營收成長動能加快

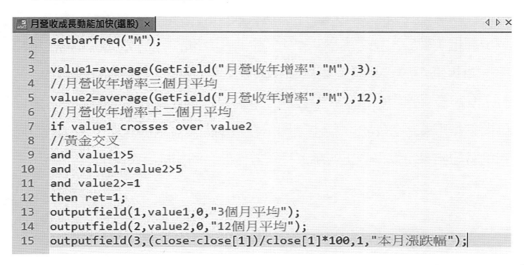

```
1   setbarfreq("M");
2
3   value1=average(GetField("月營收年增率","M"),3);
4   //月營收年增率三個月平均
5   value2=average(GetField("月營收年增率","M"),12);
6   //月營收年增率十二個月平均
7   if value1 crosses over value2
8   //黃金交叉
9   and value1>5
10  and value1-value2>5
11  and value2>=1
12  then ret=1;
13  outputfield(1,value1,0,"3個月平均");
14  outputfield(2,value2,0,"12個月平均");
15  outputfield(3,(close-close[1])/close[1]*100,1,"本月漲跌幅");
```

　　上圖之交易結果表示做多進場設定月營收成長動能加快、出場設定停利:股票30%、停損:股票10%、總交易次數110、勝率%為46.36%、獲利次數51、虧損次數59、總報酬率%為77.20%、平均報酬率%為0.70%、最大獲利率%為(單筆)36.95%、最大虧損率%為(單筆)-16.14%、最大連續獲利率%為31.74%、最大連續虧損率%為-22.61%、最大區間獲利率%為147.53%、最大區間虧損率%為-28.16%,從上圖顯示在基本交易設定的條件下,此選股邏輯的驗證結果可以得到正報酬,且績效優於台灣加權指數。

*月營收創新低

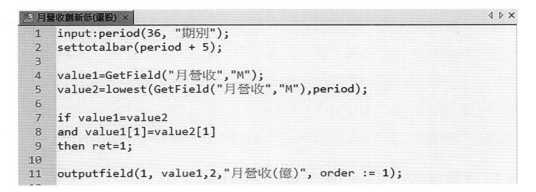

```
月營收創新低(選股) ×                                    ◁ ▷ ×
 1   input:period(36, "期別");
 2   settotalbar(period + 5);
 3
 4   value1=GetField("月營收","M");
 5   value2=lowest(GetField("月營收","M"),period);
 6
 7   if value1=value2
 8   and value1[1]=value2[1]
 9   then ret=1;
10
11   outputfield(1, value1,2,"月營收(億)", order := 1);
```

上頁圖之交易結果表示做多進場設定月營收創新低(期別=36)、出場設定停利:股票30%、停損:股票10%、總交易次數250、勝率%為10.80%、獲利次數27、虧損次數223、總報酬率%為-40.39%、平均報酬率%為-0.16%、最大獲利率%為(單筆)32.86%、最大虧損率%為(單筆)-15.22%、最大連續獲利率%為35.46%、最大連續虧損率%為-14.23%、最大區間獲利率%為44.28%、最大區間虧損率%為-53.32%,從上圖顯示在基本交易設定的條件下,此選股邏輯的驗證結果無法得到正報酬,且績效劣於台灣加權指數。

*月營收創新高股價離高點有些距離

下圖之交易結果表示做多進場設定月營收創新高股價離高點有些距離、出場設定停利:股票30%、停損:股票10%、總交易次數672、勝率%為34.67%、獲利次數233、虧損次數439、總報酬率%為27.13%、平均報酬率%為0.04%、最大獲利率%為(單筆)39.64%、最大虧損率%為(單筆)、-19.82%、最大連續獲利率%為10.45%、最大連續虧損率%為-12.46%、最大區間獲利率%為96.27%、最大區間虧損率%為-29.30%,從上圖顯示在基本交易設定的條件下,此選股邏輯的驗證結果可以得到正報酬,績效與台灣加權指數在伯仲之間。

```
月營收創新高股價離高點有些距離...    ◁ ▷ ✕
1    value1=highest(getfield("月營收","M"),48);
2    value2=highest(GetField("總市值","D"),500);
3
4    if getfield("月營收","M")=value1
5    and value2>GetField("總市值","D")*1.2
6    then ret=1;
```

* 可預期的營收成長股

下頁圖之交易結果表示做多進場設定可預期的營收成長股(過去N年=3YOY成長%=10)、出場設定停利:股票30%、停損:股票10%、總交易次數2742、勝率%為38.91%、獲利次數1067、虧損次數1675、總報酬率%為39.75%、平均報酬率%為0.01%、最大獲利率%為(單筆)40.66%、最大虧損率%為(單筆)-19.82%、最大連續獲利率%為11.76%、最大連續虧損率%為-22.40%、最大區間獲利率%為134.05%、最大區間虧損率%為-29.86%、從上圖顯示在基本交易設定的條件下，此選股邏輯的驗證結果可以得到正報

酬，績效相對台灣加權指數出色。

```
可預期的營收成長股(選股) ×                                        ◁ ▷ ×
 1    // 找出過去幾年這個月的營收都會成長的股票
 2    //
 3    input: years(3, "過去N年");
 4    input: growrate(10, "YOY成長%");
 5
 6    variable: mm(0);
 7    variable: count(0);
 8    variable: idx(0);
 9
10    settotalbar(1);
11
12    // 最新一期營收月份
13    //
14    mm = Month(getfielddate("月營收", "M"));
15
16    // 下一期營收月份
17    mm = mm + 1;
18    if mm > 12 then mm = 1;
19
20    while count < years begin
21        if Month(getfielddate("月營收", "M")[idx]) = mm then begin
22            // 看同月份的營收YOY是否符合標準，不符合的話就不用再找了
23            if getfield("月營收年增率", "M")[idx] < growrate then retu
24            count = count + 1;
25        end;
26        idx = idx + 1;
27    end;
28
29    ret = 1;
```

*旺季不旺

```
1   input:r1(5,"過去幾年月營收單月成長幅度下限%");
2   setbarfreq("M");
3   settotalbar(3);
4
5   value1=GetField("月營收月增率","M");
6   value2=GetField("月營收月增率","M")[12];
7   value3=GetField("月營收月增率","M")[24];
8   value4=GetField("月營收月增率","M")[36];
9
10  value5=(value2+value3+value4)/3;
11
12  if value2 > r1 and value3 > r1 and value4 > r1 and value1 < value5
13  then ret=1;
```

上圖之交易結果表示做多進場設定旺季不旺(過去幾年月營收單月成長幅度下限%=5)、出場設定停利:股票30%、停損:股票10%、總交易次數966、勝率%為37.89%、獲利次數366、虧損次數600、總報酬率%為-10.45%、平均報酬率%為-0.01%、最大獲利率%為(單筆)35.17%、最大虧損率%為(單筆)-19.82%、最大連續獲利率%為9.16%、最大連續虧損率%為-34.59%、最大區間獲利率%為66.32%、最大區間虧損率%為-38.58%,從上圖顯示在基本交易設定的條件下,此選股邏輯的驗證結果無法得到正報酬,且績效劣於台灣加權指數。

*累計月營收年增率連續N月成長

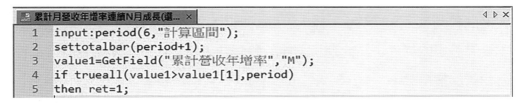

```
累計月營收年增率連續N月成長(選... ×                          ◁ ▷ ×
1  input:period(6,"計算區間");
2  settotalbar(period+1);
3  value1=GetField("累計營收年增率","M");
4  if trueall(value1>value1[1],period)
5  then ret=1;
```

　　上圖之交易結果表示做多進場設定累計月營收年增率連續N月成長(
計算區間=6)、出場設定停利:股票30%、停損:股票10%、總交易次數742、
勝率%為40.57%、獲利次數301、虧損次數441、總報酬率%為8.16%、平

均報酬率%為0.01%、最大獲利率%為(單筆)37.49%、最大虧損率%為(單筆)-19.43%、最大連續獲利率%為15.20%、最大連續虧損率%為、-21.92%、最大區間獲利率%為97.48%、最大區間虧損率%為-31.69%，從上圖顯示在基本交易設定的條件下，此選股邏輯的驗證結果可以得到正報酬，績效則遜於台灣加權指數。

＊累計營收年增率黃金交叉

下圖之交易結果表示做多進場設定進場設定、累計營收年增率黃金交叉(短天期=3長天期=12)、出場設定停利:股票30%、停損:股票10%、總交易次數283、勝率%為44.88%、獲利次數127、虧損次數156、總報酬率%為55.00%、平均報酬率%為0.19%、最大獲利率%為(單筆)33.53%、最大虧損率%為(單筆)-19.11%、最大連續獲利率%為14.29%、最大連續虧損率%為-22.94%、最大區間獲利率%為156.32%、最大區間虧損率%為-36.35%，從上圖顯示在基本交易設定的條件下，此選股邏輯的驗證結果可以得到正報酬，績效則優於台灣加權指數。

```
累計營收年增率黃金交叉(選股) ×                                          ◁ ▷ ×
1   value1=GetField("累計營收年增率","M");
2   input: r1(3),r2(12);
3   setinputname(1,"短天期");
4   setinputname(2,"長天期");
5   if average(value1,r1) crosses over average(value1,r2)+5
6   and value1>10
7   then ret=1;
8   |
```

＊最近三個月營收明顯成長

　　下頁圖之交易結果表示做多進場設定、最近三個月營收明顯成長、出場設定停利:股票30%、停損:股票10%、總交易次數58、勝率%為34.48%、獲利次數20、虧損次數38、總報酬率%為6.98%、平均報酬率%為0.12%、最大獲利率%為(單筆)29.41%、最大虧損率%為(單筆)-16.44%、最大連續獲利率%為35.47%、最大連續虧損率%為-23.27%、最大區間獲利率%為83.70%、最大區間虧損率%為-41.97%，從上圖顯示在基本交易設定的條件下，此選股邏輯的驗證結果可以得到正報酬，績效表現較為特殊，與台灣加權指數

```
最近三個月營收明顯成長(選股) ×                                    ◁ ▷ ×

 1   settotalbar(3);
 2   value1=GetField("月營收月增率","M");
 3   value2=GetField("月營收年增率","M");
 4   condition1=false;
 5   condition2=false;
 6
 7   if average(value1,3)>10 and average(value2,3)>10
 8   and value1>value1[1]
 9   and value2>value2[1]
10   then condition1=true;
11
12   if trueall(value1>5 and value2>5,3)
13   then condition2=true;
14   if condition1 and condition2 then ret=1;
15
16   outputfield(1,value1,1,"月營收月增率");
17   outputfield(2,value1[1],1,"上個月營收月增率");
18   outputfield(3,value2,1,"月營收年增率");
19   outputfield(4,value2[1],1,"上個月營收年增率");
20
```

相關性不高。

*營收月增率比歷年突出

　　下圖之交易結果表示做多進場設定營收月增率比歷年突出(月營收月增幅與過往三年的數字增加百分比(%)=5)、出場設定停利:股票30%、停損:股票10%、總交易次數1497、勝率%為42.22%、獲利次數632、虧損次數865、總報酬率%為35.18%、平均報酬率%為0.02%、最大獲利率%為(單筆)39.39%、最大虧損率%為(單筆)-19.32%、最大連續獲利率%為8.73%、最大連續虧損率%為-20.07%、最大區間獲利率%為109.42%、最大區間虧損率%為-25.47%，從上圖顯示在基本交易設定的條件下，此選股邏輯的驗證結果可以得到正報酬，績效則優於台灣加權指數。

```
營收月增率比歷年突出(選股) ×                              ◁ ▷ ✕
1    input:r1(5);              setinputname(1,"月營收月增幅與過往三年的數字增
2    //input:TXT("僅適用月線"); setinputname(2,"使用限制");
3    setbarfreq("M");
4
5    If barfreq <> "M" then raiseruntimeerror("頻率設定有誤");
6
7    value1 = GetField("月營收月增率","M");
8    value2 = average(GetField("月營收月增率","M"),3);
9    value3 = average(GetField("月營收月增率","M")[12],3);
10   value4 = average(GetField("月營收月增率","M")[24],3);
11   value5 = average(GetField("月營收月增率","M")[36],3);
12
13   value6 = (value3 + value4 + value5) / 3;
14   if (value2 - value6) > r1 then
15   ret = 1;
16
17   SetOutputName1("近3月月營收增幅平均");
18   OutputField1(value2);
19   |
```

*營收月增率優於平均

　　下圖之交易結果表示做多進場設定營收月增率優於平均、出場設定停利:股票30%、停損:股票10%、總交易次數2024、勝率%為38.54%、獲利次數780、虧損次數1244、總報酬率%為30.16%、平均報酬率%為0.01%、最大獲利率%為(單筆)39.64%、最大虧損率%為(單筆)-19.82%、最大連續獲利率%為22.79%、最大連續虧損率%為-22.85%、最大區間獲利率%為114.66%、最大區間虧損率%為-30.54%，從上圖顯示在基本交易設定的條件下，此選股邏輯的驗證結果可以得到正報酬，績效則優於台灣加權指數。

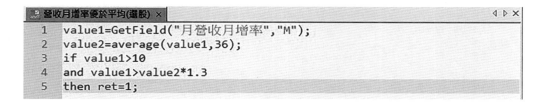

```
營收月增率優於平均(選股) ×
1  value1=GetField("月營收月增率","M");
2  value2=average(value1,36);
3  if value1>10
4  and value1>value2*1.3
5  then ret=1;
```

＊營收再起飛

　　下圖之交易結果表示做多進場設定營收再起飛、出場設定停利:股票
30%、停損:股票10%、總交易次數624、勝率%為45.99%、獲利次數287、
虧損次數337、總報酬率%為39.05%、平均報酬率%為0.06%、最大獲利率

```
營收再起飛(選股) ×                                                    ◁ ▷ ✕
1   //input:TXT("僅適用月線"); setinputname(1,"使用限制");
2   setbarfreq("M");
3
4   If barfreq <> "M" then raiseruntimeerror("頻率設定有誤");
5
6   settotalbar(23);
7
8   value1=GetField("月營收年增率","M");
9   value2=average(GetField("月營收年增率","M"), 3);
10  value3=linearregslope(value2,20);
11  value4=linearregslope(value2,5);
12
13  if value3 < 0 and value4 crosses above 0
14  then ret=1;
15
```

％為(單筆)33.87％、最大虧損率％為(單筆)-17.84％、最大連續獲利率％為12.38％、最大連續虧損率％為-27.85％、最大區間獲利率％為122.68％、最大區間虧損率％為-31.11％，從上圖顯示在基本交易設定的條件下，此選股邏輯的驗證結果可以得到正報酬，績效與台灣加權指數在伯仲之間。

＊營收年增率由負轉正，且至少連續3個月

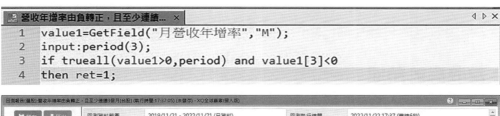

```
1   value1=GetField("月營收年增率","M");
2   input:period(3);
3   if trueall(value1>0,period) and value1[3]<0
4   then ret=1;
```

上頁圖之交易結果表示做多進場設定營收年增率由負轉正，且至少連續3個月(period=3)、出場設定停利:股票30%、停損:股票10%、總交易次數618、勝率%為47.09%、獲利次數291、虧損次數327、總報酬率%為22.45%、平均報酬率%為0.04%、最大獲利率%為(單筆)34.80%、最大虧損率%為(單筆)-19.43%、最大連續獲利率%為6.45%、最大連續虧損率%為-17.07%、最大區間獲利率%為73.14%、最大區間虧損率%為-27.71%，從上圖顯示在基本交易設定的條件下，此選股邏輯的驗證結果可以得到正報酬，但績效遜於台灣加權指數。

＊營收高於預期

下圖之交易結果表示進場設定營收高於預期(月營收年增率增加幅度下限(%)=10)、出場設定停利:股票30%、停損:股票10%、總交易次數2080、勝率%為41.20%、獲利次數857、虧損次數1223、總報酬率%為40.45%、平均報酬率%為0.02%、最大獲利率%為(單筆)39.39%、最大虧損率%為(單筆

```
    營收高於預期(選股) ×                                    ◁ ▷ ×
 1  input: r1(10);          setinputname(1, "月營收年增率增加幅度下限(%)")
 2  //input:TXT("僅適用月線"); setinputname(2,"使用限制");
 3  setbarfreq("M");
 4
 5  If barfreq <> "M" then raiseruntimeerror("頻率設定有誤");
 6
 7  settotalbar(3);
 8
 9  value1=GetField("月營收年增率","M");
10  value2=average(GetField("月營收年增率","M")[1],3);
11  if value1-value2 > r1
12  then ret=1;
13
14  setoutputname1("月營收年增率(%)");
15  outputfield1(value1);
```

)-19.29%、最大連續獲利率%為21.17%、最大連續虧損率%為-23.99%、最大區間獲利率%為127.51%、最大區間虧損率%為-30.77%，從上圖顯示在基本交易設定的條件下，此選股邏輯的驗證結果可以得到正報酬，績效優於台灣加權指數。

＊營運趨緩

下頁圖之交易結果表示進場設定營運趨緩(月營收計算期間(月)=24營業毛利率計算期間(季)=16)、出場設定停利:股票30%、停損:股票10%、總交易次數167、勝率%為46.11%、獲利次數77、虧損次數90、總報酬率%為

25.94%、平均報酬率％為0.16%、最大獲利率％為(單筆)32.71%、最大虧損率％為(單筆)-13.87%、最大連續獲利率％為15.68%、最大連續虧損率％為-27.48%、最大區間獲利率％為89.84%、最大區間虧損率％為-31.25%，從上圖顯示在基本交易設定的條件下，此選股邏輯的驗證結果可以得到正報酬，績效與台灣加權指數不相上下。

```
     疊蓮趨緩(選股) ×                                          ◁ ▷ ×
  1  input: months(24);  setinputname(1, "月營收計算期間(月)");
  2  input: quarters(16);setinputname(2, "營業毛利率計算期間(季)");
  3
  4  settotalbar(3);
  5
  6  value1=GetField("月營收年增率","M");
  7  value2=GetField("營業毛利率","Q");
  8  if value1 = lowest(GetField("月營收年增率","M"), months) and
  9     value2 = lowest(GetField("營業毛利率","Q"), quarters) then
 10  ret = 1;
```

◆ 第二節 財務比率選股

*N年平均盈餘本益比

　　下圖之交易結果表示進場設定N年平均盈餘本益比(本益比上限=10計算期間(年)=8)、出場設定停利:股票30%、停損:股票10%、總交易次數283、勝率%為48.06%、獲利次數136、虧損次數147、總報酬率%為25.71%、平均報酬率%為0.09%、最大獲利率%為(單筆)39.26%、最大虧損率%為(單筆)-18.02%、最大連續獲利率%為9.83%、最大連續虧損率%為-20.78%、最大區間獲利率%為105.43%、最大區間虧損率%為-28.63%，從上圖顯示在基本交易設定的條件下，此選股邏輯的驗證結果可以得到正報酬，績效與台灣加權指數相比較差。

```
 N年平均盈餘本益比(選股) ×                              ◁ ▷ ×
 1   input:r1(10);          setinputname(1,"本益比上限");
 2   input:years(8);        setinputname(2,"計算期間(年)");
 3
 4   settotalbar(3);
 5
 6   value1=GetField("最新股本");              //單位=億元
 7   value2=GetField("本期稅後淨利","Y");      //單位=百萬元
 8   value3=average(GetField("本期稅後淨利","Y"), years);    //稅後淨利
 9   value4=value3/(value1*10);               //每股盈餘
10   value6=GetField("收盤價","D");
11
12   if value4 > 0 then
13   begin
14       value5 = GetField("收盤價","D") / value4;
15       if value5 < r1 then ret = 1;
16
17       SetOutputName1("平均盈餘本益比");
18       OutputField1(value5);
19   end;
```

＊N年累計營業利益市值比

　　下圖之交易結果表示進場設定N年累計營業利益市值比(累計營業利益佔總市值比例(%)=50計算期間(年)=10)、出場設定停利:股票30%、停損:股票10%、總交易次數2645、勝率%為38.00%、獲利次數1005、虧損次數1640、總報酬率%為41.42%、平均報酬率%為0.02%、最大獲利率%為(單筆)40.19%、最大虧損率%為(單筆)、-19.81%、最大連續獲利率%為10.70%、最大連續虧損率%為、-22.07%、最大區間獲利率%為138.59%最大區間虧損率%為-29.96%，從上圖顯示在基本交易設定的條件下，此選股邏輯的驗證結果可以得到正報酬，績效與台灣加權指數相比較優。

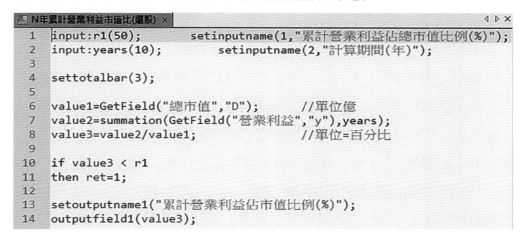

```
  N年累計營業利益市值比(選股) ×                                    ◁ ▷ ✕
 1   input:r1(50);          setinputname(1,"累計營業利益佔總市值比例(%)");
 2   input:years(10);          setinputname(2,"計算期間(年)");
 3
 4   settotalbar(3);
 5
 6   value1=GetField("總市值","D");        //單位億
 7   value2=summation(GetField("營業利益","y"),years);
 8   value3=value2/value1;                //單位=百分比
 9
10   if value3 < r1
11   then ret=1;
12
13   setoutputname1("累計營業利益佔市值比例(%)");
14   outputfield1(value3);
```

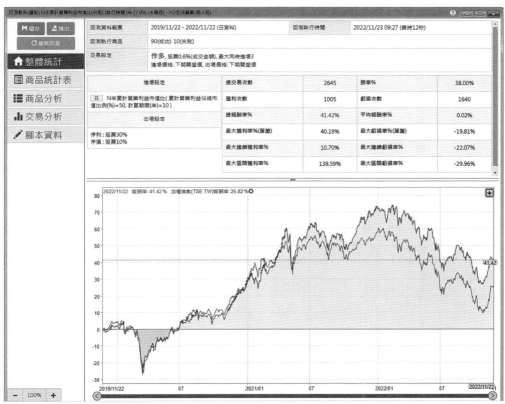

419

*PB來到近年來低點

　　下圖之交易結果表示進場設定PB來到近年來低點(PB距離N個月來低點只剩N%=10N個月以來=60)、出場設定停利:股票30%、停損:股票10%、總交易次數625、勝率%為49.44%、獲利次數309、虧損次數316、總報酬率%為28.50%、平均報酬率%為0.05%、最大獲利率%為(單筆)39.26%、最大虧損率%為(單筆)-17.73%、最大連續獲利率%為10.88%、最大連續虧損率%為-17.19%、最大區間獲利率%為78.42%、最大區間虧損率%為-25.04%，從上圖顯示在基本交易設定的條件下，此選股邏輯的驗證結果可以得到正報酬，績效與台灣加權指數相比較差。

```
   PB來到近年來低點(選股) ×                                    ◁ ▷ ×
 1  input:r1(10);    setinputname(1,"PB距離N個月來低點只剩N%");
 2  input:r2(60);    setinputname(2,"N個月以來");
 3  //input:TXT("僅適用月資料"); setinputname(3,"使用限制");
 4  setbarfreq("M");
 5
 6  if barfreq <> "M" then raiseruntimeerror("頻率錯誤");
 7
 8  settotalbar(3);
 9
10  value1=GetField("股價淨值比","M");
11  value2=lowest(GetField("股價淨值比","M"),r2);
12  value3=average(GetField("股價淨值比","M"),r2);
13
14  if value1 < value3 and value1 < value2*(1+r1/100)
15  then ret=1;
16
17  setoutputname1("股價淨值比");
18  outputfield1(value1);
```

＊PEG指標

　　下頁圖之交易結果表示進場設定PEG指標(PEG上限=1)、出場設定停利:股票30%、停損:股票10%、總交易次數2124、勝率％為36.30%、獲利次數771、虧損次數1353、總報酬率％為29.35%、平均報酬率％為0.01%、最大獲利率％為(單筆)40.19%、最大虧損率％為(單筆)-19.81%、最大連續獲利率％為13.19%、最大連續虧損率％為-26.38%、最大區間獲利率％為124.70%、最大區間虧損率％為、-30.86%，從上圖顯示在基本交易設定的條件下，此選股邏輯的驗證結果可以得到正報酬，績效與台灣加權指數不相上下。

```
PEG指標(選股) ×                                              ◁ ▷ ×
 1   input:r1(1);      setinputname(1,"PEG上限");
 2
 3   settotalbar(3);
 4
 5   // PEG指標
 6   //
 7   value1 = GetField("本益比","D");
 8   value2 = GetField("月營收年增率","M");
 9   if value1 > 0 and value2 > 0 and value1 / value2 < r1 then
10   ret=1;
11
12   SetOutputName1("PEG指標");
13   OutputField1(value1 / value2);
```

*ROE漸入佳境

```
1  value1=GetField("股東權益報酬率","Q");
2  if GetField("股東權益報酬率","Q")>GetField("股東權益報酬率","Q")[1]
3  and GetField("股東權益報酬率","Q")>GetField("股東權益報酬率","Q")[4]
4  then ret=1;
```

上圖之交易結果表示進場設定ROE漸入佳境、出場設定停利:股票
30%、停損:股票10%、總交易次數2230、勝率％為40.85%、獲利次數911、
虧損次數1319、總報酬率％為47.98%、平均報酬率％為0.02%、最大獲利率
％為(單筆)40.19%、最大虧損率％為(單筆)、-19.81%、最大連續獲利率％為

15.55%、最大連續虧損率%為-24.90%、最大區間獲利率%為138.69%、最大區間虧損率%為-29.29%，從上圖顯示在基本交易設定的條件下，此選股邏輯的驗證結果可以得到正報酬，績效與台灣加權指數相比較優。

*上一季本業賺錢

上圖之交易結果表示進場設定、上一季本業賺錢、出場設定停利：

股票30%、停損:股票10%、總交易次數3530、勝率%為38.39%、獲利次數1355、虧損次數2175、總報酬率%為39.71%、平均報酬率%為0.01%、最大獲利率%為(單筆)40.19%、最大虧損率%為(單筆)、-19.81%、最大連續獲利率%為11.67%、最大連續虧損率%為-20.48%、最大區間獲利率%為132.45%、最大區間虧損率%為-28.78%，從上圖顯示在基本交易設定的條件下，此選股邏輯的驗證結果可以得到正報酬，績效與台灣加權指數相比較優。

*五年內有至少三年營收成長

　　下圖之交易結果表示進場設定五年內有至少三年營收成長、出場設定停利:股票30%、停損:股票10%、總交易次數3160、勝率%為38.86%、獲利次數1228、虧損次數1932、總報酬率%為40.14%、平均報酬率%為0.01%、最大獲利率%為(單筆)40.19%、最大虧損率%為(單筆)-19.81%、最大連續獲利率%為12.04%、最大連續虧損率%為-25.16%、最大區間獲利率%為133.28%、最大區間虧損率%為-29.63%，從上圖顯示在基本交易設定的條件下，此選股邏輯的驗證結果可以得到正報酬，績效與台灣加權指數相比較優。

```
五年內有至少三年營收成長(選股) ×
1  value1=GetField("營業收入淨額","Y");
2  value2=value1-value1[1];
3  if countif(value2>0,5)>=3
4  then ret=1;
5
```

＊公司連續N年獲利大於X億

下頁圖之交易結果表示進場設定公司連續N年獲利大於X億(金額下單位億元=1連續年度數=10)、出場設定停利:股票30%、停損:股票10%、總交易次數2152、勝率%為40.38%、獲利次數869、虧損次數1283、總報酬率%為26.74%、平均報酬率%為0.01%、最大獲利率%為(單筆)39.26%、最大虧損率%為(單筆)-18.56%、最大連續獲利率%為11.05%、最大連續虧損率%為-22.81%、最大區間獲利率%為93.86%、最大區間虧損率%為-27.33%，從上圖顯示在基本交易設定的條件下，此選股邏輯的驗證結果可以得到正報酬，績效與台灣加權指數相比較差。

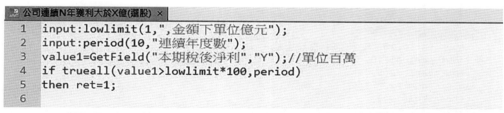

```
1  input:lowlimit(1,",金額下單位億元");
2  input:period(10,"連續年度數");
3  value1=GetField("本期稅後淨利","Y");//單位百萬
4  if trueall(value1>lowlimit*100,period)
5  then ret=1;
6
```

*毛利沒掉營收成長費用減少

```
毛利沒掉營收成長費用減少(選股) ×
1   input:ratio(10,"毛利率單季衰退幅度上限");
2   input:period1(10,"計算的期間，單位是季");
3   input:period2(5,"計算的季別");
4   input:count(2,"符合條件之最低次數");
5   setbarfreq("Q");
6   settotalbar(maxlist(period1,period2)+1);
7
8   value1=GetField("營業毛利率","Q");
9   value2=GetField("營業收入淨額","Q");//單位百萬
10  value3=GetField("營業費用","Q");//單位百萬
11
12  if trueall(value1>value1[1]*(1-ratio/100),period1)
13  and countif(value2>value2[1]and value3<value3[1],period2)>=count
14  then ret=1;
```

上圖之交易結果表示進場設定毛利沒掉但營收成長費用減少(毛利率單季衰退幅度上限=10計算的期間，單位是季=10計算的季別=5符合條件之最低次數=2)、出場設定停利:股票30%、停損:股票10%、總交易次數128、勝率%為22.66%、獲利次數29、虧損次數99、總報酬率%為-19.51%、平均報酬率%為-0.15%、最大獲利率%為(單筆)38.13%、最大虧損率%為(單筆)-18.56%、最大連續獲利率%為16.48%、最大連續虧損率%為-28.73%、最大區間獲利率%為91.32%、最大區間虧損率%為-43.10%，從上圖顯示在基本交易設定的條件下，此選股邏輯的驗證結果無法得到正報酬，績效與台灣加權指數相比較差。

*毛利率上昇月營收成長

下頁圖之交易結果表示進場設定毛利率上昇月營收成長、出場設定停利:股票30%、停損:股票10%、總交易次數582、勝率%為40.38%、獲利次數235、虧損次數347、總報酬率%為54.38%、平均報酬率%為0.09%、最大獲利率%為(單筆)40.66%、最大虧損率%為(單筆)-19.73%、最大連續獲利率%為15.31%、最大連續虧損率%為-23.76%、最大區間獲利率%為141.87%、最大區間虧損率%為-28.23%，從上圖顯示在基本交易設定的條件下，此選股邏輯的驗證結果可以得到正報酬，績效與台灣加權指數相比較優。

```
毛利率上昇月營收成長(選股) ×
1  value1=GetField("月營收月增率","M");
2  value2=GetField("營業毛利率","Q");
3  if value1>value1[1]
4  and value2>value2[1]
5  then ret=1;
6
```

*毛利率沒掉

　　下圖之交易結果表示進場設定毛利率沒掉(毛利率單季衰退幅度上限=10計算的期間，單位是季=10)、出場設定停利:股票30%、停損:股票10%、總交易次數1319、勝率%為35.94%、獲利次數474、虧損次數845、總報酬率%為25.42%、平均報酬率%為0.02%、最大獲利率%為(單筆)40.19%、最大虧損率%為(單筆)-18.56%、最大連續獲利率%為12.28%最大連續虧損率%為-23.35%、最大區間獲利率%為131.79%、最大區間虧損率%為-34.62%，從上圖顯示在基本交易設定的條件下，此選股邏輯的驗證結果可以得到正報酬，績效與台灣加權指數不相上下。

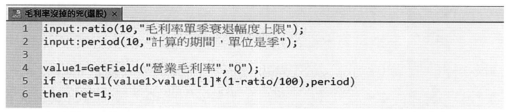

```
毛利率沒掉的兜(選股) ×
1    input:ratio(10,"毛利率單季衰退幅度上限");
2    input:period(10,"計算的期間，單位是季");
3
4    value1=GetField("營業毛利率","Q");
5    if trueall(value1>value1[1]*(1-ratio/100),period)
6    then ret=1;
```

＊可能由虧轉盈

　　下圖之交易結果表示進場設定可能由虧轉盈、出場設定停利:股票30%、停損:股票10%、總交易次數76、勝率%為51.32%、獲利次數39、虧損次數37、總報酬率%為59.76%、平均報酬率%為0.79%、最大獲利率%為(單筆)31.42%、最大虧損率%為(單筆)-13.25%、最大連續獲利率%為22.24%、最大連續虧損率%為-22.14%、最大區間獲利率%為207.97%最大區間虧損率%為-37.17%，從上圖顯示在基本交易設定的條件下，此選股邏輯的驗證結果可以得到正報酬，績效與台灣加權指數相比較優。

```
可能由虧轉盈(選股) ×                                                 ◁ ▷ ×
 1   // 計算最新一期月營收的日期(mm=月份)
 2   //
 3   variable: mm(0);
 4   mm = datevalue(getfielddate("月營收","M"),"M");
 5
 6   setbarfreq("M");
 7
 8   // 預估最新一季的季營收(單位=億)
 9   //
10   if mm=1 or mm=4 or mm=7 or mm=10
11   then value1=GetField("月營收","M") * 3;
12   if mm=2 or mm=5 or mm=8 or mm=11
13   then value1=GetField("月營收","M") * 2 + GetField("月營收","M")[1];
14   if mm=3 or mm=6 or mm=9 or mm=12
15   then value1=GetField("月營收","M")+GetField("月營收","M")[1]+GetField("月營收","
16
17   // 預估獲利(單位=百萬) = 季營收 * 毛利率 - 營業費用
18   //
19   value2 = value1 * GetField("營業毛利率","Q") - GetField("營業費用","Q");
20
21   if GetField("營業利益","Q")<0
22   and value2>0
23   then ret=1;
24
25   outputfield(1,value2 / 100,2,"預估單季本業獲利(億)");
26   outputfield(2,GetField("營業利益","Q"),0,"最近一季營業利益");
27
```

*市值研發費用比

```
市值研發費用比(選股) ×
 1  input:n(5);                      setinputname(1,"研發費用市值比");
 2
 3  settotalbar(3);
 4
 5  value1=GetField("總市值");              // 單位=億
 6  value2=GetField("研發費用","Y");         // 單位=百萬
 7  value3=value2 / value1;                // %
 8  if value3 > n
 9  then ret=1;
10
11  SetOutputName1("研發費用市值比");
12  OutputField1(value3);
13
```

　　上圖之交易結果表示進場設定市值研發費用比(研發費用市值比=5)、出場設定停利:股票30%、停損:股票10%、總交易次數796、勝率%為41.58%、獲利次數331、虧損次數465、總報酬率%為41.69%、平均報酬率%為0.05%、最大獲利率%為(單筆)38.06%、最大虧損率%為(單筆)-18.56%、最大連續獲利率%為20.81%、最大連續虧損率%為-24.09%、最大區間獲利率%為138.64%、最大區間虧損率%為-30.69%,從上圖顯示在基本交易設定的條件下,此選股邏輯的驗證結果可以得到正報酬,績效與台灣加權指數相比較優。

＊本業可能轉虧為盈

下圖之交易結果表示進場設定本業可能轉虧為盈、出場設定停利:股票30%、停損:股票10%、總交易次數76、勝率％為51.32%、獲利次數39、虧損次數37、總報酬率％為59.76%、平均報酬率％為0.79%、最大獲利率％為(單筆)31.42%、最大虧損率％為(單筆)-13.25%、最大連續獲利率％為22.24%、最大連續虧損率％為-22.14%、最大區間獲利率％為207.97%、最大區間虧損率％為-37.17%，從上圖顯示在基本交易設定的條件下，此選股邏輯的驗證結果可以得到正報酬，績效與台灣加權指數相比較優。

```
本業可能轉虧為盈(選股) ×                                          ◁ ▷ ×
1
2   SetTotalbar(3);
3
4   // 計算最新一期月營收的日期(mm=月份)
5   //
6   variable: mm(0);
7   mm = datevalue(getfielddate("月營收","M"),"M");
8
9   // 預估最新一季的季營收(單位=億)
10  //
11  if mm=1 or mm=4 or mm=7 or mm=10
12  then value1=GetField("月營收","M") * 3;
13  if mm=2 or mm=5 or mm=8 or mm=11
14  then value1=GetField("月營收","M") * 2 + GetField("月營收","M")[1];
15  if mm=3 or mm=6 or mm=9 or mm=12
16  then value1=GetField("月營收","M")+GetField("月營收","M")[1]+GetField("月營收","
17
18  // 預估獲利(單位=百萬) = 季營收 * 毛利率 - 營業費用
19  //
20  value2 = value1 * GetField("營業毛利率","Q") - GetField("營業費用","Q");
21
22  if value2 > 0 and GetField("營業利益","Q") < 0 then
23  ret = 1;
24
25  SetOutputName1("預估單季營收(億)");
26  OutputField1(value1);
27
28  SetOutputName2("預估單季本業獲利(億)");
29  OutputField2(value2 / 100);
30
```

＊本業推估本益比低於N

　　下圖之交易結果表示進場設定本業推估本益比低於N(預估本益比上限=15)、出場設定停利:股票30%、停損:股票10%、總交易次數1797、勝率%為38.45%、獲利次數691、虧損次數1106、總報酬率%為35.35%、平均報酬率%為0.02%、最大獲利率%為(單筆)40.19%、最大虧損率%為(單筆)-18.32%、最大連續獲利率%為12.13%、最大連續虧損率%為-23.96%、最大區間獲利率%為123.75%、最大區間虧損率%為-28.73%，從上圖顯示在基本交易設定的條件下，此選股邏輯的驗證結果可以得到正報酬，績效與台灣加權指數相比較優。

```
本業推估本益比低於N(選股) ×
1  input:epsl(15,"預估本益比上限");
2
3  value3= summation(GetField("營業利益","Q"),4); //單位百萬;
4  value4= GetField("最新股本");//單位億;
5  value5= value3/(value4*10);//每股預估EPS
6  if value5>0 and close/value5<=epsl
7  then ret=1;
8
9  outputfield(1,close/value5,1,"預估本益比", order := 1);
10
```

* 本業獲利佔八成以上

```
   本業獲利佔八成以上(選股) ×
 1 value1=GetField("營業利益","Q");//單位百萬
 2 value2=GetField("稅前淨利","Q");//單位百萬
 3 if value2>0
 4 then begin
 5 if value1/value2*100>80
 6 then ret=1;
 7 end;
```

　　上圖之交易結果表示進場設定本業獲利佔八成以上、出場設定停利:
股票30%、停損:股票10%、總交易次數2966、勝率%為37.42%、獲利次數

1110、虧損次數1856、總報酬率%為34.17%、平均報酬率%為0.01%、最大獲利率%為(單筆)40.92%、最大虧損率%為(單筆)-18.86%、最大連續獲利率%為11.95%、最大連續虧損率%為-21.22%、最大區間獲利率%為128.53%、最大區間虧損率%為-29.30%，從上圖顯示在基本交易設定的條件下，此選股邏輯的驗證結果可以得到正報酬，績效與台灣加權指數相比較優。

＊企業價值除以自由現金流的倍數低於一水準

下圖之交易結果表示進場設定企業價值除以自由現金流的倍數低於一水準(倍數=4)、出場設定停利:股票30%、停損:股票10%、總交易次數133、勝率%為17.29%、獲利次數23、虧損次數110、總報酬率%為、-47.94%、平均報酬率%為-0.36%、最大獲利率%為(單筆)35.64%、最大虧損率%為(單筆)-15.60%、最大連續獲利率%為19.17%、最大連續虧損率%為-29.88%、最大區間獲利率%為82.18%、最大區間虧損率%為-72.98%，從上圖顯示在基本

```
1   input: t1(4,"倍數");
2   setbarfreq("Q");
3   settotalbar(4);
4
5   value1=GetField("企業價值","Q");//單位百萬
6   value2=GetField("來自營運之現金流量","Q");//單位百萬
7   value3=GetField("資本支出金額","Q");//單位百萬
8   value4=GetField("所得稅費用","Q");//單位百萬
9   value5=GetField("利息支出","Q");//單位百萬
10  value6=value2-value3-value4-value5;
11  //自由現金流量 = 營運現金流量 - 資本支出 - 利息 - 稅金
12  value7=summation(value6,4);
13  //最近四期現金流量
14
15  if value1<t1*value7 then ret=1;
16  outputfield(1,value1,0,"企業價值");
17  outputfield(2,value7,0,"近四季自由現金流合計");
18
```

交易設定的條件下,此選股邏輯的驗證結果無法得到正報酬,績效與台灣加權指數相比較差。

*年營收成長率超過一定比例

下圖之交易結果表示進場設定年營收成長率超過一定比例、出場設定停利:股票30%、停損:股票10%、總交易次數250、勝率%為24.40%、獲利次數61、虧損次數189、總報酬率%為78.47%、平均報酬率%為0.31%、最大獲利率%為(單筆)39.88%、最大虧損率%為(單筆)-19.20%、最大連續獲利率%為33.13%、最大連續虧損率%為-33.95%、最大區間獲利率%為583.37%、最

大區間虧損率%為-67.89%，從上圖顯示在基本交易設定的條件下，此選股
邏輯的驗證結果可以得到正報酬，績效與台灣加權指數相比較優。

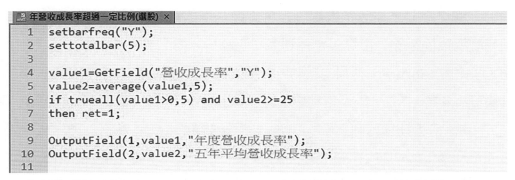

```
年營收成長率超過一定比例(選股) ×
1    setbarfreq("Y");
2    settotalbar(5);
3
4    value1=GetField("營收成長率","Y");
5    value2=average(value1,5);
6    if trueall(value1>0,5) and value2>=25
7    then ret=1;
8
9    OutputField(1,value1,"年度營收成長率");
10   OutputField(2,value2,"五年平均營收成長率");
11
```

*考慮成長率的股利回推合理股價

　　下圖之交易結果表示進場設定考慮成長率的股利回推合理股價(年預期報酬率單位%=6)、出場設定停利:股票30%、停損:股票10%、總交易次數86、勝率%為46.51%、獲利次數40、虧損次數46、總報酬率%為15.90%、平均報酬率%為0.18%、最大獲利率%為(單筆)29.51%、最大虧損率%為(單筆)-17.74%、最大連續獲利率%為9.67%、最大連續虧損率%為-12.77%、最大區間獲利率%為69.86%、最大區間虧損率%為-29.25%，從上圖顯示在基本交易設定的條件下，此選股邏輯的驗證結果可以得到正報酬，績效與台灣加權指數相比較差。

```
   考慮成長率的股利回推合理股價(...   ×
 1  input:r(6,"年預期報酬率單位%");
 2  variable: s1(0);
 3
 4  value1=average(GetField("現金股利","Y"),5);
 5
 6  if lowest(GetField("現金股利","Y")[1],3)>0 then
 7      s1=lowest(rateofchange(GetField("現金股利","Y"),1),3);
 8
 9  if value1>1 and r>s1 and s1>0then begin
10      value2=value1/(r-s1)*100;
11      if close<>0 then
12          value3=(value2-close)/close*100;
13      if value3>10
14      and GetField("現金股利","Y")>GetField("現金股利","Y")[1]
15      then ret=1;
16
17      outputfield(1,value1,1,"平均現金股利");
18      outputfield(2,s1,1,"近年最低股利成長率");
19
20  end;
21
```

＊低修正型股價淨值比

　　下頁圖之交易結果表示進場設定低修正型股價淨值比(股價淨值比
上限=1)、出場設定停利:股票30%、停損:股票10%、總交易次數1405、勝
率%為42.49%、獲利次數597、虧損次數808、總報酬率%為49.43%、平均
報酬率%為0.04%、最大獲利率%為(單筆)40.19%、最大虧損率%為(單筆
)-18.25%、最大連續獲利率%為10.81%、最大連續虧損率%為-21.30%、最大
區間獲利率%為154.64%、最大區間虧損率%為-30.33%，從上圖顯示在基本

交易設定的條件下，此選股邏輯的驗證結果可以得到正報酬，績效與台灣
加權指數相比較優。

```
低修正型股價淨值比(選股) ×
 1  input:r1(1);              setinputname(1,"股價淨值比上限");
 2
 3  SetTotalBar(3);
 4
 5  value1 = average(GetField("營業利益成長率", "Y"), 6);     // 近六年平均營業利益成長率
 6  value2 = GetField("每股淨值(元)","Q") * (1 + value1/100);  // 修正後每股淨值
 7  value3 = close / value2;                                    // 修正後股價淨值比
 8
 9  if 0 < value3 and value3 < r1
10  then ret=1;
11
12  SetOutputName1("修正後股價淨值比");
13  OutputField1(value3);
14
```

*利息支出佔股本比例

下圖之交易結果表示進場設定利息支出佔股本比例(利息支出佔股本比例(%)=5)、出場設定停利:股票30%、停損:股票10%、總交易次數1147、勝率%為41.85%、獲利次數480、虧損次數667、總報酬率%為28.00%、平均報酬率%為0.02%、最大獲利率%為(單筆)36.95%、最大虧損率%為(單筆)-18.32%、最大連續獲利率%為11.44%、最大連續虧損率%為-21.33%、最大區間獲利率%為96.64%、最大區間虧損率%為-28.67%，從上圖顯示在基本交易設定的條件下，此選股邏輯的驗證結果可以得到正報酬，績效與台灣加權指數相比較差。

```
利息支出佔股本比例(選股)  ×
 1   input:r1(5);        setinputname(1,"利息支出佔股本比例(%)");
 2
 3   settotalbar(3);
 4
 5   value1=GetField("最新股本");            //單位億
 6   value2=GetField("利息支出","Y");        //單位百萬
 7
 8   value3=value2/(value1*100) * 100;
 9
10   if value3 > r1
11   then ret=1;
12
13   SetOutputName1("利息支出佔股本比例(%)");
14   OutputField1(value3);
15
```

＊每年本業都獲利且趨勢向上

　　下圖之交易結果表示進場設定每年本業都獲利且趨勢向上(年營業利益下限=200)、出場設定停利:股票30%、停損:股票10%、總交易次數2125、勝率%為37.41%、獲利次數795、虧損次數1330、總報酬率%為37.45%、平均報酬率%為0.02%、最大獲利率%為(單筆)39.88%、最大虧損率%為(單筆)-19.75%、最大連續獲利率%為12.82%、最大連續虧損率%為-25.23%、最大區間獲利率%為128.72%、最大區間虧損率%為-29.54%,從上圖顯示在基本交易設定的條件下,此選股邏輯的驗證結果可以得到正報酬,績效與台灣加權指數相比較優。

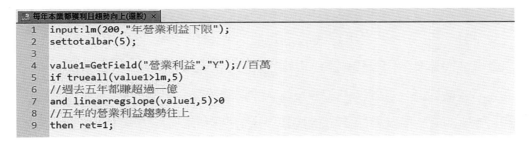

```
    每年本業都獲利且趨勢向上(選股) ×
1   input:lm(200,"年營業利益下限");
2   settotalbar(5);
3
4   value1=GetField("營業利益","Y");//百萬
5   if trueall(value1>lm,5)
6   //過去五年都賺超過一億
7   and linearregslope(value1,5)>0
8   //五年的營業利益趨勢往上
9   then ret=1;
```

*每股來自營運現金流量

　　下圖之交易結果表示進場設定每股來自營運現金流量(來自營運的現金流量佔股本比率下限%=25)、出場設定停利:股票30%、停損:股票10%、總交易次數2235、勝率%為37.00%、獲利次數827、虧損次數1408、總報酬率%為24.89%、平均報酬率%為0.01%、最大獲利率%為(單筆)40.19%、最大虧損率%為(單筆)-18.56%、最大連續獲利率%為11.35%、最大連續虧損率%為-24.46%、最大區間獲利率%為111.09%、最大區間虧損率%為-29.71%，從上圖顯示在基本交易設定的條件下，此選股邏輯的驗證結果可以得到正報酬，績效與台灣加權指數相比較差。

```
每股來自營運現金流量(選股) ×
1   input:r1(25);      setinputname(1,"來自營運的現金流量佔股本比率下限%");
2
3   settotalbar(3);
4
5   value1=GetField("最新股本");              // 單位=億
6   value2=GetField("來自營運之現金流量","Q");  // 單位=百萬
7   value3=value2/value1;                    // 單位=%
8
9   if value3 > r1
10  then ret=1;
11
12  setoutputname1("來自營運的現金流量佔股本比率(%)");
13  outputfield1(value3);
```

＊法定盈餘公積已提足，配股能力提升

　　下頁圖之交易結果表示進場設定法定盈餘公積已提足，配股能力提升、出場設定停利:股票30%、停損:股票10%、總交易次數1467、勝率%為34.76%、獲利次數510、虧損次數957、總報酬率%為17.11%、平均報酬率%為0.01%、最大獲利率%為(單筆)40.19%、最大虧損率%為(單筆)-18.56%、最大連續獲利率%為11.14%、最大連續虧損率%為-19.41%、最大區間獲利率%為108.13%、最大區間虧損率%為-32.36%，從上圖顯示在基本交易設定的條件下，此選股邏輯的驗證結果可以得到正報酬，績效與台灣加權指數相

比較差。

```
法定盈餘公積已提足，配股能力提... ×
 1  value1=GetField("法定盈餘公積","Q");      //百萬
 2
 3  value2=GetField("最新股本");              //億
 4
 5  value3=GetField("本期稅後淨利","Q");      //百萬
 6
 7  // 稅後淨利 + 法定盈餘公積 > 股本
 8  //
 9  if value1 + value3 > value2*100
10  then ret=1;
11
12
```

*股東權益報酬率高且穩定

下圖之交易結果表示進場設定股東權益報酬率高且穩定(評估期間(年)=5ROE下限(%)=15ROE最大差異(%)=3使用限制:請選擇年頻率=資料頻率)、出場設定停利:股票30%、停損:股票10%、總交易次數27、勝率%為48.15%、獲利次數13、虧損次數14、總報酬率%為11.25%、平均報酬率%為0.42%、最大獲利率%為(單筆)30.36%、最大虧損率%為(單筆)-18.56%、最大連續獲利率%為15.13%、最大連續虧損率%為-28.73%、最大區間獲利率%為92.20%、最大區間虧損率%為-34.82%，從上圖顯示在基本交易設定的條件下，此選股邏輯的驗證結果可以得到正報酬，績效與台灣加權指數相比較差。

```
股東權益報酬率高且穩定(選股) ×
1   input:years(5);        setinputname(1,"評估期間(年)");
2   input:r1(15);          setinputname(2,"ROE下限(%)");
3   input:r2(3);           setinputname(3,"ROE最大差異(%)");
4   input:fx("資料頻率");    SetInputName(4, "使用限制:請選擇年頻率");
5
6   if barfreq <> "Y" then raiseruntimeerror("頻率錯誤");
7
8   settotalbar(3);
9
10  value1=GetField("股東權益報酬率","Y");
11
12  value2=lowest(GetField("股東權益報酬率","Y"), years);
13  value3=highest(GetField("股東權益報酬率","Y"), years);
14
15  if (value3 - value2) < r2 and value2 > r1
16  then ret=1;
17
18  setoutputname1("ROE(%)");
19  outputfield1(value1);
20
```

✽股息配發率超過一定比率

　　下圖之交易結果表示進場設定股息配發率超過一定比率(股息配發率%為=60)、出場設定停利:股票30%、停損:股票10%、總交易次數1520、勝率%為40.39%、獲利次數614、虧損次數906、總報酬率%為39.44%、平均報酬率%為0.03%、最大獲利率%為(單筆)37.64%、最大虧損率%為(單筆)-18.56%、最大連續獲利率%為12.51%、最大連續虧損率%為-21.76%、最大區間獲利率%為114.69%、最大區間虧損率%為-25.84%，從上圖顯示在基本交易設定的條件下，此選股邏輯的驗證結果可以得到正報酬，績效與台灣加權指數相比較優。

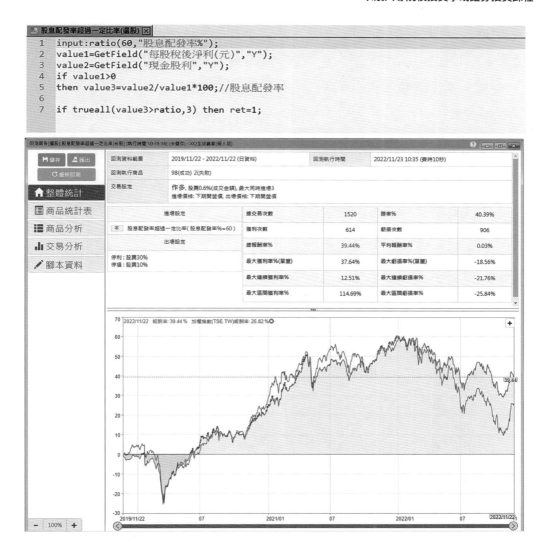

* 近N年EPS成長率平均大於X%

　　下頁圖之交易結果表示進場設定近N年EPS成長率平均大於X%(期別
=5平均EPS成長率(%)=10)、出場設定停利:股票30%、停損:股票10%、總交
易次數2600、勝率%為36.23%、獲利次數942、虧損次數1658、總報酬率%

為36.06%、平均報酬率%為0.01%、最大獲利率%為(單筆)40.19%、最大虧損率%為(單筆)-19.81%、最大連續獲利率%為11.55%、最大連續虧損率%為-22.36%、最大區間獲利率%為137.52%、最大區間虧損率%為-30.86%，從上圖顯示在基本交易設定的條件下，此選股邏輯的驗證結果可以得到正報酬，績效與台灣加權指數相比較優。

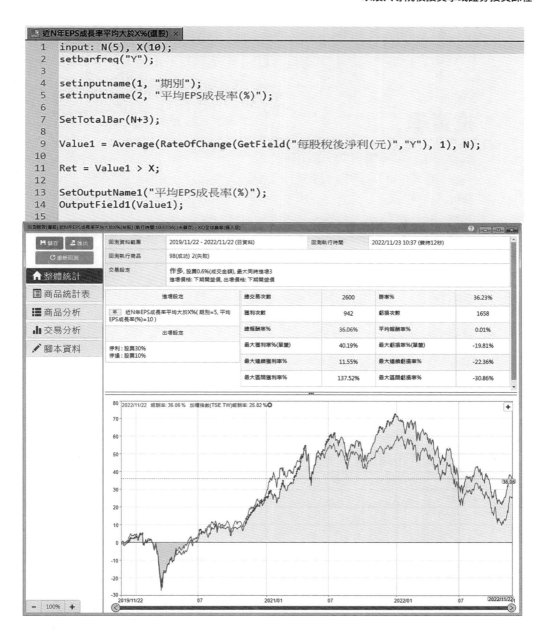

國家圖書館出版品預行編目(CIP)資料

投資學 / 蘇品家,陳耕太,張琯臻,施秉佑,梁嘉桐,陳芃
棣著. --初版.-- 臺北市 : 種籽文化事業有限公司,
2023.02
面；　公分

ISBN 978-986-99265-8-4(平裝)

1.CST:投資學 2.CST:證券投資

563.53　　　　　　　　　　　　　112000592

Vision 3
投資學

作者 / 蘇品家 • 陳耕太 • 張琯臻
　　　施秉佑 • 梁嘉桐 • 陳芃棣 合著
發行人 / 鍾文宏
編輯 / 種籽編輯部
行政 / 陳金枝

出版者 / 種籽文化事業有限公司
出版登記 / 行政院新聞局局版北市業字1449號
發行部 / 台北市士林區大南路389號3樓
電話 / 02-27685812 傳真 / 02-27685811
e-mail / seed3@ms47.hinet.net

印刷 / 久裕印刷事業股份有限公司
排版 / Cranes工作室 白淑芬
總經銷 / 知遠文化事業有限公司
地址 / 新北市深坑區北深路3段155巷25號5樓
電話 / 02-26648800 傳真 / 02-26640490
網址 / http;//www.booknews.com.tw(博訊書網)

出版日期 / 2023年02月16日 初版一刷
郵政劃撥 / 19221780 戶名 / 種籽文化事業有限公司
◎劃撥金額900元以上者(含)，郵資免費。
◎劃撥金額900元以下者，訂購一本請外加郵資60元。
　訂購兩本以上，請外加80元。

訂價：520元